MANAGERIAL DECISION MAKING

COPING WITH COMPLEXITY AND UNCERTAINTY

管理决策

直面真实世界

马浩　著

北京大学出版社
PEKING UNIVERSITY PRESS

图书在版编目(CIP)数据

管理决策:直面真实世界/马浩著. —北京:北京大学出版社,2016. 11
ISBN 978-7-301-27669-3

Ⅰ. ①管… Ⅱ. ①马… Ⅲ. ①管理决策—研究 Ⅳ. ①C934

中国版本图书馆 CIP 数据核字(2016)第 247652 号

书　　名 管理决策：直面真实世界
Guanli Juece: Zhimian Zhenshi Shijie
著作责任者 马　浩　著
责 任 编 辑 张　燕
标 准 书 号 ISBN 978-7-301-27669-3
出 版 发 行 北京大学出版社
地　　址 北京市海淀区成府路 205 号　100871
网　　址 http://www.pup.cn
电 子 信 箱 em@pup.cn　　QQ:552063295
新 浪 微 博 @北京大学出版社　@北京大学出版社经管图书
电　　话 邮购部 62752015　发行部 62750672　编辑部 62752926
印 刷 者 北京中科印刷有限公司
经 销 者 新华书店
730 毫米×1020 毫米　16 开本　19.5 印张　280 千字
2016 年 11 月第 1 版　2017 年 3 月第 2 次印刷
印　　数 5001—8000 册
定　　价 62.00 元

献给

我敬爱的父母

你们的明智决策使我受益终身

管理决策者推荐语

作为金融投资行业的从业者，日常工作中最重要的环节莫过于投资决策了。最熟悉的场景便是项目团队将一个个拟投资的项目通过层层筛选、论证、尽职调查等多个环节，最后形成一堆洋洋洒洒上万字的报告书提交到最高决策委员会。这时，无论决策委员们经过多么激烈的辩论，或是做出各种自认为高明的分析判断，最终依然似是而非地做出了决策，结果依然是充满不确定性。对于决策的迷茫始终困扰着我们这群职业投资客。最近有幸拜读了马浩老师的著作《管理决策》，书中对复杂组织内部的管理决策，或者经营及投资决策的系统论述和朴实亲切的案例剖析，仿佛穿透迷雾的一缕强劲的阳光，让人豁然开朗！管理决策，本质是人的主观对真实世界的认知、判断和把控，甚至可以说，人类进化的过程，也是主观对客观不断决策的过程。马老师透视管理决策的维度，和另外一部畅销书——以色列年轻历史学家尤瓦尔·赫拉利的《人类简史：从动物到上帝》，简直有异曲同工之妙！人类祖先大约在七万年前，出现了进化的“奇点”——认知革命，这一革命使得智人从数种人属动物中脱颖而出，成为真正意义上的人类，开始第一次有意识地改造世界，而认知革命的标志是人类学会了“想象”，于是，想象世界与真实世界的认知博弈，成了人类社会特定的标识。我们的管理决策过程，不正是想象世界与真实世界的认知博弈过程吗？

陈汝君，中金创新（北京）投资管理公司董事长

读书有如与笔者谈，读好书有如与智者谈，读马浩老师的书有如与达者谈。一直认为，管理者个性通达是企业精进的必要条件。有幸第一时间研读了马浩老师的新作《管理决策》，感觉自己的思考境界得到了提升，学会了更加通达地去看待企业的管理和决策！

程志远，金佰利（天津）护理用品有限公司总经理

读马浩教授新书《管理决策》，瞬间把我带回2007年在北京大学国际MBA项目（BiMBA）上他的管理决策课的光景。有了这本新书，读者会“幸福”很多，马老师把众多著名学者的观点做了翻译、梳理、归纳和对比。免除了理解的障碍和可能的偏差，读者更容易接近管理决策若干理论的精华之处。

通读《管理决策》一书，给我留下最深刻印象的是该书的第一章和第七章。在第一章里，马老师大量引用心理学的基本概念，解释了为什么决策者的“有限理性”是常态。决策最终都是由人做出的。既然决策的主体常不理性，做出的决策便不可能都正确。决策错误也是常态。在正确和错误之间，也许只隔着马老师那个经典的比喻——“拍脑袋”。

“君子爱财，取之有道。”但如何才算有“道”？在第七章里，马老师探讨了决策的伦理底线。和商学院课程中关于商业伦理的内容多半侧重遵规守法、尊重文化差异不同，这一章涉及众多哲学话题，玄之又玄。千言万语，企业存在的目的是盈利。盈利与否在一定期间内一目了然，而决策是否真正符合商业伦理，就很难说了。决策者有时为此费尽思量，有时又会完全忽略之。这一章在对过程公正的“参与”“解释”“明确预期”三要素的讨论中收尾。这是个非常重要的提示。

房莹，斯坦福大学BING海外学习项目中国联络员

审时、深思、综合、分析、比较、沟通，当断则断，哪一个决策过程不是这样“拍脑袋”呢？马浩老师寓宏大于简约之中，用俚语把难题的本质点明、点破、点透。曾身临其境，真妙不可言，亦回味无穷！

冯天韬，山东省潍坊市奎文区人大常委会党组书记、第一副主任

作为沉醉于马老师课堂、痴迷于马老师著作的一名管理决策者，总结其书可有三种读法：

一气呵成，审视过往得失。闭户开卷，精读全书，运用马老师跨学科、跨领域的独到见解，评价过去决策成败，发现枯燥理论与真实世界竟可以如此接近，决策的偶然实蕴含于必然之中！

秉要持本，解决当下危机。遭遇急情，摘读重点。运用马老师决策理论综合应用之法，融合多种维度洞察情境制定决策，发现临危不乱不仅靠的是决策者的个人智慧与心态，更需要理论指导拨云见日！

浮光掠影，丰富未来储备。闲暇之余，随意泛读。将马老师幽默与通俗的理论表达，内化为自身对管理决策的领悟，发现本书的终极目的并不仅仅是提高和改善决策者的效率和有效性，还包括激发与呵护决策者的学术素养与伦理情怀，使其由“决策者”过渡到“决策家”。

李怀胜，天津市亚伦投资发展有限公司董事总经理

人生就是一场曼妙的旅途。心智的成长、修为的提升，都是在对人性本质和真实世界的认知和把握中得以实现的，因学习而精进。商业环境变幻莫测，生死须弥尽在瞬间。创业者和企业管理者如何有效地决策并积极应对各种挑战？马浩老师以深厚的学识和独到的见解，给予了大家颇具现实性和实用性的诸多指导。本书汇聚了人生智慧之良多感悟与管理学研究的丰硕成果，萃精取华，融会贯通。字里行间，我们无时无刻不感受到马浩老师的博学睿智和通透洒脱。开卷有益，人生幸事。

李静，沃牛商业联合创始人

我和马浩教授相识十几年，从朗润园格致求学，到一起组织实施中粮集团行业领军人物培养的“晨光计划”。而我从信奉跨国公司的科学专业管理，到目睹和参与了一个个企业重大决策的实施过程，幸而比较早地明白了“问题经常不靠谱，数据更是会骗人”，没有一直陷在管理理性的湿地。读了马浩教授这本融会中西管理理论与实践的《管理决策》，你会发现直面真实世界是如此困难，众多不确定因素和不可言状的现实，都在影响着管理者的判断，而每一个决策都是在不完整信息下做出的。行动起来，拍对脑袋做决策，和马浩教授一起体味管理决策之微妙幽深。

李士祎，中粮进口酒事业部总经理，中粮名庄荟国际酒业有限公司总经理

决策是领导力的核心要素之一，也是领导力最重要的体现。决策包含两个关键过程：一是判断，即对问题与挑战的梳理和判定；二是对策，即为了应对这些问题与挑战所采取的措施与投入的资源。“房谋杜断”既是世人对房玄龄和杜如晦这两位贞观名相的推崇，也一语道尽了决策工作的关键。杜如晦的判断能力加上房玄龄的对策谋划，正是决策工作的最优组合。这两件事情，可谓是任何一个领导者最本质的工作，既是权力，也是责任。所谓权力，指的是拍板权，包括对问题判断和方案选择两方面的决定权（当然在“房谋杜断”的情境下，最后的决定权在唐太宗那里）；所谓责任，指的是领导者在做出上述决定后必须承担由此引发的一系列后果。因此，权力大同时也意味着责任大。

由此也就产生了两方面的有趣问题：一是能力建设问题，即如何做到判断尽可能准确、对策尽可能经济有效？二是权力行使问题，即如何引导和保证一个组织在对问题的判断和对策选择的过程中尽可能有效地形成共识、采取行动，减少争权夺利和扯皮推诿，同时坚守必要的底线？相信这些问题是所有企业管理者每天都必须面对的挑战，同时也是他们终身修为的功夫。马浩教授在《管理决策》一书中，对这些管理难题做出了别开生面的解读和回答，令人耳目一新。从个体到群体，从目标到过程，从情境到方法，从底线到体系，针对这些决策科学的重要课题，本书都分别从理论与实践两个层面进行了阐发，有趣有料，富于启迪。这不仅仅是一本管理学教科书，而且是马浩教授在与国际管理学大家和国内外企业学员长达二十多年的切磋互动过程中总结提炼出来的决策科学实践体系，值得所有的企业管理者研习交流，相信读者定会开卷有益。

梅德文，北京环境交易所总裁

有幸在北大的“管理决策”课堂上得到马浩教授的亲自教诲，让我领略到真正将中西方管理理论融会贯通的管理学大家的风采。而《管理决策》一书正是马老师毕生学术精髓的体现。这本书将管理学领域的理论、概念之间的逻辑关系，前所未有地用清晰直观的语言加以系统的表述，从而拨开困扰管理实践者的重重迷雾，澄清了大量似是而非的混淆误区。作为企业的最高决策者，非常有必要深入阅读这本书。本书最大的价值，在于它绝对不同于众多的机场读物，而是真正能够解释企业家所面临的管理问题，给出清晰的思维框架，指出明确的思考方向。

孙雷，睿符品牌集团董事长

马浩老师的管理思想有着鲜明的特点，这些特点归结起来就是两个字：智慧。马老师有一句名言，叫做“决策就是拍脑袋”。一开始我们怎么也想不通，为什么决策就是“拍脑袋”呢？“拍脑袋”不是我们一直批评和嘲讽的官僚主义和做事马虎的行为吗？实际上他是用这句话来引出管理决策的一系列话题，提醒管理者不要过于迷信所谓决策的科学与理性，而要关注其中的陷阱与误区，重视决策的诸多约束性因素，并进行正确有效的应对。在我看来，马老师的管理决策思想处处体现着中国人的中庸之道的智慧。一是把握“度”的艺术：科学性与艺术性、理性和非理性、原则性与灵活性等管理决策中的矛盾如何整体把握、综合平衡？二要讲究“权”的谋略：客观的因素、主观的因素、内部的因素、外部的因素、经济的和市场的因素、政治的和社会的因素、个人的和团队的因素、现实的和未来的因素，等等，关键在于权衡利弊得失、轻重缓急。三是追求“和”的境界：面对和而不同，追求和合而生，达成内在与外在、主观与客观、内部与外部的和谐统一，同生共长。

熊向清，中国人民财产保险有限公司教育培训部总经理

代　序

2015年10月24日上午，我回北大参加了承泽园校区的奠基典礼。聆听领导和嘉宾致辞的当口儿，我一眼望见了前面不远处站着的马浩老师。除了身材之外，马老师还有一个特点，就是大手绢不离手。虽然已过中秋，但暑热并未完全消退，马老师掏出手绢擦汗的瞬间，我凑过去在背后悄声说了句："马老师，天儿还那么热啊？"马老师回过头来，当即叫出了我的名字。这确实令我有点儿没想到。2004年的夏天，我选修过马老师给在职班学生开的"管理决策"课程。12年里，虽然也回过朗润园很多次，但一直没有偶遇过马老师。没想到马老师还记着我的名字。

那门课是我上过的最不寻常的一门课。课前领到的讲义是一本英文的论文合集，一头雾水地带着它坐进课堂的时候，马老师却先在黑板右侧写下了一首七言律诗。诗写完了，马老师却又偏偏不说这首诗，而是开始让我们打开讲义，给我们分析集子里的第一篇论文。那篇论文的具体内容我记不得了。听着讲，偶尔瞥到黑板上的诗，脑子里满是困惑。论文很长，马老师讲解得甚是透彻。课到了结尾才回到那首诗，这时总算恍然大悟。一篇长文，作者想表达的意思、论述的精华，其实马老师用一首小诗都给概括完了。这门决策课一上来就这么把我镇住了，也把我牢牢地吸引住了。

马老师讲完第一课后，就"不讲课"了，而是让我们自己报名选取集子中的一篇论文，每人讲一课。那个选修课规模不大，总共十来个人，都是晚上上课。每次课由一名同学讲一篇文章。马老师在上第一次课时把讲的标准给定了，我们不下功夫准备好自己那篇是真丢不起那脸的。所以，虽然是选修课，却不敢掉以轻心，不过这门课上得十分过瘾，每次一位同学讲完后，马老师都会在黑板上写下一首诗，每首诗都同样令人拍案叫绝。无论多长的文章，无论多复杂的背景，无论多缜密的论述，最后总能被马老师用一首诗就概括得清清楚楚。每堂课的下半段讨论，都像聊天一样，品着诗，回味无穷地聊着论文里的内容，穿越古今地说着相关的话题。每次夜深散去，都是意犹未尽。

记得那年的夏天格外热，每次上课，马老师都要挪一把椅子到空调出风口下找一个风力最大的位置听我们开讲。即使如此，马老师还是时不时地掏出他的大手绢擦擦汗。十二年过去了，那些画面依然恍如昨日。学习是需要沉淀的，十二年里，对于决策的真实意义时而有新的领悟。决策不是漂亮的口号，更不是精美的 PPT。虽然还是不敢轻言“决策”这两个字，但十二年前的决策课上，马老师带着我们推开了这扇门。淡定、洞察力、化繁为简、不拘一格，这是思考管理决策的起点，也是研究战略决策的高度。手绢在手的马老师总让我觉得好像和某个画面契合，去年再见时终于恍然大悟，古人曾经摇着手中的羽扇留下了无数智慧的传说，而马老师擦着他的手绢呈现给我们的却是一本又一本沉甸甸的智慧之作。

有幸提前得到了马老师新著《管理决策》一书的电子稿，并在国庆假期里阅读了部分章节。从北大国际 MBA（BiMBA）毕业后的十二年来的管理和决策实践中，很多曾经困惑我的问题，都在这本书中找到了答案，有茅塞顿开之感。也许完全读懂这本书还需要更多的时间，但我想套用马老师书中的一句话。他的原话是：“也许这辈子最爱你的人你根本没机会认识。这，既是悲剧，也是喜剧，更是正剧。千万不要把它当成恶作剧。”我要把它改成：“也许这辈子最该读的那本书你根本没机会认识。这，不是喜剧，不是正剧，而是悲剧。千万不要和《管理决策》这本书失之交臂，那只会成为恶作剧。”

冬天马上就要到了，我估计依然会在马老师的手里看到他那块标志性的大手绢。配合着这种画面感，读着马老师这本洋洋洒洒近三百页的新作，我仿佛又回到了十二年前的朗润园。

苏昊

北京东石北美牧场科技有限公司联合创始人、执行董事

北大国际 MBA（BiMBA）PT 2002 校友

2016 年 10 月 12 日

前　言

有关管理决策的书籍和文章，可谓汗牛充栋，洋洋大观。但对于管理决策者真正有用的，大概比例甚小，甚至少得可怜。希望这本书能够算是一本，可以勉强登堂入室，装模作样。这本书直面真实世界，不是我们希望看到的或者认为原本应该是的那个理想世界，而是我们每天必须切身应对的那个不够完美的、不尽如人意的、充满了复杂性和不确定性的真实世界。如此，我们探讨的不是管理决策者在理想状态下应该怎么做，而是大家在现实中实际在怎么做，并期望能够帮助管理决策者在基本无须改变现有约束条件的前提下把事情搞定，实现目标，完成使命。本书的主要内容，可以基本概括为三大核心问题。

如何理解和看待管理决策者的有限理性？
怎样应对决策情境的复杂性和不确定性？
如何洞察并应对决策的社会与政治过程？

如果你是管理决策者或者相关人士，已经比较系统地接触了赫伯特·西蒙（Herbert Simon）、詹姆斯·马奇（James March）、查尔斯·林布隆（Charles Lindblom）、詹姆斯·布莱恩·奎因（James Brain Quinn）、巴瑞·斯涛（Barry Staw）、卡尔·崴克（Karl Weick）、格雷厄姆·埃里森（Graham Allison）等学者关于组织与管理决策的各类原版论著，也许你没有必要读这本书。可以说，本书里的东西基本上都不是我的原创，也不一定都经过实证研究的检验或者证伪，而只是我倾向于信奉与推介的东西，一个在管理学领域浸淫了三十多年的管理学教授个人所偏爱的东西。仅此而已。当然，书中肯定有我自己独特的解读、演绎和发挥。

如果你读到的西蒙或者马奇等人的论著只是质量参差不齐的中文翻译版之类的货色，我劝你还是看一看这本书——至少能让你看懂。对管理学的领悟、对英文文献的把握、中文辞章的功底，笔者在这三方面至少都还能够胜任担当。这一点，笔者还是些微有点自信的。否则，也不敢这么大胆地出来胡言乱语，混淆视听。此前，笔者就已经推出了《决策就是拍脑袋》和《管理的偏见》等貌似离经叛道的言论了。

如果你是工程师或者技术人员，习惯于用数据说话，迷恋于用最优化的方法解决问题，你可能会看不惯本书中描述的现象及其背后的道理。但如果你想要在企业里有所成就，就必须理解你的管理者们如何思考和应对问题，学会察言观色，包装自己，谈判沟通，寻找契机。决策靠的主要不是你擅长的决策树、线性规划、马尔科夫过程、贝叶斯模型。除非你是超凡的技术发明天才，有资格粪土西装革履和管理！

自从1996年在美国首开MBA的管理决策选修课——“复杂组织中的决策”开始，在过去的20年间我曾分别用英文和中文在美国和中国的多种场合讲授这门课程，学生包括MBA、EMBA、硕士研究生、博士研究生和企业高管培训学员。众多学员对本门课程探讨的话题和内容颇为欣赏和颇具共鸣，认为它们充满了强烈的现实意义和实用理性，与管理者每日的工作和经历息息相关，甚具启发意义。

这门课最初始的所有阅读材料，都是英文的文献和案例，其后不断地融入了中国情境下的思考和实例，在尊重传统和保留经典的基础上，不断更新，与时俱进。实际上，被某些人不分青红皂白地笼统地划归为不正之风的东西，西方的学者是做了认真的学术研究的。其出发点，是准确地把握人之本性特征。其归宿，则是希望能够提高和改善决策者的效率和有效性。而探究和理解，通常是改善的前提。此乃本书的初衷。具体而言，本书由八个章节构成。

第一章陈述有限理性学说。我们所有人处理信息的能力都是有限的。

我们试图做到理性，但不可能完全理性。虽然我们的认知有诸多的偏差、误区和陷阱，但这并不一定是病态。从某种意义上讲，我们都是“正常的傻瓜”。也许偶尔可以略微变得聪明一些，但有限理性乃是决策者的常态。如此，与其不切实际地追求最为“优化”的结果，不如通过局域性的搜索去获得对问题相对“满意”的解答。事实上，那些务实的决策者往往正是如此作为的。

第二章考察团队与群体决策。小组或者团队作为决策主体，也会受制于有限理性的约束，难以准确地处理信息，有效地应对问题。比如，常见的群体思维现象，会导致不同意见的缺失，造成虚假共识，可能致使大家集体亢奋、铤而走险，也可能造成团队消极被动、贻误战机。我们还探讨了团队决策中精英与群体的关系以及独裁的作用与误区。最后，我们介绍了移动互联网时代社交网络在群体决策中的应用前景。

第三章聚焦在问题的定义上。对核心决策问题的选择和定义，是决策的实质性和关键性的要务。它体现的是组织的话语权和掌控力，既有实质性的利益，也有象征性的意义。对决策问题的定义，通常不是静止的、一成不变的，而是贯穿于决策的整个过程。问题的定义是决策的行动前提，在决策过程中漂移变迁，并被作为决策阶段性实施的结果得到总结与追认。从某种意义上说，决策就是如何定义问题。

第四章探讨组织决策的政治过程。组织中的重大管理决策，通常离不开核心“权力联盟”中组织精英的同情与支持。精英的存在保证了组织的稳定性和连续性。权力联盟依据不同的决策问题而聚散。精英群体的利益以及精英之间的冲突与合作，影响管理决策的出台与实施。面对组织内外因素可能导致的组织变革与创新，如何诱引和说服精英，乃是组织中各级决策者必须积极应对的要务和挑战。

第五章考察决策情境的复杂与不确定性。可以说，管理决策者的日常工作本身就是到处救火，应对危机。许多情况下，决策者还要面临从未出现过或者从未应对过的突发事件与疑难问题。重大灾难或者危机可能威胁到组织的生死存亡。管理决策者没有足够的时间和经验去仔细分析，必须凭借自己的临机判断去即兴发挥和果断应对。事后需要反思，如何去增强组织在应对危机和压力时的快速应变能力。

第六章探究那些基于渐进主义的决策方法。复杂和不确定的决策情境、难以避免的政治游戏与权力斗争，导致认知偏差的有限理性。这些因素的交互作用，意味着管理决策者通常不可能拥有绝对的权威和准确的信息去通过一揽子规划解决问题。遇事并不刨根问底，而是在力所能及的范围内不断探寻与摸索，以期改善当下的处境。这种“治标不治本”的决策思路与方法充满实践理性，但其成功应用则需要足够的智慧、耐心与自律。

第七章，讨论决策的伦理道德约束。通常，管理决策者不仅要在法律允许的范围内决策，在伦理道德方面也必须坚守某种基本底线，从而保证决策过程和结果的社会合法性。如果忽视决策的社会合法性考量，即使决策在事实判断层面无懈可击，也会对决策的实施过程以及实际结果产生负面影响。如何保持某种既定的伦理道德底线，相对公正地制定和实施决策，乃是对管理决策者的重大挑战。

第八章，探讨多种决策理论的综合应用。盲目偏执地坚持用单一视角和立场去机械、线性地看待和应对问题，可能会事与愿违，达不到决策的目标和初衷。心平气和地从多种角度看问题，包括对手的角度和第三方的角度，则可能更加有效和稳妥。能够从多种角度思考问题并保持头脑清醒，是对管理决策者相对较高的要求。决策者不仅要关注决策不同侧面和维度的分歧与融合，也要注重对所谓“度”与平衡的把握和拿捏。

后记追溯了笔者过去三十多年的人生轨迹和二十多年的职业生涯，回顾了对有限理性学说的逐渐理解和欣赏以及貌似一以贯之的应用与践行。笔者本来是学管理科学与管理工程的。后来的道路，则与所谓的管理科学渐行渐远。也许，我们需要真正地意识到社会科学亦是科学，对世事客观真实的描述与分析乃是属于科学的范畴，而不能一厢情愿地把科学框定为某种臆想的理想状态下的精准与无懈可击。

其实，有限理性概念的提出者西蒙教授及其早年在卡内基理工学院

（卡内基梅隆大学的前身）的同事们（比如马奇和赛尔特等），并不是从哲学思辨的角度或者从管理实践的感悟中意识到有限理性的存在以及人的实际行为对决策过程和结果的影响。恰恰相反，这些人首先都是科学家、管理科学家，而且他们数理分析的技术能力超强，是最早接触和应用计算机进行组织行为研究的先锋学者。

正是在发现无法精准地通过数学模型去描述和计算优化结果的时候，他们才意识到有限理性是一种自然存在的实际现象，而经济学一直以来的理性假设只不过是一种被大家习惯性地接受了的理想化预期。这样看来，虽然以数理模型为主要研究方法的领域被传统地称为管理科学，但基于有限理性学说的研究，无论采用什么研究方法，不管是在心理学、社会学、政治学还是管理学领域，也都是广义的科学范畴之内的事物。

本书的题材和内容，正是涵盖了上述多种学科的精华，而且聚焦在以企业为代表的各类组织中的管理决策这一特定实践领域。这种跨学科的借鉴和融合，在学术文献和商业媒体中都是相对比较罕见的。有关决策的大部分书籍和文献都是以某个学科的特定视角与研究范式来呈现的。跨学科的解读与互鉴，尤其是基于同一主题的梳理与整合则是相对稀缺的。希望笔者的撷英集萃可以给读者带来有益的启发。

正是：

> 臆想理性是瞎掰，决策就是拍脑袋；
> 认知偏差人皆有，行为政治难避开。
> 问题定义可操纵，急欲结果找独裁；
> 危机压力不确定，伦理道德莫忘怀。

本书的案头工作横跨20年，而其主题的根芽则启蒙更早。1989年秋季，在得克萨斯大学读管理学博士的第一学期，我的导师大卫·杰米森（David Jemison）教授开设的“战略管理基石”课程上，每周要通读一至两本经典名著。这里，我首次接触到哈佛商学院约瑟夫·鲍尔（Joseph Bower）教授的名著《资源分配过程》。该书解释了企业中的投资决策，往往不是按照时髦的资产定价模型（CAPM）进行的技术分析，而是一个涵盖社会政治行为因素的多方互动过程。在此课上，我也初步接触了赫伯特·西蒙和詹姆斯·马奇的组织理论、查尔斯·林布隆的公共政策理论、詹姆斯·布雷恩·奎因的逻辑渐进主义，强化了对亨利·明茨伯格（Henry Mintzberg）有关现实中管理者角色和行为描述的理解和欣赏。

随后，我在组织理论大家乔治·休伯（George Huber）教授的组织理论和管理决策两门课程上，得以见识或者进一步深入接触与决策理论相关的大家学者（格雷厄姆·埃里森、查尔斯·林布隆、詹姆斯·马奇、杰弗里·费佛、巴瑞·斯涛、赫伯特·西蒙、威廉·斯塔巴克、卡尔·崴克等）的经典著作，可谓群星璀璨，蔚然大观。在鲁宾·麦克丹尼尔（Reuben McDaniel, Jr.）教授的政策分析课程中，我接触了大量公共政策分析的文献，体会了应用研究的奥妙，见识了珍妮特·韦斯（Janet Weiss）和阿伦·威尔达夫斯基（Aaron Wildavsky）等公共管理学者的洞见之作。是他让我记住了管理学的一个重大课题：为什么聪明人在组织中故意办傻事儿？

感谢过去20年间曾经上过我管理决策课程的所有学生。他们的参与和贡献使我能够不断提高和更新对经典文献和相关话题的认识和理解。自2004年在北京大学讲授管理决策课程以来，数千名学生上过该课。学生们针对中国案例和情境对课程材料的解读和应用更是使我受益匪浅，收获良多，并同时增强了我对这些理论和研讨在中国的适用性之信心。衷心希望本书对管理决策的研讨和实践能够做出些许贡献。

感谢北京大学出版社总编辑助理、经济与管理图书事业部主任林君秀老师对本书出版的大力支持。感谢北京大学出版社的编辑张燕女士一直以来的不懈努力和全面支持以及对本书的积极策划与精心编辑。

在此，也感谢提前阅读本书并为之撰写评语和推介的北大国发院BiMBA商学院的诸位MBA和EMBA校友，感谢苏昊校友文情并茂的序言。你们的理解和支持将是我在管理决策领域不断研习和精进的动力。

衷心感激挚亲家人之爱与众位师友的支持。转眼间，我的女儿已经升入中学，儿子也将进入小学的最后一年。他们的健康成长令人快慰欣然。

爱妻袁远是我们一家人的领导，我和孩子们深深地受益于她的决策。我们也真诚地希望孩子们正直善良、自信乐观、豁达大方、平实坦然、刚柔相济、知行互鉴、慎独自律、合作友联。希望明智的决策与他们终生相伴，成全自己，增益社会。

于我而言，之所以能有今天的微薄成就，离不开父母的悉心恩养与一贯支持。在我的成长过程中，有关我和我们家庭的所有决策，父母总是力尽所能，倾其所有，义无反顾地把我的学业进步和职业发展放在第一位。他们的明智决策使我受益终身。他们的自我牺牲激励着我去善待我的后辈和所有亲人。满怀挚爱与感激，我将本书敬献给我的父母双亲。

马浩　谨识

北京海淀马连洼

2016年4月20日初稿

2016年10月19日定稿

目录

CONTENTS

第一章
决策个体：有限理性乃常态

出于良好的企盼，我们通常希望自己以及那些影响我们日常生活的各类决策者是理性的。事实上，这种理想状态在复杂和不确定的现实中基本上是不可能的，至少是极其难以实现的。任何人处理信息的能力都是有限的，所以有限理性乃是所有人必须面对的常态。决策者没有我们希望得或者想象得那么聪明。因此，与其沉溺于不着边际的理想假设，不如冷静客观地去观察和审视决策者的行为常态，去探究和理解其本真的表现而不是想象抑或传说中应该展现的状态。本章重点介绍有限理性学说以及相关的行为特点。首先，我们强调有限理性的核心表现在于局域性搜索而非全局性搜索，在于寻求问题的满意解而不是最优解。其次，我们介绍并讨论认知心理学所勾勒的人们在认知与行为方面常见的偏差、误区和陷阱，探讨现实世界中决策者的思考模式及其与行动的关系，并考察所谓拍脑袋决策的优劣是非。最后，我们就如何看待和应用决策者的有限理性提出相应的总结和建议。

有限理性与认知偏差

理性与有限理性

我们没有我们想象得那么聪明。决策者也不例外。二百多年来，经济学最基本的假设是人之“理性”（Rationality）。也就是说，面对问题和决策，每个人时时刻刻都在追求自身利益的最大化，有比较地选择那些可能使自己获益最大、受损最小的应对措施和解决方案。同样，现代心理学也考察人的认知与行为的模式与常态，以期增进人们在认知和决策方面的效率和有效性。在认知心理学中，人们自然展现的诸多认知习惯，通常会被冠以“偏差”“误区”和“陷阱”等标签。事实是，绝大多数人（甚至所有人）都不会像经济学家或者心理学家想象和期待得那样聪明，达不到他们“应该”达到的水准，常犯一些“本来可以避免”的错误。

在组织和管理决策领域，尤其是在公共决策空间，大家经常会抱怨决策者的无知无能与任意随性以及对最终结果的毫不在乎和不负责任，进而大肆抨击所谓“拍脑袋”决策的恶习及其带来的各种弊端甚至灾难。难道我们不能把更聪明和负责的人放在关键的决策岗位上吗？决策者不能更加理性一些吗？决策不能更科学一些吗？不幸的是，对此类问题的答案，通常是趋于否定的，至少是非常不确定的。聪明是罕见另类，愚蠢是一般常情。我们是愚蠢的。决策者是愚蠢的。我们试图做到理性，但我们必须承认自己理性的有限性。我们不甘平庸，而往往又不得不囿于平庸。有限理性，乃是决策者的常态。

什么是有限理性

我们身处的真实世界复杂多变，充满了偶然和不确定性。没有足够的信息以及强大的信息处理能力，我们的行为和决策必将是在相对黑暗或者灰暗的空间摸索。遗憾的是，通常情况下，我们不可能充分获取或者迅速处理与问题相关的所有信息。因此，我们不可能提前知晓问题的所有可能解决方案，甚至不可能明确地知晓问题究竟是什么以及问题的根源到底在哪里。也就是说，我们自身的利益和目标本身，也很难被清晰地预知和界定。这种困顿于信息处理能力有限的自然状态，被行为决策学鼻祖赫伯特·西蒙教授称为“有限理性”（Bounded Rationality）。

西蒙教授的相关研究工作为其赢得了1978年的诺贝尔经济学奖，并对心理学、社会学、政治学、管理学以及经济学等相关领域产生了深远而持久的影响。有限理性学说具有两个关键要素：一个是决策过程中的“局域搜索”（Local Search）而非全局性和系统性的搜索（Systematic Search）；另外一个是接受针对决策问题的所谓“满意解”而不是一味坚持寻求“最优解”。

局域搜索

受到信息处理能力的约束，我们在搜寻与决策相关的信息时，往往是在力所能及的范围内进行的。首先，我们不可能思考或者探究那些我们根本想象不到的领域，也就不可能穷尽与问题之界定与解决相关的所有可能性。其次，即使是在我们可以想象到的领域，由于时间和成本的限制，我们也无法有效地收集和处理我们希望获得的信息。因此，出于实际的考虑，决策者在为所面临的决策制订解决方案时，通常是在相对本地化和局域化的具体空间中进行搜索，在可以企及的备选方案中做出选择。

也许这辈子最爱你的人你根本没机会认识。这，既是悲剧，也是喜剧，更是正剧。千万不要把它当成恶作剧。

本书作者

满意解

由西蒙提出的满意解（Satisfice）的说法，其实是由两个相关的英文单词Satisfy（满足）和Suffice（足够）拼合而成，意指足够令人满意的状态。即使我们企图用科学的计算和分析来理性地对待决策问题，由于人们难以清晰地勾勒出自己的多重效用曲线，难以获取和分析所有相关信息，因此难以计算出或者精准地确定问题的最优解到底在哪里。也就是说，优化往往是不可能的。

如此，决策者面临两个选择。一个是在被“相对简化过”的世界里寻求最优解，这样可以使得信息获取以及计算分析更容易进行；另一个是在更加复杂真实的世界里寻求相对满意的解答，这种选择更加契合决策者的实际情境。西蒙在其诺奖演讲致辞中预测，这两种方法可能会长期共存。事实也确实如此。迄今为止，经济学和管理科学（比如运筹学）等领域的学者，仍然企图通过对人与世界的理想假设来简化决策问题的呈现和表述，并力求在现有的计算和分析手段下寻求决策的最优解。而管理学者，以及一些社会学家和政治学家，则主要倾向于理解和预测在高度复杂和不确定的真实世界中人的行为。因此，对决策之满意解的搜寻和坦诚的满足，不仅是出于尊重现实的无奈，而且是实事求是的必需。

本书的主旨是管理决策。毫无悬念，我们这里采用的是有限理性的假设。我们将在这个基本假设的前提下，考察决策者的认知偏差，决策过程中的政治与权力应用，真实世界中决策者面临的危机、压力和不确定性，以及决策者所必须遵循的伦理道德约束。如果你想在这本书中看到决策树、决策支持系统、马尔可夫过程、贝叶斯模型或者线性规划之类的决策科学利器，我们可以在此告别了。如果你还愿意继续往下走，希望弄明白到底是理性优化得体还是有限理性的满意解靠谱，我们不妨继续。让我们一起看一看，你到底是否认同有限理性的假设，究竟是不是一个所谓的“正常的傻瓜”。

有限理性与战略规划

我们难以预测未来

常言道："人无远虑，必有近忧。"类似的格言警句充斥于我们的文献典籍和智慧宝库，貌似有理，实则牵强。事实是，人无远虑，不一定就必有近忧。人多远虑，也不一定不被近忧困扰。杞人忧天倒是思虑甚远，使自己忧得每日里寝食难安。导致近忧出现或者消失的因素复杂众多而不确定，很难一一被提前预识并予以远虑。世事之间通常不是单一线性的因果关系。如此，是否未雨绸缪地考虑未来与当下是否遇到麻烦没有必然的确定关系。我们至多能说，假设其他条件相同，远虑也许可以在一定程度上帮助我们减免、化解和应对某些未来的麻烦。仅此而已。

反观一些著名科学家的论断，我们惊奇地发现，他们对于预知未来的必要性和可能性并没有表现出过多的令人振奋的热情。

我从不思考未来，它来得太快了。

阿尔伯特·爱因斯坦

预测是非常困难的，尤其是预测未来。

尼尔斯·波尔

没错，过去根本不需要被预测。话糙理不糙，预测未来的确是极为困难的。然而，就是有那么一众人等，他们坚信不疑地认为我们的各类决策者都应该比爱因斯坦和波尔们还要聪明，我们的决策一定要面向未来，全面系统，科学优化，理性神明！否则，便是尸位素餐，低下无能。恐怕我们并没有预知未来的奢华神功。

到底朝前看多远

案例 1.1

松下幸之助的 250 年战略规划

1932 年，在松下公司成立 15 周年之际，松下幸之助向员工阐述了松下公司的使命：通过制造像自来水一样价格低廉而供给丰裕的产品去克服贫穷，提高人们的福祉。为了完成这一使命，松下幸之助推出了一个 250 年的战略规划。这 250 年被分为 10 段，由 10 代人来执行。每一段又分为 3 个阶段：10 年准备，10 年发力，5 年收官。

上述使命与其说是松下公司的使命，不如说是一代日本企业的集体使命。作为一种激励员工的信条，这种使命感自有其功效。250 年的长远眼光以及愚公移山的精神亦值得褒扬。然而，几代之后，松下公司的所作所为，岂是松下幸之助所思所想？你如何看待松下的 250 年战略规划？你认为战略规划的未来考量应该聚焦在多长的时间范围？

资料来源：本书作者根据公开资料整理。

无论 250 年战略规划的具体操作性如何，松下幸之助的长远眼光和宏大梦想本身也许都值得战略家们敬佩。然而，我们在仰慕钦敬那些高瞻远瞩、运筹帷幄的大英雄之际，往往甚是喜好贬损和诟病那些所谓蝇营狗苟、目光短浅的鼠辈。殊不知，理想，通常也只是理想而已。事实上，高瞻远瞩与运筹帷幄的光鲜形象，多是走运得势之后的包装打扮。众多热衷于纵论未来者，可能不过是自作多情地庸人自扰，抑或不着边际地夸夸其谈。而那些并没有许多未来幻想的人，在当下脚踏实地地做事，顺藤摸瓜地前进，水到渠成地建功，倒也可能在不经意间影响未来，造就未来。这倒不是说，他们对未来毫不思考，而是说，他们更多关注的是可以比较相对清晰感知的近期图景，而不是去费功夫琢磨那些难以企及的所谓未来。因此，问题的关键在于我们思虑未来的眼光到底要放多远。让我们把目光聚焦在企业经营管理领域的另外一位奇才身上。

案例1.2

宗庆后的且行且看

再看中国企业家宗庆后。20世纪80年代末期，当宗老板亲自蹬着三轮车上街卖冰棍和汽水的时候，估计不会怀揣着25年的梦想以及哪怕只有2.5年的战略规划。如今，数次引领中国富豪榜的宗老板及其营业收入600多亿元的娃哈哈集团到底有没有长期战略呢？按照他自己的说法，恐怕还是没有。这么多年，一路走来，靠的是宗老板个人敏锐的直觉洞察和顺势的即兴发挥。

不管怎么样，这么大的企业，众多的业务线和经营区域，战略规划总是要有一点儿的吧？要在几年内进入世界500强！这也许算是比较长期的目标了。但具体的5年或者10年的战略规划，根本没有，有的顶多是下一年的业务计划。按照宗老板的说法，你没办法预知10年之后的事情，市场变化那么快，你定了也没有用。市场调研倒是要做，但做重大计划主要靠的是宗老板的个人判断。

资料来源：本书作者根据公开资料整理。

宗老板的直白，也许会让那些推崇战略规划和制度建设的人感到愤怒。太不把计划和制度当回事儿了！好在，愤怒也大抵无碍。娃哈哈也根本不用外人做咨询。井水河水两不犯。他做他的企业，你们推销你们的理论。也许有人会嘲讽说，这么做战略，迟早会出事儿。不过，这么做都快30年了。宗老板和娃哈哈的成就大概不是只用“运气”二字就能解释的

吧！笔者倒是见识过诸多大公司宏大的战略规划部。他们或者沉溺于基本上跟战略毫无关系的事务性运作，或者乐此不疲地做着自娱自乐的战略规划。一个公司战略规划书的精美程度，主要取决于战略部当年新招大学毕业生做 PPT 的水平。

未来是今天的行动制造出来的

战略要接地气，首先要有勇气承认我们都是在黑暗中摸索。实际的战略是即时鲜活的，往往是基于经营者直觉的判断、果感的行动和迅速的调整。这是一个在日常行动中不断尝试纠偏的连续过程。如果我们可以预知未来，那么战略也许根本没有必要存在。面对未知的未来，而在每一阶段都争取即兴发挥得漂亮一些，最终也许能够总结出一段精彩的战略故事。所谓的高瞻远瞩，大抵来自对当下的细微洞察和积极应对。

> 我从不预测。我朝窗外望去，看看哪些可见的东西尚未被看见。
>
> **彼得·德鲁克**

未来是做出来的，不是预测出来的。未来不一定是由那些一心想着未来的人制造的，倒可能是那些连想都不想未来的人做出来的。他们只专注于当下，但却在结结实实地制造未来。也许，宗老板现在看到的是未来大家都会看到的。也许，未来的宗老板们现在正在住地下室，在街上发小广告，在路上送快递。虽然宗庆后的所作所为没有松下幸之助那样漂亮传奇，但它真实。也许，这样对待有限理性，才是真正的实用理性。

决策中常见的认知偏差

认知偏差：病态还是常态？

在西蒙教授提出有限理性学说之后，认知心理学和行为决策学的研究进一步为我们揭示和界定了有限理性的具体表现和行为特点。不幸的是，基于对理性本身的推崇，这些领域的研究者们倾向于把有限理性或者不够理性的行为描述为“认知偏差”（Cognitive Bias）、“逻辑误区”（Logical Fallacy）和“行为陷阱”（Behavioral Trap）等一些相对贬义甚至与“病态”相关的、有待解决或者改善的“问题”或者“错误”。其实，仔细想想，如果大多数人都存在认知偏差，容易掉进陷阱、陷入误区，那么正说明了有限理性是常态、相对愚蠢是常态。

> 一个傻瓜会认为自己聪慧。一个智者会认为自己愚笨。
>
> **威廉·莎士比亚**

芝加哥大学心理学家奚恺元教授曾经写了一本书叫做《正常的傻瓜》，列举了正常人中常见的窘态和傻相。其实，实事求是，平心而论，所谓傻瓜，确实是正常的，大多数人都是平庸的。超级精明是不正常的，脑筋急转弯转得快的人都不是正常人。而且，超常的人也只是在某些领域超常，在其他领域平庸。在某些领域超强的人，在其他领域可能超级薄弱，甚至愚蠢。

看看你是不是“正常的傻瓜”

通过对表 1.1 中问题的回答，诸位不妨看一看，你到底是不是“正常的傻瓜”。

表 1.1　决策练习：你的认知是否有偏差和误区？

1. 一副球拍和一只球的价格合起来是 110 元。球拍比球贵 100 元，球值多少钱？
2. 一个流浪汉喜爱捡烟头。5 个烟头可以卷一支整烟。如果他捡到 25 个烟头，那么他可以卷几支整烟？
3. “所有的玫瑰都是花。有些花是绿的。有些玫瑰是绿的。”你觉得这三段论有道理吗？
4. 有一个池子，其中有一片莲花。莲花的面积每天增长一倍，48 天可以填满整个池子。莲花多少天可以填满池子的一半？
5. 在中国开宝马 X6 的是男的多还是女的多？为什么？
6. 2015 年，在中国，交通事故和肺癌哪个导致的死亡人数更多？
7. 2003 年在“非典”（SARS）肆虐期间，是由 SARS 致死的人多、吃饭噎死的人多，还是空难致死的人多？
8. 下面两组企业中，那一组的总销售额高？
   (A) 江西铜业　厦门建发　河北钢铁　中铁二局　上海电器
   (B) 中国蒙牛　贵州茅台　河南双汇　青岛啤酒　唯品会
9. 2010 年，富士康员工跳楼自杀 14 起，在媒体上和公众中引起轩然大波。大家大肆诟病富士康的员工管理极端混乱，缺乏起码的温情和人文关怀。这种令人唏嘘的事件把我们的目光引向那些对生活产生绝望的弱势群体。我们想一想这些弱势群体还可能会分布在别的什么地方。请问，富士康员工的自杀率是否高于所有中国人的自杀率？是否高于全国大学生的自杀率？请你给中国、日本和美国的自杀率排个序。
10. (A) “胖人通常聪慧温和、友善可靠。在汤加共和国，国王总是最胖的人。马浩教授是个胖子。”
    (B) “胖人通常意志薄弱、好吃懒做。连自己的嘴都管不住的人，成不了什么气候。马浩教授是个胖子。”
    同一个事实陈述“马浩教授是个胖子”，在（A）和（B）中的意思有何不同？
11. 俗话说，人不可貌相，海水不能斗量。但我们经常发现大家通常喜好以貌取人，甚至以“衣帽”取人。这种做法到底是偏见还是常理？如果大多数人都自然地具有如此之偏见，那么企图改变这种偏见的想法是否也是一种偏见？你怎么看这个问题？

（续表）

12.	骈总是某著名央企的人力资源总监。该企业原为外贸公司，因此与对外经贸大学有不解的渊源。骈总对于初级管理岗位人员招聘的基本准则是 1 + 2 + *N*，也就是只面向以下学校的毕业生：对外经贸，加清华和北大，再加 *N* 个排名前十位的大学。你如何评价这种决策方法？

资料来源：本书作者根据各类文献和其他公开信息以及个人观察编辑整理。个别例子来自如下文献，或者受其启发：Bazerman，M. （1991）. *Judgment in Managerial Decision Making*. 2nd Edition；Kahneman，D.（2011）. *Thinking*，*Fast and Slow*. Macmillan。

如何回答和解读你的答案

你可以不假思索和警觉防范地将这些问题回答一遍，完全靠直觉和第一反应，并记录下你的答案。然后，在做第二次的时候，你试图更加专注严谨，仔细认真，尽量全面系统地去分析和回答这些问题，与你第一次记录下的答案相比，看看有没有错误和疏漏。

比如，来自诺贝尔经济学奖获得者丹尼尔·卡尼曼教授的第一道题：一副球拍和一只球的价格合起来是 110 元。球拍比球贵 100 元，球值多少钱？正确的答案是，球值 5 元，球拍值 105 元。如果你本能的反应是球值 10 元，那么球拍就应该是 110 元，加起来的总数就会是 120 元，而不是原题给出的 110 元。你自己验算一下，就知道自己的答案是对是错了。另外一些与数字相关的题，需要你去动手查一查，这样会加深你的印象。

至于开放式的题目，比如最后两道题，请你尽量尝试用两个或者两个以上的不同视角和思路去应对。你也可以随机询问和听取他人的观点和意见。看一看，不同的视角和思路得出的结论是否符合你惯常的思维方式，哪些可以接受，哪些需要反驳？哪些老生常谈、不痛不痒，哪些给你带来了全新的启示？哪些问题大家说的和做的不太一致？

这里，笔者只是想让大家亲自直接体验一下有限理性在我们自己身上的具体表现。笔者无意使大家沉溺于脑筋急转弯之类的刁钻难题。如果你的回答有偏差和疏漏，才恰恰说明你很正常。

常见的认知偏差

当然，心理学家不一定这么想。他们认为我们的偏差和谬误是可以改进并且应该改进的。然而，放眼望去，文献中关于各类偏差和误区的归纳可能接近三位数。人人有偏差，时刻有误区，处处是陷阱。真可谓防不胜防。就算你花上一辈子的时间，专门防范这些偏差和误区，就真能防得了吗？如果你认为可以，那你的这种想法本身就是误区！表 1.2 总结了二十多个常见的偏差，并提供了描述性的解释和简单的举例说明。

表 1.2　常见的认知偏差、误区与陷阱

认知偏差	描述性解释	举例说明
锚定效应 (Anchoring Effect)	过分倚重少数凸显的或者最先接触到的但其实并不重要或者不具有代表性的信息。	听风就是雨。盲目相信第一次听说的信息之真实性。
常见性联想 (Availability Bias)	错误地高估那些容易被迅速形象性地回想起来的事件发生的概率。	认为交通事故比肺癌造成的死亡人数多。
从众效应 (Bandwagon Effect)	倾向于相信许多人相信的东西或者去做很多人都做的事情。	“再不进股市就赶不上这波行情了。”
盲区效应 (Blind Spot)	在行动中忽视来自那些自己视野所看不到的区域中存在的事物之影响。	在公路上开车跟自己在家里闲庭信步一样，旁若无人。
确认性偏见 (Confirmation Bias)	对信息的搜寻、解读、聚焦和记忆倾向于使之符合或者支持自己的预想与偏好。	买了东西后倾向于接纳那些证明购买决策正确的信息。
保守主义 (Conservatism)	过分保守地基于往常的趋势来判断未来。忽视新的变化。	该出手时不出手。
一致性偏见 (Consistency Bias)	对有关自我过去的回忆中，倾向于夸大自己的态度或者行为的前后一致性。	（谎称）自己从小就如何，所以才有今天的（偶然）成就。

（续表）

认知偏差	描述性解释	举例说明
框定效应 (Framing Effect)	对同一事实的不同预设性和框定性的描述会影响人们对事情本身的判断和把握。	是屡战屡败的窝囊还是屡败屡战的勇气和坚守？
启示法（经验法）捷径 (Heuristics)	习惯性地依赖那些基于过往经验所形成的窍门和捷径去简化决策过程之复杂性。	只从“985”大学招应届毕业生。
事后诸葛亮 (Hindsight Bias)	对已经发生的事情在事前之可预见性有所高估。	“我早就看出来这货不地道！”
对样本大小不敏感性 (Insensitivity to Sample Size)	对样本大小的不敏感导致对小样本中样本之间差异的低估。	认为分别“随机”抽1 000人和10人时抽到的男女比例一样。
控制的幻觉 (Illusion of Control)	过分夸大个人对某些事件及结果的掌控程度。	人定胜天。人有多大胆，地有多大产。
关联性臆测 (Illusory Correlation)	固执地认为实际无关的事件之间存在某种相关性或者因果性。	认为吃核桃可以专门补脑。
小概率律条 (Law of Small Numbers)	过分自信地认为小样本特征（孤立事件）可以代表整个样本空间（一般现象）。	看见某个烟民活到100岁，就认为抽烟可以延年益寿。
逻辑化重构 (Logical Reconstruction)	对于那些不能准确清晰地回忆的事件或者相对模糊的刺激进行逻辑性的关系再造。	给你两个数列135和2X6，你通常认为X是4。
峰值效应 (Peak Effect)	对某个事件的记忆由巅峰体验来代表，往往以偏概全，倾向于美化与拔高事实。	提到自己的高尔夫球水准时说的是记忆中最高纪录的那一次。
首因效应 (Primacy Effect)	受第一印象的影响过于深重，无论第一印象正确与否。	听歌往往觉得原唱最正宗。

（续表）

认知偏差	描述性解释	举例说明
近因效应 （Recency Effect）	受近期数据模式或者印象过度影响的趋势。	相比早期的雪中送炭，人们更容易想起近期的锦上添花。
忽视回归性 （Regression Bias）	忽视了群体（无论某些离散点如何独特）之总体特征或行为通常会向其平均值回归。	在泡沫接近顶点之际参与某项活动。
选择性感知 （Selective Perception）	个体特质与偏好导致过分关注问题的某些方面，忽略与无视其他方面。	屁股决定脑袋。
保持现状 （Status Quo Bias）	人们倾向于保持现状而不愿意花费时间和精力去做改变。	"我糟糕我乐意。"
脸谱化成见 （Stereotyping）	认为某类人中的任何成员都必然具有此类人在某一方面常见的显著特征。	外国人认为是个中国人就会一些功夫。
存活者偏见 （Survival Bias）	把在某一过程中存活下来的样本之表现作为常态而忽略了更多的已被淘汰者的情形。	"创业多好哇，你看马云当初还不如你！"
主观性夸大 （Wishful Thinking）	人为主观地高估和夸大自己期望的那种结果所发生的概率。	守株待兔。

资料来源：Schwenk, C. R. (1988). The cognitive perspective on strategic decision making. *Journal of Management Studies*, 25 (1), 41—55; Bazerman, M., & Moore, D. A. (2012). *Judgment in Managerial Decision Making*. 8 ed. Wiley; Kahneman, D. (2011). *Thinking, Fast and Slow*. Macmillan; Hammond, J. S., Keeney, R. L., & Raiffa, H. (2015). *Smart Choices: A Practical Guide to Making Better Decisions*. Harvard Business Review Press. 作者根据上述文献和其他公开信息翻译整理。

需要指出的是，这里只是浮光掠影地罗列和简述了一些具有代表性的常见偏差。而全面系统地介绍各种偏差，探究其潜在危害以及可能的改善办法，并不是本书的主要目的。对这些内容有兴趣、希望进一步深入了解的读者，可以参阅巴泽曼（Bazerman）和卡尼曼等专家的相关经典论著。

下面，我们将以若干案例为基础，着重评介一些与管理决策比较相关的认知偏差。

选择性感知

什么是选择性感知

选择性感知是指当面临一个复杂的刺激时，人们倾向于感知那些他们“准备”去感知的内容，或曰有能力去感知的内容。对那些他们不熟悉的，或者没有兴趣或能力感知的东西，他们往往视而不见，倾向于忽视它们的存在。也就是说，我们总是去看我们想看到的东西。面临的刺激越复杂或者越模糊，人们的感知越容易受已有的主观先验的想法的影响，而越不易受“刺激”本身所代表的客观现实的影响。在管理决策情境下，选择性感知意味着这样一种状态：给定一种情形，每个管理者都将会感知该情形中那些与其所在部门的活动和目标明确相关的方面。这有点类似于我们常说的“屁股决定脑袋”。

案例1.3

选择性感知学说的原始证据

一家大型制造企业的23位中层主管正在参加一个由该企业资助的主管培训项目。其中有6位销售主管，5位生产主管，4位财务主管，8位其他部门的主管。他们每人收到同样一个案例，描述了一个专业制造无缝钢管的企业的组织状况及经营活动。案例材料大约1万字，提供了丰富详尽的有关该企业和行业以及近期历史的描述性信息。案例材料刻意地保持客观，只提供具体的事实，而将对材料解读和评判的任务尽可能地留给阅读者。

“你认为这家钢铁企业目前面临的最重要的问题是什么？”每个人都

要针对这一问题写出一篇简明的陈述。在23位中层主管回答此问题之前，实验主持者不断地提醒他们，在考虑问题时他们要假设自己处在该企业最高层管理者的位置上。他们的答案分布如下：

部门	主管人数	提到以下内容的主管人数		
		销售	组织	人事关系
销售	6	5	1	0
生产	5	1	4	0
会计	4	3	0	0
其他	8	1	3	3
总计	23	10	8	3

资料来源：Dearborn，D. C. and Simon，H. A.（1958）. Selective perception：A note on the departmental identifications of executives. *Sociometry*，21（2），140—144. 本书作者翻译整理。

受职能背景影响的选择性感知

如案例1.3所示，6位销售主管中，有5位认为销售问题是企业面临的最重要的问题，占83%；而17位非销售主管中，提到销售问题的只有5位，占29%。值得一提的是，在提到销售问题的5位非销售主管中，有3位是会计主管。可以想见，会计主管对销售感兴趣是因为他们对销售数字的敏感。如果剔除销售主管和会计主管，则其余的与销售没有直接关系的13位主管中，只有2位提到销售问题，只占该群体的15%。

5位生产部门主管中，有4位认为组织问题是企业面临的最重要的问题，占80%。而17位非生产部门的主管中，提到组织问题的只有4位，占22%。而提到人事问题的3位主管都是与人事工作相关的，其中1位是公共关系主管，1位是行业关系主管，1位是医疗主管。

从上述答案中，我们可以看出，这些中高层管理决策者对企业最为重要问题的鉴别与解读，受到其职能部门背景的显著影响。与销售相关的部门认为销售问题重要，与生产相关的主管认为组织问题重要，与人事相关的主管认为人事问题重要。这种选择性感知现象，也正是迪尔伯恩（Dearborn）和西蒙想要检验的核心命题，该命题在此例中得到了初步的验证。

对方法论和结论的质疑

案例1.3只涉及一个企业，而且研究的场合是培训课中的虚拟案例，不是实战的情景，并且只有较少的23个样本参与。笼统地将企业问题分为三种类型，也可能使所得结论的真实性与可靠性受到限制。总之，从科学方法论的角度看，该研究结论的内在妥当性和外在普适性会遭到必要的质疑。

20世纪90年代初，笔者曾亲耳聆听西蒙教授在得克萨斯大学的一次演讲，他在演讲中称："一个样本总比没有样本要好！"（A sample of one is better than none!）毕竟，这项粗糙的研究提出了一个重要的话题，开启了一个全新的研究领域，引出了后来研究者在不同情境下的检验。虽然支持和不甚支持的证据都存在，但大家仍然倾向于相信这种现象的存在。

对于没有发现"选择性感知"证据的研究者，他们自己也推测了一些可能的常见原因。比如，由于MBA的通才教育得以普及，企业中岗位轮换和通才培养蔚然成风，或者由于管理决策者的业绩评价机制得到改善，大家过分困囿于自身职能背景影响的可能性就会相对减弱，而从全局考虑的倾向性可能就会增强，至少在回答问卷的时候会显得更有全局观。

以领导的喜好为选择性感知的标准

然而，在真实世界中，即使决策者在认知上有所警悟，但出于永不消亡的利益驱使，他们仍然会倾向于以自己熟悉和喜好的方式去看问题，以符合自身利益的手段和说法去理解问题和定义问题。可以想象，另外一种选择性感知，可能是唯领导喜好而感知，而不是受上述职能背景的影响。

领导认为最重要的问题，就是组织中最重要的问题，无论其对错。因此，选择性感知仍将是管理决策中不可轻易忽略的现象。

选择性的不感知

有些时候，大家可能对某些明显存在的事物，甚至是极为美好（抑或丑陋）的事物也会视而不见，置若罔闻。要么心不在焉，要么场合不对，抑或兼而有之。总之，人们的认知和感悟，会由于当下的实际场所和情景、心境和情绪以及下一步的去向和归宿而受到不同程度的影响。

案例 1.4

地铁站里的小提琴家

2007 年 1 月某个工作日的早高峰期，美国华盛顿特区的某地铁站内，一位 30 多岁的男子，身着牛仔裤和长袖 T 恤衫，头戴棒球帽，在靠近入口处的某个垃圾桶旁边立定，拉响小提琴，开始卖艺。43 分钟下来，他拉了 6 首曲子，总共有 1 097 人从他身边走过，只有 7 个人暂时驻足倾听，最后琴盒里总共敛到 52 美元赏钱。

也许令人难以置信，这位卖艺者乃是古典音乐界的一线翘楚约书亚·贝尔（Joshua Bell），他演奏的是“音乐老爹”巴赫备受尊崇的经典作品，手中的那把名琴是制作于 1713 年的 Stradivari，价值 350 万美元。而就在他在地铁站卖艺的三天前，这位享誉世界的小提琴家在波士顿交响乐厅的音乐会，每张门票的价格在 100 美元上下。

此次试验由《华盛顿邮报》策划，旨在考察人们在不经意间是否能够发现艺术的美妙。该报称，只有一位几天前刚听过贝尔音乐会的女子认出了他，给了他 20 美元；还有一位少年时代学习小提琴的男子，听出了琴声的不俗，给了他 5 美元；也有人只是出于道义，根本也不听什么拉琴，就随便往琴盒里扔了几美分的硬币。

当然，据目击者称，一位流浪汉曾在该地铁站内倒地身亡，警察、担架……进进出出，忙个不停。然而，没有任何路人停下来围观，也没有人为此放慢脚步。这就是华盛顿的上班族，专注于赶地铁上班，目标明确，心无旁骛，各自奔波于自己的忙碌，无暇于跟自己无关的事情。他们是路人，是过客。

资料来源：马浩，2014，“关键看你想要啥?”，《中欧商业评论》第3期，第124—125页。

无论如何，在上述案例中，策划者事前担心的围观、拥堵、追星、拍照等场景根本没有出现，甚至几乎没几个人意识到拉琴者的存在。艺术遭遇冷落？是飞快的生活节奏将我们的心灵变成了审美荒漠，还是明珠暗投，艺术被不合时宜地错置于注定无人喝彩的深渊沟壑？古典音乐，本身就不是大众艺术。在地铁站，更是知音者寡。即使有知音欲听，也不一定有时间停下来，抑或有心境在这样一个嘈杂的环境中去仔细聆听、耐心品味、从容欣赏。

哪些人是真正的顾客

真正的顾客，就是那些按时定点按照你的要求到指定的地方给你送钱的人。那些提前一年就订好音乐季的套票，满怀热切的期待与不可抑制的好感前往音乐厅听贝尔演奏，并起立鼓掌、大声喝彩的观众，才是贝尔真正的顾客。在音乐厅，你如鱼得水，众星捧月。跑到一个鱼龙混杂的混沌场所，面对非目标客户群体，即使免费奉送你的手艺，也会被人忽视甚至歧视。你可以抱怨别人不识货，但主要的问题是此地并非此类手艺的适当交易场所。

“甲之蜜糖，乙之砒霜。”分清甲乙，明辨其喜好憎恶，乃是精准定位的必要前提。朋友来了有蜜糖，敌人来了上砒霜。当年，美国某大城市的橄榄球比赛后，总会有一帮球迷不愿散去，在球场外的停车场上聚众狂欢，摇滚震天。当局决定，通过高音喇叭播放瓦格纳的歌剧来驱赶球迷。对于这帮醉心摇滚、憎恨古典的球迷来说，瓦格纳的音乐简直是不堪入耳、难以忍受的噪音。于是，瓦格纳的音乐一旦响起，球迷们使急忙夺路而逃，迅速销声匿迹。好一个机智的清场方式。

品牌形象：小众与大众的认知

小众产品蹿红大众市场，很可能是衰败的前兆，或者是“收获战略”的布局信号。毕竟，以小众的基因在大众间招摇是难以持久的。如果一个曾经斩获大奖的职业钢琴家只能经常性地向琴童们显摆或者跟青春“粉丝”们互动，他在职业音乐家阵营里的地位和铁杆乐迷心目中的形象就将会直线下降，由艺术家变成娱乐者。至少，在手艺本钱耗尽之前，可以集中吸进所有可能获取的现金流。

最初定位超级高端的5100矿泉水，在动车上免费赠送之际，品牌形象便与乐百氏、娃哈哈们无异。推崇“Think Different”（非同凡想）的苹果公司，曾经亦是小众产品的典范，iTunes本身也沿袭了苹果封闭生态系统的老套路。然而，从iPhone到iPad，苹果大步走向大众——人人啃苹果。岂不是要让大家全都“Think Same”？大红大紫之后又当如何？是继续跨界，全线布局，多价位推出产品，还是回归小众，更加精准地锁定和服务目标客户人群？

孤立事件与因果关系

俗话说，一叶知秋。透过某个具体事件或现象中的细节与特点，我们大概可以体味、领悟或者推测到某种大的模式、规律与趋势。显然，细究起来，这种举一反三的做法和推断，并非一定屡试不爽。孤立事件所表现的特殊性与一般规律所代表的普适性之间错综复杂的关系往往远非我们想象得那样简单。管中窥豹，偶尔一斑全斑；盲人摸象，多是以偏概全。极端偏执地相信特例的通效，无论动机良莠，皆有自欺欺人之嫌。

一般而言，人们通常是喜好专门挑拣那些对自己有利的信息和事例来为自己的言行进行开脱与辩解，用那些自己愿意相信的信息与事例来上纲上线地贬抑世事或指摘他人。问题的关键是，我们最好能够搞清楚什么是常规，什么是特例。

抽烟延年益寿？

榜样的力量是无穷的。一个生动具体的形象往往具有强烈的符号性作用和鲜活的象征性意义，通常比冰冷乏味的数据更有说服力。美国著名喜剧演员乔治·伯恩斯先生，享年一百多岁，终生酷爱雪茄烟。将近百岁时，伯恩斯先生仍然登台献艺，标准形象必定是一手雪茄，一手威士忌。每次登台的开场白必然是："很多人经常问我，伯恩斯先生，你整天又抽烟又喝酒，你的医生怎么劝告你？我告诉他们，我的医生们已经死了好几波了！"有多少人不服，敢跟他叫板？有些人甚至还敢说抽烟有益于健康呢！"瞧，伯恩斯先生就是因为抽雪茄才能够保持精神矍铄、健康长寿。"

再看科学研究的结果。科学研究证明抽烟者在某些疾病上的患病率远远高于不抽烟者。当然，科学研究得出的结论也并非证据确凿、无懈可击。有些研究者对抽烟有害健康之说信誓旦旦，有些研究者却对该说法不以为然。很多医务工作者也是手不离烟、云雾不断。比如，某些癌症的发病率，抽烟者要高于不抽烟者好几倍。当然，如果是在百万分之几的数量级上的话，几倍的差别在实际生活中可以忽略不计。何况，抽烟给人带来的精神满足和愉悦以及对压力的减少与抵抗，远远高于它带来的直接负面影响，甚至可能降低某些疾病（比如心理疾病）的发病率。

其实，即使高发病率与抽烟具有极高的相关性，也并非就必然说明它们之间是因果关系。可能并非是抽烟导致疾病，而很可能是某种第三种未知因素，比如基因、生存环境、生活方式等，导致某些人既喜好抽烟又容易罹患某种疾病。即使有证据表明当烟民停止吸烟后某些病症消失或减轻，也不能准确地说明吸烟本身左右了该疾病，而可能是停烟后整体生活方式的转变改善了病情。只有将一个烟民和他的克隆者（不抽烟者）在完全相同的生存情况下进行比较试验，才可能得出比较准确的结论。而这种实验，显然迄今为止是不可能的。

任何数据都可能撒谎

任何数据都可能撒谎，因为它们在绝大多数情况下反映的不过是我们对事物的不全面的把握以及相对粗略的估计，甚至是臆测与狂想。然而，不管怎样争辩，大量的研究数据已经清楚地表明，抽烟对健康的负面影响大概已经是不争的事实和近乎普遍的规律。如此，用极端的事例或者夸大的数据说事儿，无论是狡黠地辩解抽烟于健康无甚大碍，还是不假思索地一味过分强调抽烟危害健康，都属于偏执，或者别有用心。抽烟与健康的关系，恰如运动与健康的关系、努力与成功的关系，也许并不像我们现在想象得这样直接、线性、简单，或者放之四海而皆准，适用于所有环境、所有人。

如果你把任何数据拷打的时间足够长，你让它招供什么，它就招供什么！

流行于统计学家中的说法

再比如，看到沙尘暴肆虐、火山爆发、飓风席卷、海啸狂飙、南方下雪等现象，一些正义感和责任感甚强的人士立马就会联想到温室效应，并振聋发聩地宣称这是大自然对人类的报复。其实，人类老老实实，大自然也不一定就会风调雨顺，就不报复。在没有搞清楚准确的因果关系之前，最好保持敬畏之心和谦逊之态。也不要太高看人类了。人类左右不了大自然。顶多是人类中的一部分人，以某种借口，正色铿锵、情真意切地忽悠另一部分人而已。有时以极端的事例，有时以科学的名义。

回到企业管理这一主题上来。看到某个企业在某些方面表现得特殊，就断定这种特殊性是其成功的原因，于是跟风效仿。这跟看到一个抽烟的人恰巧长寿自己也拼命抽烟没什么两样。也就是说，东施效颦，赶上的可能正好是西施不雅时的模样。同样，你不能看人家微软年终庆功会上光用于大虾的花费就得上百万美元，就要如法炮制。无论你消耗掉多少大虾，结果大概仍然还是和微软沾不上边儿。

企业家的（盲目）自信和乐观

企业家与职业经理人的比较

说起企业家，人们立刻就会想到冒险，似乎敢于冒险和喜欢冒险是企业家的天职。其实，你如果真去问问那些企业家（某些研究者已经这样做了），他们很可能会告诉你，他们并不比普通人更喜欢冒险。毕竟，练的是自家的买卖，谁不心疼钱呢？但实际上，他们确实比别人更勇于冒险。这又怎么解释呢？有这样一种可能，那就是企业家其实是被自己蒙在鼓里（self-deluded）。也就是说，由于他们过于自信和乐观，别人认为有风险的事情，在他们看来不过稀松平常。于是，他们对待风险的敏感度较低；当别人认为他们已经在如履薄冰、铤而走险的时候，他们却会自觉如沐春风、洋洋得意。这个解释由美国俄亥俄大学费雪商学院的巴尼（Barney）和他的同事布思尼茨（Busenitz）在1997年发表的一篇文章中提出，他们是通过问卷调查研究得出上述结论的。请看案例1.5中的描述。

案例1.5

盲目自信的企业家

随机挑选一组企业家（自己创建企业者）和一组掌管大企业的管理者（职业经理人），并对他们在两个方面进行问卷调查。两组的人数都在100人左右。

第一，问五个常识性的问题。每个问题有两问：第一问要求在两个备选答案中选一个（比如，哪种病引发的死亡人数更多，是癌症还是心脏病?）。第二问是问被调查者对自己的答案的自信程度，从50%（完全瞎猜）到100%（完全自信）。对于五个问题的第一问，企业家和经理人的平均得分相差无几。对于第二问，企业家对自己答案的自信程度大大高于经理人，尤其是在他们的答案是错误的时候。

第二，问一个管理决策方面的问题。一台进口的机器出了故障，必须选择一种方案来替换这台出故障的机器：（1）选美国生产的机器，你的"朋友"最近才买过一台这种机器，迄今为止还没出现过问题；（2）选外国生产的机器，这种外国机器出故障的可能性从统计概率的角度来讲比美国生产的机器要小。结果，一半左右的企业家们决定买美国生产的机器，90%的经理人决定买外国生产的机器。

资料来源：Busenitz，L. W.，& Barney，J. B.（1997）. Differences between entrepreneurs and managers in large organizations：Biases and heuristics in strategic decision-making. *Journal of Business Venturing*，12（1），9—30. 本书作者翻译整理。

企业家相对乐观和过分自信

在上例中，从第一方面的调查结果看，企业家通常比经理人更自信和乐观应该说是一个基本的事实。企业家在自己判断错误的时候尤其自信的事实，也说明他们对风险的估计大概相对不足，或者说他们对潜在的风险表现得不够敏感。这一点也可以通过第二方面的调查结果得到佐证。很多企业家可能这样认为：概率只是概率，高点、低点区别不大，况且我的朋友买的美国生产的机器就没出问题，到我这儿也不可能出问题。乐观自信的人更关注的是成事儿的概率，保守谨慎的人更关注的是出事儿的可能性。并且，乐观自信的人比较容易以偏概全，不假思索地由特殊而推断一般。这时的错误在于盲人摸象，而不是窥豹见斑。

其实，完全用自信乐观与否来解释上述结果是不全面的。企业家和经理人扮演的角色不同，决策准则和结果当然也会有很大差异。企业家是给自己干，经理人是给别人做代理。企业家的理想是通过努力取得成就，经理人的愿望是有秩序地执行任务。企业家更容易诉诸激情，经理人更容易归于理性。企业家对自己的行为负责，无须过多考虑如何向他人解释；经理人必须考虑决策的负面效应，以及如何向所有者交差。按照风险概率高低做决策，既显得有理有据、尊重科学，又能避免责任、自圆其说。难怪90%的经理人都做出相对比较理性的选择。寻求成功和避免错误是两种截然不同的行为理念和规范。

过于乐观自信，对风险不够敏感，导致很多企业家惨遭失败。同样，过于理性和保守，对风险一味规避，导致很多管理者庸碌无为、难成大事。当然，当你没什么可守的时候，你不可能成为保守主义者。而当你的任务是给已经长大的企业当管家时，相对理性和规矩便是在情理之中的，这是角色使然。经理人的这种角色是企业家代替不了的。但是，创业仍然需要企业家来担纲。企业家的这种角色也是经理人代替不了的。创业要有成就，就必须像企业家那样乐观自信、敢冒风险，尽管总体而言，创业失败的概率远远高于成功的概率。当自信和乐观巧遇使得自信和乐观获得正当存在的理由时，企业家便有幸能够成功。

理性的人调整自己去适应世界；不理性的人总是试图调整世界来顺应自己。因此，所有的进步取决于不理性的人。

萧伯纳

是不是某些人天生就是企业家呢？这是一个应该由基因学进一步研究的课题。基于对同卵双胞胎和异卵双胞胎的比较研究，现在已经有初步的证据表明，基因确实影响人的创业倾向。至少我们发现企业家的决策往往与众不同。我们大家都困囿于有限理性，企业家则可能更不理性。认知偏差也许成了他们有别于常人的“优点”，使之义无反顾地跳入创业大潮。

否则，如果只是简单地分析一下失败的概率，他们可能早就停止任何尝试了。

决策者如何思考与行动

在一次接受采访时，电子商务巨头亚马逊的老板贝佐斯曾被问道："你每天忙碌十来个小时，处理那么多繁杂的公务，你在什么时候思考问题？"贝索斯就像郭德纲说相声似的立马抖了一个包袱："我在冲澡的时候思考问题。您还别说，我是如此地缺乏时间进行思考，以至于我常想我是否应该每天冲两次澡！"这个看似不经意的问题，其实值得大家思考与探究。各位管理者、决策者不妨也问一下自己：究竟在什么时候思考？

百分之二的人思考；百分之三的人认为自己在思考；百分之九十五的人宁愿去死也不思考。

萧伯纳

无论是参照古往今来的中国圣贤智慧，还是随便参考一本西方管理学教科书的理性阐述，各类决策者和管理者似乎都是（或者应该都是）未雨绸缪的前瞻者、料事如神的预言家、深思熟虑的设计师。兵马未动，计划先行。分析思考，而后行动。所谓"运筹帷幄，决胜千里"。这种期许和描绘，作为总体思路和一般原则，也许还算是比较靠谱的。决策者对大局问题的思考与把握应该说是有益的。对事情有所思虑、有备而来，总比脑中空荡、胡蒙乱撞要强。

而具体到实际行动中的际遇与细节，则可能远非任何人之事前思考和谋划所能料定或解决的。然而，一旦陷入日常实务的运行与操作，决策者又往往没有时间和精力去针对面临的实际问题进行全面系统的思考，除非他们也像贝佐斯那样有一个适合自己的固定模式与偏好，比较系统地在某个业余时间进行思考，或者如比尔·盖茨一样，每年有意识地拿出一个星期，抛弃所有工作，闭门读书，深入系统地思考大问题。而事后的思考，虽可亡羊补牢，却基本上于现今之事无补。

在行动中思考

在日常的组织生活中，我们很难看到决策者闭门静思。我们看到的决策者通常是在连续不断的各种行动中。如此，如果说决策者在日常工作中仍然在进行思考的话，那么只能有一种比较令人信服的解释。那就是，他们在行动过程中思考，在解决问题中思考，在支离破碎的细节中思考。并非先思后行，而是思行合一。

也就是说，管理者其实一直在思考，随时随地在思考。行中思，思中行，思考与行动同时发生、密不可分。这是著名社会心理学家卡尔·威克（Karl Weick）教授匠心独具的想象、发现和理论解释。具体而言，思考可以限定（Qualifies）行动、激发（Provokes）行动、强化（Intensifies）行动。

思考限定行动

思考限定行动，意味着有思考的行动和无思考的行动是有本质区别的。有思考的行动通过不同程度的关注、企图和控制来限定行动。值得一提的是，威克教授甚至认为“思考”并不是非常独立的动词，而更应该是名词做副词用，用来修饰动词，或者辅助其他动词，恰如“匆忙地”（做什么）和“尝试去”（干什么），等等。一个人不可能脱离具体的行动来思考。思考需要与某种行动相关联的素材与情境（Context）。

一个人在行动时，思考的出现与否和专注程度可以随着情境的变化而变化。比如，某人在路况通畅时心不在焉地一边开车，一边观景或者听音乐。此时的开车基本上属于“不假思索地”行动。当路况突然复杂时，此人可能立刻变得高度警觉和专注，随时准备调整应变。此时的开车便是

“思虑紧张地”行动。这种行动，也就是所谓“有思考的行动”或者“思考着的行动”（Act Thinkingly）。

可以说，与专注、企图、兴趣等思虑状态相结合的行动都是有思考性的行动。管理决策者的日常行动通常亦如此。这是因为管理决策者的工作任务和情境复杂多变。他们很难意念松弛地将自己的思绪和行动隔离开来。谈话、沟通、协调、激励，等等，这些行动本身就已经自动地将思考囊括其中了。

思考激发行动

思考可以诱导、激发行动，将自己认为的某种逻辑诉诸实践。也就是说，一个人的思考可以在其脑海中里催生出一些逻辑假设或者因果关系。这种逻辑假设为某些行动赋予积极的意义，从而进一步诱发和鼓励此人去参与和实践这种有意义的行动。比如，“生活是美好的”的信念以及相关的思考可能会导致一个人的相应行动符合“生活是美好的”的逻辑，或者激发他去主动参与那些可能“使生活更加美好”的行动。

这种貌似唯心主义的说法，在我们日常生活中其实也随处可见。如果一个人相信善有善报、恶有恶报，他很可能就会使自己的行动更加向善。或者，我们的日常言语和行为会对别人的思考和行动形成某种暗示与提醒。比如，你每天鼓励自己的孩子，说他们是最棒的，可能会激发他们向上的热情。即使他们明知道自己不是最棒的，也会在行动上更加自律地要求自己，向预期的标准看齐。

在组织管理环境中，这种现象也是不鲜一见。某些老板一天到晚地给员工讲使命愿景、未来 IPO 什么的，讲着讲着，员工会渐渐地感觉自己仿佛已经置身在愿景之中了，或者员工的所作所为正在帮助自己走向那迷人的愿景。这时，我们可能就很容易理解传说中美国航空航天总署的那位清洁工了。他认为自己每天的工作不只是扫地、擦桌子、倒垃圾，而是为保证登月计划或者航天飞机的成功发射做贡献。瞧，管理者不仅自己思考，还在让你思考，激发你的行动。

思考强化行动

思考可以验证、强化行动，为行动的过程和结果赋予更加具体和真实的意义。也就是说，在思考激发行动之后，如果初步的行动结果在一定程度上证实了预设的逻辑或者在某些方面使得该逻辑更加细化或者具体化，人们便会强化和持续自己的行动，并增进对该逻辑的信奉和推崇。

比如，一位男士因公给另外一个机构打电话，对方接电话的女士声音悦耳，态度热情亲切。男士会想象对方是一位美丽优雅的女士，于是刻意地以绅士的谈吐和风范与对方交流。对方如果感受到此番回报并同时产生相应的美好遐想，双方的沟通便会水涨船高、互相抬爱。

相反，如果一个人认为大家都不喜欢自己，看到别人善意的微笑，也感觉是恶意的嘲讽和不懈的鄙夷，那么他可能就会表现得更加不在乎或者不着调，引发别人真实的反感。如此往复，这种龌龊思虑和危险逻辑会在与人交往中不幸验证。

如此，强化行动的预设逻辑本身并不一定是真实的。对预设逻辑的笃实信奉也可能是危险的。比如，大家可能都认为《守株待兔》故事中的主人公很傻。其实，他所谓的“傻”，并不在于他不思考。他仍然是在思考的，只是对因果关系之概率的理解过于偏执。这种思考在一定时期内强化了其错误的行动。细思之，许多管理决策者，或者那些热衷于炒股的人，通过自己的类似思考和总结而把偶然现象当成一般规律来对待的案例（比如自以为找到了成功的秘诀），与守株待兔者实在难分高下。

想得明白，睿智。计划周全，更加睿智。干得漂亮，最大的睿智！

卡尔·崴克教授援引波斯谚语

表 1.3 总结了崴克教授关于行动与思考的主要观点。

表 1.3 崴克教授关于行动与思考的主要观点

1. 思考融合于行动之中；决策不是一个孤立点上的行动，而是一个逐步积累的过程。
2. 行动是一个连续的过程，思考镶嵌于其中。
3. 人们着手行动，是因为在他们的逻辑假设下这些行动合乎情理。
4. 对环境做出反应确实会导致一些从前不曾出现的行动产生（政策有时是通过即兴的提议产生的）。
5. 沉思可以改善绩效，但过多的沉思对绩效并无明显益处。

资料来源：Weick, K. E. (1983). Managerial thought in the context of action. In Srivastava (Ed.), *The Executive Mind.* San Francisco: Jossey-Bass. 本书作者翻译整理。

思考与行动的结合：即兴发挥与瞬时调整

无论如何，管理者在做事之行动中的思考与判断才是最有价值的。事前的深思熟虑不是没有价值，而是价值非常有限。许多问题与机会是在决策实施进程中不断涌现的，根本无法在事前预知。因此，在没有足够的相关素材和境况之前，过度的深思熟虑并不会对行动的结果带来大的改善。

现实中的决策，是基于情境感的一系列当下的连续行动和思考。而行动中的思考、非常警觉专注的行动，往往会激发某种即兴发挥、随机应变。怪不得，崴克教授尤其推崇爵士乐高手们的即兴组合，不用任何细致的计划和排练，随心所欲，见景生情，高潮迭起，精彩纷呈。那才是组织运行的最高境界。

不幸的是，对于一个庞大复杂的组织而言，这种各路专家在小团队中即兴发挥、互相配合的奢侈是非常罕见的。许多情况下，决策者必须快速决断，在不确切地知道自己有没有足够的萨克斯演奏员的时候做出决策和反应。也就是说，他们必须“拍脑袋决策”。

正是：

管理决策思行中，思行其实本一统；
莫道行高不需思，勿言三思而后行。
行中思考定行动，思考导致思中行；
行动强化恰因思，思行合一见真功。

如何看待“拍脑袋决策”

决策的实质在于做出正确的判断，从而有效地解决所面临的问题。判断的基础是对决策者所把握信息的处理、加工和提取。这种判断可以建立在旷日持久的系统研究之上，也可以通过知觉顿悟和即时灵感来实现，抑或使直觉顿悟与系统分析互动并进。系统分析主要是基于理性的准则和科学的方法来实现的。而我们经常说的“拍脑袋”则更重视直觉和灵感的功效，但并非没有理性。专家“拍脑袋”，其背后有强大的相关信息储备、迅速识别模式和关系的能力，以及老练果敢的判断能力。所以，专家“拍脑袋”，有科学分析的基础，有艺术发挥的可能，实在无可厚非。

然而，公众和媒体喜欢天经地义、不容置疑地将“拍脑袋”与主观臆想和瞎指挥联系在一起。这实在是对“拍脑袋”的习惯性误解和无端的非难。在复杂的组织体系内，比如一个大型企业内，由于任务环境复杂、制度设计缺失、人事政治困扰、决策者认知偏差，以及时间压力和成本约束等诸多限制，管理决策很难产生于完全系统和理性的分析与制定过程中。不是决策者不愿意去尝试，而是基本上不可能。由于高层管理决策注定必须面对不确定性和复杂性，决策总是在不完善的条件下进行的，常常没有机会通过各类实验进行模拟，往往没有可能在事前做出有针对性的准备。

什么人爱“拍脑袋”

什么样的决策者在决策时“拍脑袋”？答曰：最聪明的决策者和最愚蠢的决策者。最聪明的决策者知道，面临高度复杂和不确定的决策环境，

“拍脑袋”是必需的，除此之外，别无他法。“拍脑袋”，需要高度的智慧、丰富的经验、果敢的出手、最终的担当。最愚蠢的决策者认为，自己是最聪明的人，于是无所敬畏、为所欲为，尤其是在自己不需要为自己的决策失误负责任的时候。正是许多愚蠢的决策者无知无畏、刚愎自用，酿成悲剧苦果，才导致大家对“拍脑袋决策”本身的全面诋毁和深恶痛绝。天才与蠢材之间惊人的相似之处，就在于他们都与众不同。但同样是“拍脑袋”，结果则可能是天壤之别。

那么其他人呢？一般决策者，既不愚蠢，亦非天才。耍官僚，走程序，免出事，避责任。毫不客气地说，大多数决策者尸位素餐。他们并不勇于为解决问题而积极主动地去决策。大凡遇事，就引经据典，诉诸规章制度和组织程序，不求有功，但求无过。他们从不直接地应对冲突与危机，避免承担临机应变所带来的责任和后果。对于稳定环境下的组织中面临的常规任务来说，这种按程序办事的做法倒也无碍大局，在某些情况下甚至是必要的，抑或非常必要的。不痛不痒的决策，往往都是非常科学理性的决策。这种情况下，基本上无所谓决策不决策，只是循规蹈矩而已。

然而，对于一个面临激烈竞争和复杂多变的环境、迅速发展壮大的组织而言，没有一定的组织程序和既定的经验与惯例来指导决策，尤其是高层决策，“拍脑袋”则是必然。因此，高层的决策者之所以通常是很孤独的，正是因为他们必须“拍脑袋决策”。而“拍脑袋”其实是一种很奢侈的技术活。蠢材当政，不乱“拍脑袋”，尊重程序，也许不会错得出格，但肯定不会有所成就。然而，不犯错误、少犯错误毕竟是决策的最低境界。长期而言，要发展、要进步，必须更加积极主动地在永不停息的复杂性和不确定性中应对挑战、尝试摸索。因此，问题的关键在于，要让那些英明善断的领导掌权，让那些懂行对路的专家决策。说白了，谁该“拍脑袋”，谁就“拍脑袋”。此方为上策。

“拍脑袋”的主体：专家与外行

所谓“拍脑袋”，或“晃脑袋”“转脑袋”“摇脑袋”，就字面意思而言，都是用脑袋、动脑筋，指的是思考，是判断。其实，决策的实质就是信息处理、加工和使用的过程。而“拍脑袋”正是这样一个过程。“拍脑袋”的成功与否取决于决策者自身的判断能力以及对信息的把握和应用。

第一，信息储备。信息是决策的基础。决策者脑子里的信息和知识储备对决策是非常重要的。信息的储备及其与决策的相关性在专家和外行之间可能是天壤之别。外行“拍脑袋”是随机的、凭空的、无根据的；专家“拍脑袋”往往是有某种思路和信息依据的。

第二，识别能力。“外行看热闹，内行看门道。”外行处理信息是散乱零星的，“只见树木，不见森林”；专家处理信息是成块儿进行的，是一个快速把握模式和规律的过程。外行“拍脑袋”通常是就事论事；专家“拍脑袋”往往是融会贯通，把握关键并重视各种重要关系。

第三，决断能力。专家以往的经验可以浓缩和积淀成某种近乎本能的反应和判断能力。这种反应往往是合乎某种科学逻辑的，但专家在反应的一刹那并不一定有意识地思考这些逻辑关系。专家“拍脑袋”不仅是信息的快速检索和处理加工，而且是快速和相对准确地给出直觉判断。

比如，一个象棋高手如果同时与50位业余选手对阵，就不可能花很长时间去思考每一盘棋，而必须在轮转到某一盘棋的时候快速决断。即使如此，高手赢的概率仍然远远高于业余选手。一个企业管理问题，五个MBA学生花一星期的时间研讨可能解决；有经验的业界专家可能在一个小时之内搞定。大人摔倒前，手舞足蹈地想要自我保护；婴儿摔倒则直接先碰脑袋，因为脑袋沉，且婴儿没有先前经验。这就是专家和新手在直觉决策时的区别。由此看来，问题的关键之一，在于是谁在“拍脑袋”。

有一点需要澄清，“拍脑袋”属于靠直觉决策，但并不一定是任意决策或者不理性决策。尤其对于专家而言，虽然“拍脑袋”决策的一刹那并不直接诉诸逻辑或者全面系统的理性分析，但决策的结果往往是符合逻辑和理性分析的。前提是，专家对此类决策具有先前的经验，可以快速检索提取、对接应用。也就是说，“拍脑袋”是有思考的行动。比如，有经验的司机快速刹车或者躲闪是不需要先分析后决断的。当然，如果面对的是谁也没有见过的新问题，也就没有所谓的专家。这时，无论谁“拍脑袋”都无所谓。

一个决策者，可以“拍自己的脑袋”，也可以“拍别人的脑袋”，但终究还是要“拍自己的脑袋”，因为自己是决策的主体。一个组织，要有效力和有效率地实现其目标，必须有一个终极决策者来拿总。这个决策者必须善于让别人（专家、下属、外人）“拍脑袋”，更善于自己最终“拍脑袋”，必须是能管理和欣赏各种专家的专家，是能够和敢于做出最后决断的总体决策者。

能不能不“拍脑袋”

与“拍脑袋”相对的可能是走程序，循规矩，“拍计算机”“拍制度”“拍大家”。计算机肯定比脑袋科学化，制度肯定比个人规范化，大家肯定比精英民主化，新方法肯定比老办法现代化，很多人这么认为着、企盼着、激动着。

毫无疑问，决策的科学化可能会使更多的信息得以被收集和被更系统地应用；决策的民主化可能使各方面的利益和实际情况得到更充分的反映和体现；决策的规范化可能使决策的效率和公正性得到大幅度的提高；决策的现代化可能使人感到与时俱进、焕然一新。

应该说，某些决策最好由科学化、规范化和民主化的决策程序来制定，比如库存管理等重复性较高的决策，不需要每次订货都“拍脑袋”。比如，司法判决必须依据既定的法律程序，减少和杜绝人为的偏差。比如，决策的透明度和大家的积极参与会增强大家对决策的理解和在决策实施过程中的支持。

当然，科学化的决策并不一定导致正确的决策和理想的结果。规范化的决策体系并不一定鼓励创新和应对紧急情况。民主化的决策并不一定导致对大家最有利的决策。现代化的方法并不一定是最适用的决策方法。决策的主体是人，而不是各种被“化”了的制度。决策的实质是保证最有效的判断。

20世纪，美国某大动物食品厂曾计划为狗开发一个科学营养的饼干系列，立志要打造全新的明星产品。一个庞大的研发队伍从动物心理学、生理学、营养学等各个角度对饼干的成分、味道、形状、颜色等做了科学的分析和精心设计，但制作出来的饼干，狗就是不吃。可怜，这些不懂科学的狗。

什么时候只能“拍脑袋”

古人云，有法依法，无法依例。例也没有怎么办？只好“拍脑袋”。

某些具有高度复杂性和不确定性的决策，比如，企业经营战略和发展方向，无论怎么“化”（科学化、规范化、民主化、现代化……），都是要靠企业家来“拍脑袋”的。各种被“化”了的制度和决策支持体系只能提供有限的信息。由于复杂性和不确定性的存在，最终的判断必定要由企业家来做出。企业家练的是自家的买卖，是不可能“拍屁股”的。这时，脑袋拍得如何更是至关重要。“千军易得，一将难求。”重要的不只是勇气，还有决策的能力。

还有一些境况，需要的是专家迅速地做出判断和决策。比如，股票交易市场上的即时决策，需要的是良好的判断能力。这里，“拍脑袋”是一种职业习惯，靠的是多年经验所支持的直觉。再比如，当你因急病被送进医院的时候，你是找一个该领域的医疗专家马上“拍脑袋”进行治疗，还是要求成立一个由“医生、护士、心理学家、营养师”组成的攻关小组为你民主化地提出“全方位、正规化的现代科学治疗和护理方案”？

记得30年前笔者在北京理工大学校工厂实习时，大家经常念叨一句话：“要问阎师傅手艺有多高，他三次见过毛主席！”阎师傅是当年响当当的劳动模范。手艺不高，不可能三次见到毛主席。手艺到底有多高？要淬火的工件在炉子里烧着，阎师傅根本就不用看仪表或看火色，单凭闻味儿就知道烧好了没有。“得，就是它了！”这种判断是纯粹“拍脑袋”呢，还是有点儿什么科学依据呢？

制度是人定的，点子是人想出来的，决策是人做出来的。就连“科学化、民主化、规范化、现代化”或者其他什么“化”的说法和做法也都是从某些人的脑子里“拍”出来的。关键是看谁来“拍”和怎么“拍”。

正是：

无须贬抑拍脑袋，当知决策重判断；
外行凭空随机拍，专家参详依经验。
迅速识别见模式，果敢决断业精专；
直觉感悟合逻辑，自然反应亦卓然。

如何看待和应对有限理性

有限理性是人之常态，认知偏差难以避开，很多时候，大家做决策都是不自觉地“拍脑袋”。这听上去也许让人有些泄气。我们就只能自甘无奈吗？其实，想开一点，任何事情都是相对的。矬子里面拔将军。鸡窝里面出凤凰。你傻，有人比你更傻。大家都不漂亮，你只要不漂亮的程度稍微低一些，你就是其中最漂亮的。两个人同时遇见猛虎，你不需要比老虎跑得快，只需要比另外一个人跑得快。……上述这些事例都是关乎比较的说辞。而说到比较，高低上下、优劣美丑，都是程度问题。大家都是有限理性的。只要有人比你更不理性，你就可能会意识到这种差别，并且采取相应的措施，去利用这种差别或者别人的更不理性。

总之，首先，我们要承认有限理性的普遍存在。这就意味着不能盲目相信与夸大自己的认知能力和判断能力。要保持开放的心态，有意识地关注和应对有限理性。其次，我们要尽量提高自己，理解别人，利用对手，或者借助那些更加聪明理性之人的智慧。如此，我们才能增进我们的判断能力，提升我们决策的质量和实施效果。另外，当我们遭受强烈的情感波动和困扰的时候，有限理性和认知偏差的潜在误区可能会更加凸显。因此，控制和把握自己的情感，也是保持足够理性之必需。

承认有限理性的存在

承认有限理性的存在，是更好地理解和做出真实世界中的管理决策的第一步。首先，只有承认我们理性的有限性，才会从实际出发，从解决问题入手，而不是企图收集所有相关信息或者穷尽所有的可能性。有时，以科学决策为借口，对完全理性的极端信奉和固执追求会导致组织浪费资源，贻误战机。如果相关的信息都可以被获取到而且能够被全面系统、准确精细地分析，则决策时机可能早已错过，决策不再具有实际意义。比如，接二连三的务虚会议和一层一层的严格审批，貌似重视信息和理性，实则是互相推诿和无效率。

其次，认识到自己的有限理性特征和具体的认知偏差与逻辑误区，则可能使管理决策者自己更加自省和自律。相对于那些自诩高明、不自量力的决策者而言，这种意识和警醒本身就是一种竞争优势。管理决策者可以通过一些程序性、制度性和规范性的方针和准则，去尽量避免认知偏差的陷阱和判断的误区。比如，金融机构在进行交易时，通常要有至少两个或者以上的人共同审阅某些材料和信息，才能进入下一步的流程。这是防止人为错误的基本程序设计。当然，类似的重复性的常规决策，比较容易根据过往经验去设计标准化的流程。而在更加复杂和不确定性的环境下，应对有限理性的挑战，意味着我们需要依靠相应的专家的解读与判断。当组织中的专家也没有某个决策领域的经验，或者该领域尚无靠谱的专家出现之际，管理决策的制定与成败，则纯粹靠的是运气。

提升自己与扬长避短

纠偏是可能的

通过自省和洞察，管理决策者可以自觉地发现自己常见的偏差和误区，从而有意识地进行改进或者避免。心理学的研究表明，许多认知偏差是可以通过训练和干预得到避免或者改进的。通过参加学习和培训，管理决策者也会更加有意识地审视自己的认知短板，从而有针对性地提升自己，或者更清醒地意识到借助专家和他人智慧的重要性。

纠偏是有代价的

但是，有必要指出，有些偏差是因为决策者的个人背景和经验导致的，有些则是与生俱来的，与其智力禀赋息息相关、密不可分。如果偏差主要来自后者，那么外部干预和本人自省是很难改变的。另外，认知偏差形形色色，即使与管理决策相关的认知偏差也有很多。一个人的时间和精力毕竟是有限的，不可能一天到晚只关注如何避免自己的偏差或者弱点。即使能够做到全神贯注地纠偏，也不可能全部避免。

专注于纠偏不如扬长避短

致力于纠偏，也就必然意味着没有把时间花在应用自己的优点上面。大多数情况下，花功夫修补自己的短板，肯定会耽误发挥自己的优势和特长。发挥特长和避免偏差之间的度一定要把握好。应该说，一个人生来主要不是为了改正错误、提升短板，而是为了发挥特长、扬长避短。

因此，有限理性学说给管理决策者的一个重要启示，也许是偏差人人都有，关键是你是否有特长，是否在做你擅长的事情，而不是邯郸学步、东施效颦。

理解和利用他人

对有限理性的承认和应对，不仅在于自律与内省，而且在于如何更好地理解他人或者利用对手。知道自己的某些偏见和误区，出于同理心，管理决策者也能揣摩出这样一个道理：别人，比如下属与合作伙伴，也会具有同样的偏见和误区，比如，目光短浅。因此，由己推人，可能增加一些对他人的理解和同情、悲悯与关照。

理解他人

曹操当众烧毁自己部下暗中准备投降袁绍的信函，给大家足够的安慰与激励。在错综复杂的情况下，谁也看不清楚，这是正常的。每个人都注定要为自己留后路、找机会。这也是很自然的。如果是自己，可能也会如此。理解他人，宽待他人，这是对大家有限理性的一种认可和利用。

在当代，美国通用电气公司的前任 CEO 韦尔奇就曾说过，一些人一边自己挣大钱，一边厚颜无耻地对下属说，钱不是最重要的。我告诉你，钱就是最重要的，尤其是当你没钱的时候。不管管理者认为见钱眼开是否理性、有限理性，应该抑或不应该，能够以己推人，也算是有限理性下的理性，干脆坦诚、率直本真。

利用对手

当然，基于对有限理性的认识，管理决策者也可以积极主动地去利用对手的偏差和误区去影响和操纵他们的行为，并从中获取利益。拿破仑有句名言：当对手在犯错误的时候，千万不要打断他。孙庞斗智马陵道，孙膑巧妙利用的就是对庞涓之认知偏差和行为误区的准确洞悉和把握。大家都是有限理性的，你只需比你的对手更理性一点儿。

求助第三方

意识到自己理性之有限以及认知偏差之常见后，除了努力提升自己的段位之外，还可以制度化地或者就事论事地咨询专家或者其他第三方独立人士。睿智的长者、冷眼旁观的达人、独立公正的测评机构、专业精良的咨询公司，都可以成为管理决策者弥补自己决策判断短板的有力支撑。第三方的独立公正尤为重要，因为只有这样才能真正地获得相对理性和准确的判断，而不是只听他出于你给他的利益或者提供的依靠而对你的刻意奉承和误导。然而，在现实中，这需要足够的胸怀和胆识，实非常人可为。

案例1.5

邹忌讽齐王纳谏

邹忌，1米85的个头，有名的靓仔。清晨起来，他穿着阿玛尼的时装，戴着博百利的帽子，照着香奈尔的穿衣镜，对他太太说："给咱瞅瞅，我跟北城的那位师奶杀手徐老板比，谁更够派?"邹太太说："您比老徐派多了，他哪有资格在您面前臭美呢?"邹再问其妾，其妾说："我姐邹太太言之有理。"转天，有客造访，邹又问客人："我跟徐老板比谁美?"客人说："徐老板哪比得上您呢?!"

邹小帅如此连问三人，并不是明知故问，而是因为他并没有见过徐老板，"明日，徐公来。孰视之，自以为不如；窥镜而自视，又弗如远甚"。当邹小帅明白自己其实不如徐老板美之后，他也知道了他的老婆偏向他，他的妾室害怕他，他的客人因有求于他而奉承他。因此，邹小帅明白了需要公正独立的第三方的道理。

己所欲，施于人。我们刚刚表扬了邹小帅，说他明戏，他就不知自己是老几了！这不，他不但上朝逼迫皇老板向大家发问"孤美乎?"，还煽动大家积极抢答：No!

这不是吃饱了撑的吗?!

皇老板真的喜欢邹小帅这种人吗?

还是邹太太最明白。你是我的，因此你美丽。让有限理性见鬼去吧！

资料来源：故事原型出自《战国策·齐策一》，"邹忌讽齐王纳谏"。本书作者整理改编。

情感与理性

情感与理性是两个不同的维度

大家通常喜欢将理性（Rationality）和情感（Emotion）对立起来，甚至认为两者处在不同的极端。而且往往会说，一个人如果以理性见长，将会如何；一个人如果以情感为重，又会怎样。如此云云。其实，与理性相对应的大概主要应该是不理性（Irrational），或者反理性（Anti-Rational）。理性和情感完全是两个不同维度的概念和现象，而不是一个谱系上的两个极端点。理性范畴之外的东西，或者无须诉诸理性的事物，可以被广义地称为是“非理性”的（Non-Rational）。这里的“非”，并不是不理性或者反理性，而是“并非与之在实质上相关的”，或曰并不直接涉及理性。

比如，“拍脑袋”既是非理性的，仅靠直觉，但又可能合乎理性。同样，情感本身，也是非理性的范畴。情感的展现，既可以合乎理性，也可以完全没有理性。总之，理性和情感是人们应对世事的两种不同机制。

需要强调的是，其实理性和情感本身也都是多维度的，而不是铁板一块。某些人在一些领域非常理性（比如受过专业训练的领域），在其他领域可能就没那么理性。在情感方面，某些人可能在一些事情上情感非常鲜明外露、浓烈直接，而在其他的场合则可能相对内敛或者无动于衷。

确实，某些人长于理性，某些人重于情感。但我们必须意识到，某些人在情感和理性方面都高于常人，而有些人则既非常缺乏理性，又极端疏于情感。可见，人们并不总是“要么以理性见长，要么以情感为重”。二者之间存在多种组合的可能性。我们这里强调的，是二者在本质上的独立性和差异性。在承认这种界定之后，我们可以重新审视二者的关系，尤其是它们的互相影响以及交互作用。

理性可以操纵情感

在某种程度上，理性可以操纵情感。智商高的人不一定情商高。但智商高的人，可以在某些具体的情境范围和任务空间内刻意地展示某种情感表现，从而获得他人在情感方面的认同、赞赏与良好的回报。然而，在重复性发生的交往过程中，过分地利用理性操纵情感，也会导致露馅儿，迟早会被揭穿。

我们在日常生活中，经常会看到在情感领域出没着大批伪装得比较巧妙（理性相对较强）的骗子。如果大家都真实地情感对情感，或者都觉得应该如此，也就无所谓骗与不骗。都是骗子，也都被骗。你傻我傻，全都自愿。然而，事与愿违。情感和理性难以完全分开。情感容易被他人的理性预设所操纵，尤其是当不同人的“有限理性之有限程度”相差极大的时候。就像大家经常会说或者经常听到的：“真没想到，原来你是个大骗子！”一个人感觉受骗，通常不是用情太重，而是智商太低，理性比别人更加有限！

如果双方都是智商超高、理性极强，比如克林顿和希拉里，那么情感交往也注定是理性盘算后的自愿，无论是真诚投入还是互相利用。两个人如果能够互相利用一辈子，那就是真感情。同样，一个人如果能一辈子装好人，那就是真好人。

情感可以影响理性

情感可以影响理性。首先，在特定时间内，情感可以映射理性，或者假冒理性。一个情商很高的人，可以故意选择某种场合与契机，通过某种预设的言行，去凸显自己的智力和理性。也就是说，在比较从容的状态下，恰如其分的情感表露和应用，不仅能够诱发别人的好感，而且会增进别人对其综合素质（包括智商或者聪明程度）的总体判断。

其次，通常情况下，情感会影响一个人的理性判断，降低其判断的精准性。这时，这种情感对理性产生负面影响的现象，才使得大家倾向于把情感和理性对立起来。比如，情感导致的压力和紧张，可以降低人的理性，使之变得不理性或者反理性，抑或完全丧失理性。说起来，此时将情感和理性对立，也并非毫无道理。

也就是说，当人们的情感在其行为和判断上占据主导地位之际，无论是非常愉悦、极度悲伤，还是万般恐惧或无限焦虑，人们都可能会松懈理性的监管和约束，或者分析能力下降，使自己本来就已经非常有限的理性变得更加有限。理性被情感俘虏，可谓比比皆是、屡见不鲜。妲己迷纣王，吕布戏貂蝉，吴三桂冲冠一怒为红颜。英雄难过美人关。

> 人类行为出自三种源流：欲望、情感、知识。
>
> 柏拉图

情感也是满足自身利益的一种手段

说得更直白一点，臆想理性主宰一切，这也是一种偏执和强加。理性之说，假设人是追求自身利益最大化的。人的利益和欲望本身也是多元的，而不是单一的。有些需要通过理性的判断力求得到满足，有些则可以通过情感方面的体验和感受直接得到满足。如此，很多情况下，没有任何理性的情感，也是符合自身利益的。人最终是要满足自己，而不是要合乎理性的要求。满足自己，既可以通过理性行为，也可以直接诉诸情感。只能说，过于依赖情感，可能会影响理性判断，从而导致某些方面的利益得不到满足，或者只在短期内得到满足而不能持久得到满足，或者会导致损失和惩罚等负面效应，甚至灭顶之灾。

情感上的自律乃是理性的表现

在情感和理性之间，倒是黑帮中的人在决策时相对更加自律。因为他们的工作性质不容许过多的错误判断。在影坛巨星罗伯特·德尼罗和阿尔·帕西诺首度面对面合作的电影《盗火线》（*Heat*）中，德尼罗扮演的江洋大盗，曾经对手下念叨前辈传奇人物口授的行规：在街面上混事儿，不能有任何情感纠葛。如果发现势头不对，必须在 30 秒内离开任何人、任何事儿！这可谓是理性的铁律。最终，德尼罗自己也没能闯过此关，到底是被帕西诺扮演的警察给“办”了。

通过情感宣泄彰显理性

有一种极端的情形，将情感威胁用到极致，反倒可能是最大的理性。比如所谓的边缘政策（Brinkmanship）。一个人壮怀激烈地不惜自我毁灭去应对对手，对手可能会更加理智，从而朝着更加符合双方共同利益的方向行事。比如冷战时期的所谓“恐怖均衡”，美国和苏联两个超级大国之间的关系是能够“相互确保摧毁对方”若干次。这时的架势都是貌似极不理性的“死磕”，从情感上和实力上做出可信的承诺，宁肯同归于尽，不惜鱼死网破。此时的均衡，则可能是最为安全的，也是合乎理性的。

在管理决策中，一个企业领军者可以故意打情感牌，放言要不惜一切代价保卫自己起家的市场。那些可进可不进的对手企业，面临这种威胁以及背后可信的承诺，可能会三思而后行。如此，该领军者给大家造成了“某些地盘轻易碰不得”的印象。显然，情感展现与承诺，在某些场合是符合和彰显理性的。比如，可口可乐对碳酸饮料市场的倚重和整肃，就包含了这种情感上的承诺，斩钉截铁、不容置疑。

第二章
决策团队：群体与个体关系

无论是高管团队、职能部门，还是车间班组、前台客服，实际的管理决策往往是在组织中某个特定的小组内进行的。群体决策的动态与过程不仅影响决策本身的质量，而且影响大家对决策实施的态度和承诺。正如个体困囿于有限理性之制约，小组或曰团队这样的群体，照样也遭受有限理性之困扰，难以顺畅有效地处理相关的决策信息，难以全面精准地预知自身的利益。本章重点探讨群体决策中个体与群体的关系。首先，我们聚焦于群体思维与团队共识的常见益处与潜在弊端，并阐释其相应的组织与管理含义。其次，从决策的判断质量入手，我们讨论群体决策中精英人士与其他成员的对比，强调精英的不可替代性。再次，我们聚焦于独裁决策的考量，探讨独裁决策的实质和特点以及为什么组织的业绩压力尤其使得独裁决策应运而生、挥之不去。最后，我们评介移动互联网时代群体决策的特点，包括众筹和社会网络的应用。

群体思维与团队共识

无论是企业的高管团队还是工厂的班组车间，决策往往是在某个小组情境内具体做出的，或者由小组共同决策的，而不是某个人在真空中完全凭自己的喜好与想象单独进行的。因此，有必要考察作为群体决策主体的小组（Group）或者团队（Team）。本书中并不明确区分二者的细微差别，有时将其互换通用，特指一个组织内部更小的群体。

团队协作（Teamwork）在现代组织中日益占有突出和重要的地位。如何使得团队在保持凝聚力和抱团的同时尽量容忍和充分发挥成员的独立思考能力与个人特长，是决定团队决策质量和行为绩效的重要因素。一个团队，如果长期缺乏共识以及有助于达成共识的决策机制，可能会导致人心涣散、摩擦不断，无法有效地完成其共同的任务；而如果一个团队过分强调共识，则可能会出现另外一种同质化思维的极端，同样具有较大的潜在误区和风险。

下面，我们首先讨论群体思维的现象以及团队共识正反两方面的效应，然后进一步聚焦在群体决策中精英与他人的关系上，并讨论独裁决策的成效与弊端。最后，我们介绍社交网络在新时期群体决策中的应用。

群体思维与团队共识

在组织心理学中，有一个所谓群体思维（Groupthink）的说法，所指的正是一个小组中的人员所展现出的貌似同质性的思维方式以及近乎完全一致的观点与价值取向，亦即团队的高度共识（Consensus）。这种群体思维现象，既可以出现在负责企业战略制定与实施的高层管理团队中，也可以发生在负责执行具体项目与任务的基层工作小组中。因此，管理决策者有必要了解群体思维的成因和对小组绩效的正反面影响，以及在整个组织管理中的角色与作用。

通常被作为病态的群体思维

通常情况下，这种群体思维现象在文献中是被作为一种偏差和误区来对待的。这是因为，群体思维的出现，很可能是小组中占主导地位的强势成员将自己的思维方式、价值偏好和个人见解对整个团队的强加。这种表面上的虚假共识，必然存在某种程度的谬误和扭曲，使那些与主流意见相左的小组成员感到来自集体的压力，于是主动地自我审查、自我调整，以避免言行过激和自我孤立。

在实际中，群体思维的出现和存在，可能会导致一个团队忽略某些重要的外部刺激与不利信息，压制某些成员的独特见解和不同声音，掩盖成员间实际存在的利益冲突与意见分歧，混淆团队中不同的价值趋向和偏好排序，盲目地低估或者高估团队的集体实力，牺牲成员们的多样性思考可能给小组带来的新意和契机。而共识一旦达成，原先被团队否定过的东西，即使被逐渐证明是正确的，也很难重新成为团队的讨论议题。

小组成员间自然的共识

如果说群体思维通常是用来名状负面情形的，那么群体共识则相对比较中性。在极端情况下，群体思维可以促成或展现某种共识（或曰虚假共识）。在其他情况下，共识可以是小组自然形成的结果。一些基本的共识，尤其是做事方法与评价标准方面的共识，乃是有效团队决策的必要基础。

“物以类聚，人以群分。”如果机缘允许，人们通常倾向于选择与自己的喜好、脾性和思路相投的人群。一个小组也会倾向于选择符合自己特性与规范的人。这样，双方有意识的互相选择，自然而然地会导致小组成员间相似的背景和经历、共同的诉求和期许、一样的态度和兴趣，从而造就小组中共享的价值取向、统一的思维方式、公认的行为做派，以及和谐一致的组织氛围。

此时的共识，源于团队成员超强的同质化特征，浑然一致、有机天成，乃是共同思维模式和真诚共识的自然流露，而非建立于某种外部因素之上的强加、高压、操纵或者说服。这种共识，可以增进团队成员间的相互信任和理解，减少沟通障碍，降低协调成本，增加团队的凝聚力和行动的专注与集中，有利于提高其业绩。显然，这种自然的团队共识，虽然本身的成因不一定扭曲，但仍然可能会由于思维模式的过于单一和偏狭而导致一个团队错误地判断时局，决策失利。

团队共识：思考内容与思维范式

完全的群体思维，通常不仅思考的内容与结果相同，而且思维的模式和过程也近似或者相同。而团队的共识与分歧，不仅表现在具体的思维内容上，也表现在思维的章法、模式与过程上。然而，除了在被群体思维完全笼罩的团队中，这两种层次上的共识并不一定同时发生。大家可以推崇和实践相同的思维模式，而最终的思考结果和观点形成可能会不尽相同。或者大家的思维过程与模式虽然各异，却都能殊途同归，共同就某种思想和意见达成共识。我们可以想象，一个团队可能在具体目标和任务的重要性、紧迫性以及可行性上产生分歧，但仍然可以在业绩评判过程等指标方面做到思想一致、理念相同。

比如，大学里某系的教授们，由于各自的能力禀赋和研究方向及方法不同，可能会互不买账，有时甚至会对同一个研究课题得出截然相反的结论、观点和建议，并且谁也说服不了对方。这种学术上的争论，可能会让那些在系里就读的博士生们感到为难。但是，这些教授又可能在如何判定学术研究成果的分量（无所谓对错）和如何培养博士生等学术程序上有着惊人一致的共识。这种团队共识，以程序和范式上的思路共识为表象，其背后的严肃与神圣，可能会使其在团队中的实际影响与作用远远大于具体课题研究方面内容与结论共识之缺失所带来的冲突与纷争。

诚然，科学研究和发现不可能是一个一花独放的过程。群体思维，尤其是内容方面的群体思维，会导致思想狭隘，影响多视角、全方位的详尽探究和考察。然而，不同的视角和方法，可以由不同的团队分别进行尝试。一个小组不可能一应俱全、不计合力，还是应当有所集中和整合。即使要在内容和题材上百花齐放，至少在评判科研成果的路数上，大家应该有一个共通的标尺和量度；否则，一个团队或者一个组织便失去了必要的凝聚力，要么山头主义、帮派林立，要么个体户搭伙、散兵游勇。

显然，在通常的组织中，尤其是在现代企业中，团队的任务要比上述通常相对独立的科研活动更需要协调与配合。至少大家在思维范式和决策程序方面应该有一定程度的共识。就像古时一群猎人决定去什么方向打猎，与其每天争论不休，不如大家都同意依照一种固定一致的程序来进行决策，比如拿一块兽骨来烧，骨头从哪个方向先被烧裂口，就向哪个方向去狩猎。如果连这个基本的共识都没有，那么一个小组肯定决策效率低下、业绩不佳，甚至行将解散，因为它缺乏作为一个团队存在下去的理由。

群体思维与团队共识的正面效应

任务环境的要求

需要指出的是，群体思维与团队共识，无论其成因如何，都并不一定是病态。是否会出问题的关键，首先在于群体思维是否恰好适应团队或者组织的任务环境的要求。比如，美国西南航空公司长期以来坚持统一思想，甚至坚持“任人唯亲”的人力资源政策。在员工遴选与聘任方面，他们只招募那些认同和信奉其“为顾客热情尽心服务”之价值观与经营理念的人，亦即跟现有组织主导想法一致的人，而不是那些很有本事的个人英雄以及与该公司的思路不相同的人。

如此，在一个组织面临的任务环境（比如飞行服务）相对常规稳定的情况下，群体思维和团队共识可以减少旁枝末节的袭扰，迅速确立标准理念，统一行为规范，集中精力进行其核心业务活动。这时的团队，享有大家共同认可和追求的使命目标、共同打造和遵守的操作规程、解决问题的明确渠道和方法、和谐一致的工作态度与精神面貌，以及建立在理解与信任基础上的相互关照与灵活变通，比如对员工家庭生活的谅解与尊重。

组织层级的特点

一个组织中相对基层的小组，通常的使命就是依照命令执行相对常规的任务，而不是集体去面对复杂多变的不确定性和突发性决策与挑战。此时的群体思维与共识可能正面效应多于负面影响。过分的思维发散会导致犹豫不决，思想混乱，忙于争吵，耽搁行动。比如，一个执行特定任务的军事小组，必须思想统一，命令统一，协作如一。此时玩的显然不是头脑风暴游戏，献计献策，集思广益。服从与执行才是天经地义的。

如果士兵们都开始独立思考，他们早就跑光了！

萧伯纳

于我而言，共识似乎是一个放弃所有的信仰、原则、价值观和政策的过程。因此，它是谁也不相信但谁也不反对的东西。

玛格丽特·撒切尔

显然，此时团队对任务的执行，并不是缺乏思考的盲目行动，只不过主要的思考任务是由上一级的指挥或者本团队的领导或专家等精英来完成的。有时需要详细的疏导与沟通从而逐渐达成共识。有时需要命令和时限来快速统一思想，明确团队目标与方针。“三大纪律，八项注意”就是某种群体思维的结晶。“支部建在连队”就是要保证基层战斗单元的思想和行动的一致性。

群体思维的放大效应

无论是一个小组还是整个组织，群体思维的内容如果可以随时翻盘刷新，则精英领袖的远见和远景可能迅速得到有效的实施与执行。此时的群体思维，则主要是精英成员的思维，甚至完全是小组或者组织中精英领袖一个人的思维。比如，比尔·盖茨在1996年将微软的群体思维从原先的稳做PC（个人电脑）王国的“老大”在短期内紧急转为争当网络时代之技术与产业核心。同样，华为最近的“让听到炮声的人来决策”，也是其群体思维的又一次承诺升级和集中体现。在这种氛围下，员工要不断地听到炮声。没有炮声，也要自己制造一些炮声。而听不到炮声的人，在这种组织中是很难生存下去的。

很明显，具有超强群体思维特征的组织或者团队，其果敢与执行力往往比较出色。然而，其成功的前提，在于群体思维的内容与结果是否顺应环境变化的潮流。如果顺应，则可不断成功转型。否则，必然囿于惯性、故步自封，比如柯达的高管团队对于传统成像技术的集体痴迷导致其在数码时代的集体失语。因此，高管团队中精英领袖的判断水准和决策质量，最终决定了企业的命运。所谓“成也萧何，败也萧何”。没有群体思维和团队共识的存在，无论决策正确与否，都无法被迅速有效地施行。如果群体思维存在，则错误或者英明都会被放大。

只有在精英领袖决策极端错误的情况下，群体思维才真正危险，会给小组或者组织带来惨重打击甚至灭顶之灾。尤其是在环境动荡、危机四起、灾难潜伏、巨变突发的情境下，或者一个企业原来的核心竞争力已经日薄西山、风光不再之际，如果一个团队或组织依然集体沉溺于过去的辉煌，不愿意承认现实，不能发现新的应对方略和发展契机，或者如果团队精英压制鼓吹改革的声音，拒绝自我调整的建议，则会导致团队与组织的自绝自缢。同样危险的是，团队精英过分自信地采取操之过急或者意气用事的行动，策动群胆，操纵集体，甚至不惜编造谎言与威逼利诱来煽动大家集体疯狂，齐心戮力，鲁莽行事，酿成悲剧。这种对组织构成的潜在危害和打击，恐怕才是学者们提出和研究群体思维现象的真实诱因和初始动机。

群体思维是团队层面有限理性的表现

很无奈，群体思维的特征往往就是从众，而众人所追从的肯定是那些占强势主导地位的精英。群体思维，除非完全自然形成，大多数情况下实际上都是一种盲从。而盲从则必然是无论决策正确与否都要服从。不可能正确就从，不正确就不从。如果真是那样，也就不是什么盲从了。从这个角度来看，一个组织不能完全有效地处理与决策相关的信息，而只能是片面地把握和应对问题，这也就是组织层面的有限理性。这种情形，在大多数组织中亦是常态。

管理启示：精英决策与组织设计

更无奈的是，我们大概不可能一方面期待群体思维和团队共识带来的强大执行力，另一方面又能同时防范错误的盲从。从决策规范和组织设计的角度来看，团队精英应该有意识地从程序上设计一些防范机制，以避免群体思维和习惯性共识所带来的潜在危害。比如，对组织中的重大决策要邀请公正独立的第三方专家进行诊断咨询，提出建议与批评。这样做的目的并不在于让别人代替自己决策，也不在于借外人之口来粉饰自己的主意，而在于帮助避免硬伤或者犯比较初级的错误。这种防范机制的设计必须要在决策之前完成，其使用必须制度化，而且需要实实在在地发自内心，认真虔诚。

最后，对于组织高层管理而言，一个具体的基层团队如果业绩出了问题，并不一定就是该团队的过错，很可能是高层管理者的决策错误，比如在分配任务时的渎职与失察。群体思维是一种在相对长期的固定交往和实践中形成的思维定势与行为常态，不太可能在短期内有所改变和突破。一个团队不可能一会儿长于群体协作，一会儿善于单兵作战，今天士卒思想行为整齐划一，明天各个诸葛亮般神机妙算。当一个抱团的团队被用在适当的任务环境中时，群体思维可能是竞争力的源泉和保障。当这种团队被错误地指派到需要大家集思广益、开动脑筋、多视角思维、创造性突破的任务环境中时，打败仗应该怪高层管理者用兵不当，而不应该责难基层团队的群体思维。

总之，与其抱怨群体思维带来的决策偏差和误区以及相应的不良结果，不如事前考虑好一个团队到底在多大程度上需要保持共识，在多大程度上允许公开的质疑、反对、批评，是应该一人独断还是民主集中，是否可以容忍小组中思想和行为的多样性。

群体决策中精英与群体的关系

倚重精英：别拿诸葛亮不当干部

俗话说，“三个臭皮匠，顶个诸葛亮”，甚至“赛过诸葛亮”。这种说法，很多人也许会认为话糙理不糙，纵然貌似夸张，毕竟有些道理。其意大抵是说众人的集体才智往往会高于任何个体，无论该个体如何聪慧机敏、精明强干。因此，决策需要发动大家，群策群力。果真如此吗？未必！上述俗语中名状的情形发生的可能性当然存在。而三个臭皮匠永远也顶不上一个诸葛亮的境况则亦是屡见不鲜，甚至可能更为常见。因此，偏执地认为集体智慧必定高于个人决断或者可以替代个体的决断，则无疑是夸大了集体智慧的作用，并同时低估了个体智慧与专长在管理决策中的不可或缺性。

任何对于无知的正式攻击都将是徒劳的，因为大众会时刻准备着去保卫他们最珍视的财产：无知。

亨德里克·房龙

大多数人的问题并不是其无知，而是他们所知道的太多的东西其实都是错误的。

乔西·比林斯

皮匠与诸葛亮各自“暴强”

首先，至少存在这样一种可能性：皮匠与诸葛亮的智慧高能点是针对不同任务环境和活动领域的，属于完全不同的类型，因而在其功能上不可能互相替代。如此，在诸葛亮擅长的领域里（比如软件开发），三百个臭皮匠（比如不通技术的行政管理者）信誓旦旦地赤膊上阵，也抵不上一个诸葛亮。同样的道理，在皮匠们专长的领域里（比如抡锤砸线、修鞋补包），三个诸葛亮也可能比不上一个臭皮匠。所谓术业有专攻，隔行如隔山。不可相提并论，难以互相比较。诸葛亮不会当皮匠，皮匠不敌诸葛亮。各有绝活，兀自“暴强”。无谓攀比，两败俱伤。决策的正确与否，在很大程度上取决于判断的质量。在不同的决策领域，由该领域的专家“拍脑袋”决策，方为上策。谁该干啥就干啥，而不是事事共同讨论，或者干脆让外行做决策，让团队成员做自己并不擅长的事情。试想如下假设之场景：

哈佛大学：“为了加强爱国主义教育并提高学生的综合素质，新生一律参加一个学期的军训。”

学生：“我要是冲着军训来上大学的，早就直奔西点军校了！”

西点军校：“孙子曰，两军交锋，得算多者胜。为军者不可不算。哪位的高等微积分科目不及格就不准毕业！”

学生：“您饶了我吧！我要是微积分玩儿得转，早去加州理工大学了！”

皮匠和诸葛亮皆不敌泥瓦匠

将领域专攻与专业限制的道理想通了，也可以帮助我们避免把诸葛亮和皮匠拿到各自强项领域之外的第三方领域去比较。比如说，随便找一个体育教练和一个包工头，让他们比赛唱卡拉OK，很难在事前系统地预测和断定谁输谁赢。从技术上来说，他们各自的行业专长都与所比试的科目没有直接关系。从社会实践而言，二者出没娱乐场所的机会大概也是旗鼓相当、半斤八两。这就好比让皮匠和诸葛亮一起比赛当泥瓦匠，基本没有什么意义。我们也许不知道谁砌墙的本事更大，但我们大概会知道无论皮匠还是诸葛亮在砌墙时都不敌泥瓦匠。谁在自己专长的领域之外卖乖，都是扯淡。试想如下假设之场景：

周瑜："既生瑜，何生亮?!"

诸葛亮："到处都是泥瓦匠，为什么非要我当泥瓦匠?!"

刘备："诸葛同志，你敢不服从分配？把你下放到三线厂中去！"

泥瓦匠："本来就已经僧多粥少了，怎么又来一个光说不练的？"

诸葛亮："我也没办法，这年头都讲究跨界人才、一专多能。"

人力资源部："你要争当诸葛亮们当中最好的泥瓦匠、泥瓦匠中最好的诸葛亮！"

皮匠乃是局部诸葛亮

在某一任务环境下，如果皮匠与诸葛亮的智慧是可以替代的，则上述俗语可能会成立。皮匠们可以通过其智慧组合模拟诸葛亮。比如，某一个管理问题，可以由三个专长领域较窄的专家共同解决。经过他们若干天正规系统的分析和研究之后，问题得到解决。而同一个问题，也可以由经验丰富的管理高手（真正的诸葛亮们）在五分钟内靠丰富的经验和敏锐的直觉搞定，而最终结果完全相同，可谓殊途同归。此时的皮匠们其实是整体诸葛亮不同局部的构成要素。道术可能不同，资质可能各异，但团队才能的互补可以避免任何单一成员才技之不足，从而可以集体替代多面手诸葛亮的复合才能。然而，纵然二者的结果一样，诸葛亮仍然显得技高一筹、及时迅捷。

比如，世界著名的设计公司 IDEO，其设计团队通常会由工程师、艺术人员、心理学家等多重才能的人构成。这样的人才结构和才艺互补，可以尽可能地使设计决策在多方面合乎潜在用户的需要。然而，即使在这样的多兵种团队中，往往也会有某些高手，比如身经百战、经验丰富的主设计师或者团队主管，见多识广、技高一筹。他们通常可以比别人更加迅捷地对许多问题进行有效的判断，果敢拍板，而且命中率较高。试想以下假设之场景：

诸葛亮："决策就是'拍脑袋'！"
局部诸葛亮们："科学决策离不开！"
总设计师："不争论！"
局部诸葛亮们："有什么了不起的？条条大路通罗马。"
诸葛亮："伙计，时间不等人呀！"
总设计师："让一部分问题率先得到解决。"

皮匠乃是预备诸葛亮

如果皮匠与诸葛亮的智慧是完全同质的，只是在量上存在区别，则上述俗语也可能成立。前提是，皮匠们的智慧是可以线性叠加或相互激发放大的，因而可以在总量上超出诸葛亮的智慧水准。这时的皮匠则可以被认为是小诸葛亮、预备诸葛亮或者见习诸葛亮。其实，皮匠之说，大概只是谬传。原本用来与诸葛亮比较的是与"皮匠"谐音的"裨将"（副将之意）。几个小徒弟，道行相加，可能会高于师傅。然而，遗憾的是，上述情形的前提通常是很难满足的。力量可以叠加，而智慧则是难以叠加的，大多是在某一特定水平下同质性的重复。所谓"一个好汉三个帮"，好汉多了更适合打群架，并不能提高智慧的绝对值。

如果每个皮匠的个体智慧水准都远远地低于诸葛亮的智慧水准，则会出现诸葛亮一枝独秀、鹤立鸡群的局面。此时，存在如下的可能性，那就是无论皮匠们的集体智慧如何叠加、激发、放大，都无法达到某种临界点或者关键聚集度，因而其智慧总量集合也无法赶超诸葛亮。此时皮匠们的集体智慧，不敌诸葛亮一人的智慧。即使将诸葛亮与皮匠放在一起作为一个统一的集体来考察，个体的平均智慧水准也注定要低于诸葛亮个人的智慧水准，但应该会高于诸葛亮以外所有皮匠的平均水准。

如此，恰恰是由于诸葛亮的参与，整个集体智慧的水准比原先得到了提升，而不是集体的智慧盖过了诸葛亮的个体智慧。如果皮匠们足够多，则集体的平均智慧水准就几乎完全接近于皮匠们的平均智慧水准。诸葛亮，作为统计上的离散点，则是势单力孤，被迫向低水平回归，“泯然众人矣”。此时的所谓集体智慧，便无法逾越或者替代诸葛亮作为该集体中最优秀个体所具有的高超智慧。

俗话说：“千军易得，一将难求。”

俗话又说：“你就是浑身是铁，又能打几颗钉子？”

诸葛亮：“打仗不是打铁！哪那么多俗话?!”

管理学家：“让各自领域最高水平的专家来决策，而不是简单地依据大多数人的意见行事或者无论什么事情都让大家参与一下。”

皮匠们：“凭什么呀？肉食者鄙。群众智慧大无边！”

卡莱尔：“我不相信一群愚笨之徒的集体智慧！”

笔者认为，通常情况下，诸葛亮是不可替代的。所以，请不要老拿皮匠说事儿。一句话，团队中精英的判断通常是无可替代的。

我不害怕由绵羊率领的雄狮大军；我害怕由狮子统领的绵羊队伍。

亚历山大大帝

当代精英与创新：从 0 到 1

从蒸汽机到飞机，从计算机到互联网，人类社会的重大创新，离不开精英的才智发挥和独立原创。精英的贡献是任何委员会、公民投票、集体表决都替代不了的。

所谓的未来，自然代表着某种新的状态，一种与老旧之过去和惯常之现今迥然不同的状态。进入未来，无外乎两种方式：一种是人类社会从未见过的某种新颖的状态在某些地方率先被营造出来，另一种则是别处已经出现的状态以不同的速度和规模被引入本地。前者是所谓原创（Creation），后者是既有创新的传播推广和应用改进（Diffusion）。最近，彼得·蒂尔（曾经创立 Paypal 和投资 Facebook 的创业家及风投者）将前者形象地比喻为“从 0 到 1”的挑战，亦即从无到有，源头上的创新。之后的扩散，从 1 到 N 的若干倍放大（Scalable Amplification），则主要是应用层面的事情，要靠更多人士的参与。虽然扩散传播的过程中也不乏产品创新和商业模式的创新以及各类其他的派生性创新，但如果没有从 0 到 1 的概念基础和技术原型的出现，一切均是无源之水、无本之木。

通过公司内部绩效数据分析，谷歌发现最优秀的技术人才和平均水准的技术人才之间的业绩差距可达 300 倍。这种分析为公司用最优厚的待遇去吸引和保留卓越人才提供了强大的说服力。而对技术天才宗教般的崇拜，多少也算是硅谷企业间的共识，使得顶尖的工程师成为全球技术创新领域最受追捧的稀缺资源。这些人才是要解决从 0 到 1 的问题的。

精英的庙堂与大众的街市

毫不奇怪，自然会有人对这种倚重精英的做法颇有微词。那些主张开源创新的人就非常信奉大众和市场的力量，他们反对精英特权，反对大公司的技术垄断。推崇开源创新的埃里克·雷蒙德曾经把两种模式比作“庙堂和街市”。然而，即使是雷蒙德本人也不得不承认，原创的点子和元技术通常来自代表精英权威的“庙堂”，而街市则通常在技术的改进（Debug）和传播过程中贡献非凡。“前人栽树，后人乘凉”，前提是要有人栽树。“众人拾柴火焰高”，关键是要有人首先点火。

项目经理与战略家都离不开团队

回到诸葛亮的世界。其实，即使是诸葛亮，也会有其误区和短板，并不是处处神明。在诸葛亮的世界里，几乎一切都是预设的并且可以预知的。未出茅庐，已知三分天下。那么余下来的事情，就是成就天下的三分之一，按部就班地去执行罢了。所以说，智慧再高，才能再大，诸葛亮顶多也就是个执行任务的项目经理而已。除了不得已玩儿一下空城计，项目经理从不弄险，也就无所谓战略层面的创新。反观曹操，力求天下一统，以一己之私愿（远景或曰远见）去塑造未来，努力追索，不断折腾。此战略家也。

诸葛亮与曹操都是精英奇才，都很自负，都有见识，都敢决断，但诸葛亮始终相信自己、依靠自己。其团队只需无条件地信奉和执行。拍自己精明的脑袋，也会有出错的时候。比如派马谡驻守街亭，最终不幸失守。但在其营造的团队氛围里，诸葛亮永远是正确的，如果结果不对，只能怪更下一级的项目经理无能或者不听话。

而曹操则善用多方谋士，倾听他人的意见，既拍自己的脑袋，也拍别人的脑袋。这样，团队中的其他人员尚有晋言的机会，会有一种参与感和归属感。同样，曹操拍别人睿智的脑袋时，也有出错的时候。比如依庞统之谏连环其战船，终被火烧，结局悲惨。曹操没有过分地责怪自己和别人，只是“怨恨苍天”——怎奈天不助我也！

毫无疑问，终极的决策，无论对于诸葛亮还是曹操，最终都是自己的拍板决断。怎样利用自己的团队，则各有长短。在多大程度上允许其他人有不同的见解和行为，这是值得进一步探讨的问题。下面，我们具体考察独裁决策的功效与弊端。

挥之不去的独裁

在企业经营和管理决策中，是从众还是独裁，是看重决策的过程公正还是关注管理的最终结果？对于独裁的争论可谓由来已久、喋喋不休。技艺精湛和业绩优良是独裁者的两大法宝。如果没有在某个行业业务方面或者管理方面的技艺精湛，独裁者很难获得权力去施展独裁；而没有良好的管理业绩，独裁者很难能够长期持久地实践独裁。独裁管理方式可能会带来非同寻常的业绩，这是有目共睹的事实，但它同时也可能造成组织中令人难以忍受的压抑和窒息。然而，当组织的业绩成为人们关注的主要焦点之际，独裁权力和独裁决策方式就很可能顺理成章且堂而皇之地存在并迅速蔓延下去。这时，我们对独裁决策可能带来的不良后果也可能会缺乏足够的警惕。

既然独裁决策依然存在于管理领域，并且可能会继续存在下去，我们就有必要对此有更深入的了解。

极端的成就来自极端的权力

从秦始皇开创中国大一统的中央集权管理体制，到新加坡国父李光耀的铁腕治国，古今中外的独裁统治者曾经铸就诸多丰功伟绩。当我们赞叹中国的万里长城、古埃及的金字塔、古玛雅人和阿兹特克人的遗迹、印度的泰姬陵以及近代各个帝国的精美的艺术品时，我们大概应该不会忘记，这些人类文明史上伟大成就的代表通常都是在独裁和暴政的高压强权之下完成的。权力的高度集中导致了人才和资源的快速积聚以及对某些目标的绝对专注和痴狂的追求。

可以说，没权力办不成事儿。极端的成就来自极端的权力。

道理很简单，成大事，需用众力。每个人皆有自己的思想和利益，不可能自发自愿地朝着同一个方向努力。若用众力，可以感召，可以利诱，可以欺诈，可以强迫，但要把自己的意志和远见持久地强加于别人，并使众人长期持久地为之尽力，最终需要的是权力，是可以合法命令众人的权力。那种近乎绝对的、不受限制的终极权力，通常以某种“合法制度安排”（比如组织中最高决策者的位置）为依托和借口，从而按当权者自己的意志尽情行事的权力，可以被称为独裁的权力。

其实，即使是在现代社会，在以民主制度为主要政体的西方国家，由于极端权力的运用而导致卓越成就的事例也仍然为人们所传诵和称道。比如，闻名于世的巴黎卢浮宫，其金字塔形的附加建筑体，就是当年由密特朗总统力排众议、果敢独断，坚持采用贝聿铭的大胆设计而营造的。如今，卢浮宫被认为是古典与现代相结合的一个典范，珠联璧合、相得益彰。而在当时，该设计方案却遭到法国民众和众多国际人士的强烈反对。如果采取民主公投（或者内阁投票）的方式来表决，估计这个现代金字塔式的设计方案肯定难见天日，虽然法国人号称很欣赏艺术，很有鉴赏力。

案例 2. 1

兼容并包与校长专断

提到北大，大家似乎总是以为其最辉煌的时代莫过于蔡元培主政时的老北大，而孑民先生的治校良方主要在于所谓的兼容并包。昔日沙滩红楼老北大之辉煌，到底是所谓的教授治校，还是校长独裁？可能兼而有之，但关键时刻，恐怕还是校长拍板决断。比如，对文科学长陈独秀开除教职的决定便由蔡元培校长做出，而不是由大家讨论评议。可以说，此项决定影响了中国现代历史的进程。

在某种程度上，兼容并包的前提是独裁。蔡元培作为校长，凭其个人魅力、学识才气、果敢魄力，以及在教育部及国民政府的背景，拥有绝对的威望和权力，可以自行聘用和解聘教授。被其兼容并包揽进北大的人也都是他看得上的人、他认为有学术造诣和潜力的人。如果孑民先生聘了某位教授，而后来发现该教授学术或人品低劣或者专门与自己作对，却又不能解雇他，不知这时，是否还会搞兼容并包呢？

说到底，蔡元培时代是人治的时代，实行的并非真正的教授治校或者其他制度化的学术管理。这在当时的小规模办学时期大概是行得通的。值得庆幸的是，蔡元培是一个懂学问的精英领袖。如果换一个不懂行的人主政，照样拥有这么大的专断权力，不知道北大是否能存活到今天。在当今超大规模、多学科的现代综合性大学中，独裁校长能否成功主政，尚待探讨。问题是，现如今的校长，无论中外，根本就不可能有这种专断权力。

资料来源：马浩，“兼容并包：前提是独裁，实质是人才”，《北大商业评论》，2008 年第 11 期，第 124 页。

管理精英独裁辈出

政教一体的统治体系已然远离西方世界，而民众们并没有从根本上逃脱各类独裁者的牢笼和藩篱。暴君、政客、教父收敛退场，老板、企业家、经理披挂上阵。独裁之道，有过之而无不及。随着银行替代教堂成为人们顶礼膜拜的殿堂，人们越来越受治于自由市场中企业制度下主宰人们经济生活的独裁管理者。无论政界的暴君和独裁者在民主风潮此起彼伏之际如何惨遭唾弃和谴责，在企业界，行事果断的独裁管理者依然有其施展的空间和发挥的余地。

纵观历史上诸多成就斐然的企业家和管理者，从亨利·福特到杰克·韦尔奇，他们的管理方式往往相当独裁，但却造就了令人叹为观止的辉煌业绩，至少在某一特定时期内功勋卓著。独裁者在缔造商业帝国时执着不懈的追求和行动能够帮助企业攻克难关、锐意进取，正如桑迪·威尔（Sandy Weill）当年一路厮杀、不断兼并从而收于治下的花旗集团。商业史上最受敬仰和传诵的领袖们几乎都是某个商业帝国的缔造者和伟大的征服者。尽管他们专断独裁，但是华尔街通常非常敬重他们，因为他们创造了卓越的成就，并培育了各类欣欣向荣、富可敌国的企业。

这种独裁权力的集聚和应用是很让当代的政客们垂涎欲滴的。这恐怕正是为什么韦尔奇拒绝“商而优则仕”，只经商而不从政的玄机之一。在政界，他很难得到近乎为所欲为的权力。

独裁的实质与赋权的把戏

企业界这种独裁的天然温床，实在令那些鼓吹“员工民主”以及“参与式管理”的人士懊恼不已。然而，不管你喜欢不喜欢，独裁管理者都实实在在地存在着，甚至无法逃避。流行的游戏通常是为强权者而设计的，不管游戏的内容和方式如何。在谈到领导力的时候，流行的商业杂志和畅销书总是不停地在两个极端——独裁管理方式和员工参与（自我组织）的管理方式——之间摇摆不定。这些媒体也许会在某一段时期内大肆吹捧正在流行的那种管理方式的优越性，但是，另一种方式绝对不会在现实中消失。“赋权”（Empowerment）的观念也许听起来比较时髦，但是独裁——无论它是好是坏——依然广泛存在，并将继续存在下去。正像有人鼓励你勇敢地“去敲老板的门”，也有人会提醒你，“不要有任何借口”。

独裁的自我毁灭

处处受到制衡的权力，几乎不可能取得里程碑式的辉煌成就；而不受限制的独裁权力，往往在辉煌过后毁灭独裁者自己。所以说，帮助独裁专制者成事的是独裁权力，埋葬独裁专制者英名的还是独裁权力。没权力成不了事儿，有了权力也是个事儿。极端的权力不仅可以实现极端的成就，也可以酿成极端的恶果和危机、灾难和悲剧。独裁者欺诈和操纵大家的极端例子可能造成骇人听闻的后果，正如大家熟知的世通（WorldCom）公司和泰科（Tyco）公司的案例。

而经过专制权力洗礼的独裁者很难清楚地意识到，大家之所以容忍他的独裁和专制，并不是（或者不仅仅是）因为他的人格魅力，而是因为他带领大家创造的优秀业绩。然而独裁者在兴头上往往“刹不住车”，即使辉煌不再，对辉煌的记忆却总是挥之不去，越思度越精彩，越感觉越真实。这世界，舍我其谁呢？而当独裁者的业绩持久地低于人们愿意为之忍受独裁专制的地步时，独裁者的专制和独裁便显得令人生厌和荒唐滑稽。

尽管如此，我们对独裁者的崇拜和景仰，对于独裁者的不可一世、恣意妄为而言，可谓推波助澜、加油鼓气。我们对英雄的崇拜似乎与生俱来。我们渴望大成就。我们追捧有大成就的人。在这种追捧中，我们其实是在营造自己的参与感和成就感，觉得生活有意义、有奔头、轰轰烈烈。独裁者毫无疑问具有强烈的权力欲和沉重深厚的英雄梦想与伟人情结。而追随独裁者的人往往由于认同独裁者的梦想（或者独裁者描绘的梦想）而主动迎合和追随独裁者本人。我们需要方向感，需要认同感，需要归属感，需要成就感。因此，我们需要领袖，崇拜英雄，拥戴独裁。

从这个角度讲，独裁的存在是我们自找的。

绩效的压力呼唤管理天才之独裁

当经营绩效比管理风格和过程公正更重要时，独裁管理就会大行其道、备受青睐。独裁管理的吸引力就在于它经常能够在短时间内强制性地使组织完成预定目标。这种管理能够在扫除各种程序上和文化上的障碍的同时，有力地推动目标的实现。独裁管理者把目标明确化，并能够集中人力物力来高效地实现这个目标。独裁主义通常会赢得那些看重结果而不看重手段的人的支持。

在 21 世纪商业世界的险恶竞争中成功地缔造商业王国，仍然需要果敢执着、“一根筋”的领导者，以独裁者才可能具有的强制力量，将组织引向清晰宏大的目标。因此，认为独裁管理已不合时宜而试图取缔它是一种不切实际的一厢情愿的想法。大多数的现代领导者都认识到了这一点，尽管他们口头上极力标榜自己更热衷于更人性化和更温和的管理方式。

独裁决策者的特点

独裁决策者们具有以下一些共同点：他们都有明确的目标和为实现目标而采取的方式；他们都把强制力作为实现这些目标的重要因素；他们都有一些依据其自身性格与需要而采取的手段，包括胁迫、侮辱、暴力、勾心斗角、欺骗、托辞和宗教般的狂热。独裁决策者们把自己当作真理与谬误的仲裁者，他们既是法官又是陪审团。可以预见，他们是不能容忍任何反对意见的，无论这种反对是现实的还是臆想中的。

独裁主义仍然有很多追随者，特别是那些关注最终结果或者视组织生存和凝聚力高于个人自由的人，而不仅仅存在于特定的民族和文化内。它适用于特定的管理和商业环境，并且能够在短时间内取得显著成效。总之，在特定的条件下，独裁能够快速促成我们需要的结果。我们需要去了解独裁，因为我们不能奢望它会从此消失。

移动互联网时代的群体决策

网络时代的众筹游戏

在移动互联网时代，一种特殊的群体决策方式陡然走俏。众筹(Crowdfunding)，可谓当下的一大热点，时尚新潮。然而，众筹现象本身可谓源远流长。说白了，就是大家共同集资，凑份子，随“会”。其实，中国房地产业近三十年的飞速发展，即是众筹的绝佳案例。地产商通过卖楼花，还没“挖坑”呢，就把购房者的钱“众筹”到自己腰包里了。网络的便利迅捷及其无所不在的触角，无疑使得众筹更加引人注目。从源自纽约的、以艺术和游戏为主题的众筹平台 Kickstarter，到国内的“人人投”以及类似北大社区“1898”那样的咖啡馆，众筹之势，扑面而来，惹得人心躁动。如今，几个上班族团购一餐饭，也要出口成章：“咱众筹一把吧!”

笔者最早意识到网络众筹这一现象，应该是在十多年前。美国有位大学生，为了给自己筹集最后一年的学费，建立了一个网站，通过其 Paypal 账户向公众募捐。每个人只需给他捐助 1 美元。他承诺的回报，是将自己毕业典礼时穿的学位服剪成碎片，分别邮寄给每一位给他捐助的人。创意很新颖，卖点很明确：你只需花费1美元，就能帮助一个青年学子完成他的学业。而这个感恩的学生郑重承诺要通过行动证明自己是一个诚实守信的人。如果他守信，你将在一年后得到一个小小的惊喜。即使他不守信，你也犯不上为了1美元给自己添堵，而且很可能你已经把这事儿给忘了。只当娱乐一回吧。爱心就在掏钱的一瞬间。

为了某种华美的名义或者温情的借口筹钱，也许只需出资人一时的冲动就够了。然而，在众筹日益成为商业运营手段之际，如何用好筹来的钱则需要专门的学问；如何用筹来的钱再去持续地赚钱，则需要非常专业的技能和手艺。一般而言，众筹项目的成败至少取决于四个要素：清晰的项目目标（Clear Aims）、出资人的具体需求（Concrete Appeals）、可信的项目发起人（Credible Advocators）以及专业的项目管理团队（Capable Administrators）。

项目目标与公众需求

首先，使命清晰，目标精准。无论是兴办造福所有人群的公益事业、资助自己信奉的组织或喜爱的明星之某项活动，还是搭建同道者自娱自乐的社区平台，抑或纯粹以营利为目标进行投资，都必须将众筹项目的目标清楚明了地告诉公众。尤其要在事前明确公开地界定非营利性项目和营利性项目的区别，使得大家对项目成败的评价标准持有合理的预期。

1884年，纽约在搭建自由女神像最后基座的时候遇到资金缺口。著名新闻人普利策向美国公众发起募捐，筹得所需的款项，使这一象征美国精神的建筑得以完成并光耀后世。而近年兴起的“余额宝”，则是通过众筹的方式增加资金规模优势，通过与银行和基金的博弈使得众筹者获得财务收益。清晰的目标意味着专款专用，无论是将众筹的慈善款挪用于营利目的，还是以慈善为借口绑架商业利益，都会损害众筹的声誉。

其次，需求具体，吸引力强。无论出资人以什么动机和方式参与众筹，是无偿捐助、产权投资、债权借贷，还是收获作为报偿的产品与服务，或者是为了某种社区的营造与维系、高尚身份与体面声名的获取，众筹项目都必须能够明确地满足他们的某种特定需求，给他们提供足够的理由和吸引力来参与。给自己喜欢的导演筹钱，帮助他们完成某些商业风险较大的作品，可以同时满足参与者的道德优越感、社会责任感以及艺术与审美情趣。“余额宝”则给普通人提供了作为投资者的骄傲和盈利快感。开发商卖楼花筹钱，是基于购房者对高额回报的预期，或是对住房本身的强劲刚需。

满足的需求越是真实具体、旺盛持久，众筹成功的概率就越大。当然，参与众筹者，也应该对自己的真实需求抱有适当的预期。否则，无端的臆想和一时的虚荣可能使人悔之不及。比如，购买了分时段产权共享度假酒店的客户，如果自己并不需要每年去使用，又找不到合适的出租对象或者二级市场出手，则可能根本达不到资本回报的预期，还要每年支付各种税费账单，自己套牢自己。

众筹倡导者与项目管理者

众筹项目的成败在很大程度上取决于项目的倡导者和发起者。他们必须在公众中有足够的公信力和影响力，仗义靠谱，通常拥有良好正面的社会形象，有公益服务的经历与业绩，其所在机构或者与之交往的群体比较值得信赖，等等。项目的倡导者可以是所筹资金的直接受益者（例如为自己的作品发起众筹项目的艺术家），也可以是某些“粉丝”或者第三方平台。

另外，当倡导者自身对所倡导的项目具有高度承诺和自律的时候，尤其能够吸引公众的热情和参与，比如自己主动出资作为种子资金，或者事前约定，如果达不到筹资的预定数目就决不启动项目，退还已经募得的资金（All or Nothing），不会为了短期利益去牺牲项目所必须达到的品质。

众筹项目的成功主要不在于筹钱，而在于用好资金、做好项目，否则众筹便沦为圈钱的把戏。无论是营利性项目还是公益性项目，需要的都是专业的人做专业的事儿，要有专业能干、专注执行的项目管理团队。当下最时髦的众筹游戏，大概就是开个咖啡馆了，但成功的案例并不多见。股东们很多，会经营的很少，找专业人士经营的更少，自己当客人的机会也不能保证。如果咖啡是刚需倒也无所谓，可事实上，那些股东们自己都不经常光顾的众筹咖啡馆，连团购都算不上。业余的激情和美好的臆想代替不了专业的能力与执行。

众筹不是团购，不是传销，不是摊派，不是邪教，不是业余办投行或者人人搞创业的群众运动。大多数的所谓众筹，最高境界也不过是自娱自乐，而通常的结果则是集体犯傻、一笑了之。

社会网络与众包

随着互联网革命的风起云涌，尤其是移动互联网时代的强势来袭，线上的社交网络正如火如荼、方兴未艾。网站、社区、部落、博客、微博、微信，聊天、游戏、网聚、学习、娱乐、购物，等等，不一而足。实际上，在线社交网络也会对各类企业与组织的决策产生重大影响，比如，新兴营销渠道的选择、广告宣传的策划与投放、众筹和众包的应用，等等。这种互动性和参与性强的决策方法与过程的出现，是当下广义群体决策的常见现象。

案例 2.2

麻省理工学院媒体实验室的决策创新

2009 年，美国国防高级研究项目署（DARPA）主持的网络挑战比赛"气球项目"，给如何使用社交网络来获取和传播信息带来了巨大的挑战，也取得了令人兴奋的成果。"气球项目"是这样的：在某个规定的时间，DARPA 在分散于美国各地的 10 个地点将 10 只红色气球升起，每只气球高出地面 30.5 米。在所有的参赛小组中，谁能在第一时间准确地报告 10 只气球的位置，谁就将获得 4 万美元的奖励。

来自麻省理工学院媒体实验室（MIT Media Lab）的参赛小组，基于众包的思路，巧妙地利用了 Facebook 和 Twitter 等社交网络，在 9 个小时内准确地获得全部气球的定位（经度和纬度），从而拔得头筹。

他们允诺给那些帮助他们确定某一只气球位置的人 4 000 美元，10 只气球将共同耗尽所有预期的 4 万美元奖金。第一个准确告知他们某只气球位置的报信者将获得 2 000 美元，而如果这位报信者是由于别人的告知和邀请才参与比赛和报信的，那么其邀请人将获得剩下的 2 000 美元的一半，即 1 000 美元，其邀请人的邀请人将获得剩下的 1 000 美元的一半，也就是 500 美元，以此类推，直到所有这个链条上的人都得到了奖励。

这就是利用社交网络进行众包的决策战略。在决策实施中，该团队用心设计了各种预防措施，比如核对报信人的 IP 地址和邮箱的真实性等，以防范有人欺诈和误导。他们成功地识别了发自布朗大学的一条故意制造的虚假信息，判定貌似在罗德岛州的某只气球其实是人造的假象。当然，关于奖金的分配也产生了一些纠纷。除了来自 DARPA 的 4 万美元奖金，据说麻省理工学院又赔上了 2 万美元，才打发了所有参与报信的人。

资料来源：Larry Greenemeier（2009）. Inflated expectations：crowd sourcing comes of age in the DARPA network challenge. *Scientific American*. December 21. 本书作者翻译整理。

可见，在移动互联网时代，善用群体决策，增进相关人员的参与感和贡献感，将是新颖而重要的挑战与契机。如何发动群众、利用众智，值得大家积极探索与深入思考。

从群众中来，到群众中去。

毛泽东

第三章
决策目标：关键是问题定义

简而言之，决策就是去定义问题。为什么要进行决策？决策的目标究竟是什么？到底要解决什么问题？一般而言，目标是相对模糊和虚幻的，而我们所面临的各种实际问题则是相对直接和具体的。通常情况下，目标可能散落或者隐含在各种问题之中。目标的最终实现，有赖于对一些相关问题的关注与解决。决策旨在解决问题。什么是问题？什么不是问题？哪些是重要而必须解决的问题？给定各类资源约束以及决策者的有限时间与精力，对问题的选择和定义，则是决策的实质性和关键性的要务。本章着重强调问题定义的挑战和应对。首先，对问题的定义贯穿于决策的整个过程。问题的定义是决策的行动前提，在决策过程中漂移变迁，并被作为决策阶段性实施的结果得以总结或者追认。其次，决策目标通常是在行动中得到修正和加以明晰的。最后，问题定义中对务实和务虚的拿捏以及对机会与威胁的认定，在很大程度上影响到组织中人的行为表现以及决策的实施过程与结果。

对问题的定义贯穿于整个决策过程

管理的核心是决策。决策的起点是对问题的定义，或曰如何去定义问题。弄清楚了要解决的问题，答案本身的获取很可能显而易见，顺藤摸瓜而已。当然，这并不是说，弄清楚了问题的实质，所有的问题就可迎刃而解，或者答案的获得就可轻而易举。毫无疑问，有些问题，不管了解得清楚与否，都可能无法得到解决和处理。而本章所要强调的是，在很多情况下，决策不力往往是因为没有真正清楚地认识问题，或者把决策的焦点聚集到错误的或者并非重要的问题上去。所以说，正确地定义问题通常是决策成功的前提。

对问题的界定本身通常比其解决方案更为重要。解决方案也许只涉及数理或者实验的技能。提出新问题，发现新的可能性，从新的角度去看老问题，需要创建性的想象力。

阿尔伯特·爱因斯坦

决策通常是为了实现某个目标而进行的。而决策目标本身体现的往往是决策者和他们所代表的群体的利益。因此，对于一个决策者或参与决策的某个群体而言，一旦掌握了定义问题的权力，也就基本保证了其在决策过程中处于主导地位，并且使得决策的结果和问题的解决符合其偏好和利益。但是，由于决策者注定要受“有限理性”和“信息不确定”等条件的制约，对问题的定义也就往往不可能在决策实施之前就被完全清楚地界定；由于决策环境和背景条件的不断变化和转换，对问题的定义也就通常不可能一成不变、始终如一。

如此看来，对问题的定义，实际上贯穿于决策过程的始终，并不一定总是先定义问题，然后再解决问题。问题的定义和解决恰恰可能是循环往复地交互作用在同一个过程里。著名公共管理学者韦斯（Weiss）教授对问题的定义做出了如下论断：首先，对问题进行定义，是决策的起点，为决策者营造某种声势和气氛，提供行动的前提和依据。其次，对问题的定义，也囊括了决策的全部含义，在决策制定和实施过程中反复出现和涉及。最后，对问题的定义也是决策实施的阶段性结果，被总结和追认，成为下一段决策的起点。也就是说，决策的结果一般来说对应的是对问题的某一种特定的定义。而特定结果的出现，通常进一步强化和印证了为什么与之对应的某种定义能够在当初的决策环境和背景下胜出，并且得以继续存在。

对问题的定义是决策的前提

对问题的定义界定了组织行为的合法性

首先，对问题的定义是决策的起点。对于同一个问题，不同的人很可能会有不同的看法和理解。给定同一个事件或现象，由于经验、阅历、认知和利益等因素，人们可能看到的是不同的问题，或者对问题有不同的定义。而在一个组织中，一个问题一旦被组织的当权者给出了官方的、正式的定义，对问题的这种定义，在很大程度上就是给问题定了性，并相应地决定了信息的收集、行动的依据、人员的参与和采取的程序：什么是相关的信息，传播的范围以及传播的渠道；什么是合适的行动，是强烈激进还是春风化雨，是大张旗鼓还是悄无声息；什么人可以参加，他们的责任、义务和权利如何；什么是正当的程序，是自上而下还是上下互动，是允许试验创新还是一味循规蹈矩。

对问题的定义影响了人们的认知和作为

著名行为决策学家巴泽曼教授曾经举过这样一个例子：一个公司面临营业额连年下滑的危机，必须采取相应的行动。假设有人提出如下两个方案。方案一至少可以保证40%的员工能够坚守岗位，并保住60%的生产能力，而且一旦市场有所转机，下岗的员工可以被迅速召回并恢复原有的生产能力。方案二需要立即让60%的员工下岗，并直接丧失40%的生产能力，下岗的职工能否再返岗或被妥善安置，完全要靠市场转机和运气。如果把这两个方案同时拿出来，让读者模拟决策者对两个方案分别打分，表明自己的支持程度，很可能就会有人更倾向于方案一，因为它显得更加正面和积极，大家看到的主要不是威胁，而是机遇。

其实，上述两个方案是完全相同的。同一件事情用不同的标签来定义和辨识，也会导致不同的理解、影响和效果。当问题被定义成机会的时候，一个组织往往会允许和鼓励大量的外部信息，采取更加勇于冒险的行动，导致多方面的积极参与，尝试新的思路和办事程序。当问题被定义成威胁的时候，一个组织通常会限制新信息的收集和传递，行动趋于紧缩、冻结、僵化和保守，参与决策的人数会减少、参与程度会降低，更加信奉现有的组织体系和惯用程序，对控制机制的应用会更加频繁和严厉。

当年，睿智务实的小平同志倡导的是“让一部分人先富起来”。这个口号，给人的是有希望和有机会的感觉，激励人们奋发向上，打破平均主义的低效率，坚信“发展才是硬道理”。如果从另外一个方面来思考和表述同一个问题——“让大多数人暂时相对穷下来”，则无疑会令人焦虑和泄气，招致更多无休止的争论，甚至引发更多的反对和阻力。

对问题的定义赋予了某些部门正当的权力

如果一个企业由搞财务的人或者倾向于用财务视角思考问题的团队把持，任何问题都可能被定义成财务问题。因此，这个企业所有重大问题的决策，都必须有搞财务的人参与。20世纪80年代以前的福特汽车公司，一直延续着当年（20世纪20年代）由于重视成本和效率而沿袭下来的“财务部门对所有问题有最终拍板权”的习惯和规矩。而福特在80年代日益面临的产品创新的挑战和压力并没有被定义为关键问题。同样，一个决策团体如果把企业面临的主要问题定义为市场营销问题，这个定义本身就可能自动排除某些人或部门参与决策的权力。

因此，定义问题是解决问题的前提，它既可广邀支持、协作、承诺和努力，也可控制全盘、锁定僵局，甚至打压对手、铲除异己。

对问题的定义与再定义贯穿于整个决策过程

对问题的定义贯穿于整个决策过程。决策往往是一系列的行动选择，而不是一锤子买卖。旧的问题解决以后，会产生新的问题。而新问题和老问题，从长期的决策序列来看，很可能是同一个问题，或者是对同一个根本问题的不同侧重、强调和包装，甚至是完全不同或者相反的定义。也就是说，在长期的决策过程中，对问题的定义也会被反复地提及，或者因为主动自省，或者因为分歧疑义，而最终则多是因为不同集团和方面的利益。决策者在组织中权力的变化起伏、对话语权和决策权的获得和丧失，以及环境背景和企业自身的变化，都可能会导致对问题的不同理解、把握和操纵，以及对问题的不同定义此消彼长、波动震荡。

问题定义的变迁反映组织内外需求的变化

韦斯教授曾经列举美国政府政策的改变来说明其观点。比如，美国联邦政府在收集公民个人信息方面，对这个问题本身就经过了相互矛盾和冲突的不同定义之间的多次较量和反复。从大萧条时期后的罗斯福新政开始，为了更好地管理政府福利项目（当然也有为了更有效地征税等其他目的），政府需要收集关于纳税人的私人信息。这种对问题的定义被称为“政府情报”或“政府知情权”定义。

时至20世纪后期，民众对不同政府部门重复收集私人信息，既有不堪文牍重负的抱怨，也有对政府可能过分介入个人隐私的反感。因此，国会通过法案来减轻民众的文案负担，限制和减少政府部门对民众的信息收集。当这种“减负”和“保护公民个人隐私”定义占上风的时候，政府也不得不做出姿态，裁减部门、合并表格等。某些部门则趁机招兵买马、扩张势力，另外一些部门则可能不幸地遭到对手在新的问题定义下以合法名义进行的毁灭和打击。

问题定义的变迁背后反映的是不同意识形态思潮的时髦与背运。而如今，在遭受恐怖主义袭击后，国家安全成了重要考虑，“政府知情权”定义又再次大显其威。进入美国的外国人，也要被照相并按手印留档。新成立的运输安全总署（TSA）则更是大肆扩张势力。在反恐的旗号下，政府公然监听公民的私人电话。这曾经是难以想象的。

对问题的再定义是序列决策中的必需

再比如，美国出兵伊拉克，也是一个序列决策。刚开始对问题的公开定义是要寻找和消灭“大规模杀伤性武器”，后来，随着事态的发展，不得不将问题定义成“在全世界范围内保持对恐怖主义者的遏制和先机”。用这样一个更广大和宽泛且不太容易让人明显反对的定义，就比较利于当初决策的继续实施，并进一步寻求对策。这样，既避免了承认当初决策不太慎重和准确的尴尬，也避免了马上改变航向（比如撤兵）所带来的丢面子和麻烦，而且可以赋予出兵阿富汗等其他军事行动以合法性。所以说，对问题的定义会反复出现在决策实施的过程中。

想一想中国的实践，启示也是一样的。例如，千百年来，对孔夫子的定义就一直不断地被当权者翻来覆去，“圣人国师”“道德楷模”“酱缸源头”“丧家走狗”，如此往复。再如，当下，同一个企业内对自己业务范围的定义也会随时间变迁。有些企业可能今天说游戏耽搁甚至毒害青少年，我们永不涉足游戏业务；明天又说游戏也可以是健康的并帮助年轻人开启心智，我们决定为游戏行业的健康发展尽我们应尽的责任。

对问题的定义是决策的结果

对问题的定义也是决策的结果。由于决策制定和实施不是一个一蹴而就的过程，人们对问题的理解，也很可能会随决策过程而变化，直到决策的结果和成效清楚地证明了对问题的某种定义占了上风。只有这个时候，决策才告一段落，我们才真正看到并理解决策过程所遵循的那个关于问题的特定的、具体的、实际的定义，并将它作为决策产出的结果，来正式追述它，承认它，明确它。

对问题的这种定义，尤其是在决策实施带来的结果比决策之初的情形有明显改善的时候，会被用来引证当初的选择是明智的，决策是适当的，实施是满意的，一句话，抓住了问题的根本和实质。

对问题的定义是某种初始定义下决策实施的阶段性结果

比如，20 世纪 90 年代初，美国联合航空公司（以下简称美联航）把它的业务定义为“出行服务”而不只是航空运输，于是它曾兼并了一家汽车租赁公司和一家高档酒店，要提供一站式服务。然而，这种一站式服务完全可以由各类旅游公司替代进行，不需要一家航空公司去实际购买、拥有并管理酒店和租车业务。由于三种业务面临的挑战——技术特点、业务流程、管理方式和顾客需求等——大相径庭，美联航并不具有管理其他两项业务的能力。经过几年实验之后，美联航最后决定回归其航空主业，卖掉了其他两项业务。这个案例表明，美联航关于业务定位和经营范围问题的定义或曰再定义，实际上是经过不同的定义较量后，并在其他竞争性定义被付诸决策和实施之后的产出及结果，并且强化了对“我们的使命到底是什么”这一问题的原有定义，使之更加关注其主业。

对问题的定义与核准是不同定义交锋检验的结果

即使对问题的某种定义从一开始就被很多精英或高瞻远瞩者认为是错误的，这种对问题的定义，在某些情况下，也应该被给予机会，让它去竞争，去表现，以至于最终被否定，被淘汰，被当成反面教材。我们平常说的所谓过程公正，大概也是这个意思。给人以失败的机会，这样大家才会对那些相对比较确切的问题定义心服口服。从这个意义上说，流行的、实际的、最终的问题定义往往也是决策制定和实施过程中产出的结果，而不是决策前就已经被明确清楚地奉为纲领的指路明灯。作为某一阶段决策结果的问题定义，也就成了下一阶段决策的起点，直至新的定义（由于新的人和事以及新的环境特点）来取代它，或者与它竞争。

以此观之，对问题的定义的确贯穿于决策过程的始终。而如何定义问题是每一个欲有成就的管理决策者必须学会的一项基本功。对问题定义的操纵可以增进和巩固自己在组织决策中的话语权与核心地位。具体如何定义问题呢？问题的定义有哪些基本路数呢？下面我们具体讨论问题定义中两个比较常见的要素：务实与务虚，机会与威胁。

对问题定义的操纵

问题定义中的务实与务虚

问题定义是行动导向的

对问题的定义，通常都是行动导向的，或者蕴含在行动之中。问题的解决，需要一系列相应的行动。因此，对问题的定义，一定要考量与之相关的行动及其使人们感受到的意义。任何人类活动都包含两个基本层面：务实和务虚。作为（或者自认为）有思想的高级动物，人类在进行各类活动的同时，总是喜欢并试图去思考和理解行动本身或背后的意义。通常由于利益和兴趣的驱使，也可能因为审美或世俗的考虑，有时纯粹就是为了满足所谓的求知欲，要刨根问底，有时也习惯性地要求干什么都得有个说法，要弄清道理。无论如何，人活着，就得有意义。

行动需要被赋予意义

人类活动，在如火如荼、实实在在地进行之时，也就是名义、标签、目的、动机、说法、借口、理由、意义等被大肆渲染、此起彼伏之机。于是，虚中有实，实中见虚，虚助实行，实亦强虚，虚实并进，往复交替。

在实与虚的与时俱进中，一幕幕精彩的故事得以上演，一代代多姿的百姓生生不息。有人清清楚楚地活着，有人浑浑噩噩中死去，有人明明白白地痛苦，有人糊里糊涂地欢喜。生命在传承，生活在继续。同是一番人生世事，不同的人感受的是不同的意义。

行动一旦被赋予某种意义，行动也就不再是简单的行动，它便融入某种信号体系中，具有典范的作用，成为以后行动的依据。意义可以神圣、崇高、美好、壮丽。比如：

“不为五斗米折腰。”
“饿死事小，失节事大。”
“只有首先解放全人类，才能最后解放自己。”
“若为自由故，二者皆可抛。”
“辛苦我一个，幸福千万家。”
“高举民族工业大旗。”
“抵制日货！”

某些行动的意义，也可以意味着恶劣、龌龊、无耻、不义。比如：

“为富不仁。”
“资本家的乏走狗。”
“走白专道路。”
“叛徒绝没有好下场！”
“浪费是极大的犯罪。”
“把自己的幸福建立在别人的痛苦之上。”
“只许州官放火，不许百姓点灯。”
“口是心非。”

当一个活动被赋予了某种意义以后，人们才决定是否全身心地投入，是否本能地抗拒；抑或不痛不痒、无动于衷，抑或阳奉阴违、表里不一；或是嘴上说好，而实际不动，或是干得欢实，而只字不提；要么鼓励别人积极行动，自己袖手旁观，要么自己当仁不让，他人根本没有机会参与。

因此，意义既是诱导和引发行动的秘密，同时也是阻止和抵消行动的利器。

意义营造：务实与务虚

对意义本身以及意义形成和作用过程的管理、控制和操纵就是务实背后的务虚。“务”显然带有“谋”的色彩、“管”的含义，是某种主动的姿态，是某种有预谋的筹划和鬼谧。而“虚”就是“实”背后强大的符号体系，是在社会组织中广泛共享和通行的“意义”。“务虚”就是去运作这种意义的营造、维持、传播、修正和监控体系。

管理，恰恰就是这样一种特定的人类活动。务实，就是要让人们扎扎实实地做事，达到组织的目的；务虚，就是让人们在卖力的同时觉得自己的所作所为很值得，非常有意义。笔者曾经在另一本书《管理的境界：人靠谱、事办成、幸福生》中强调，管理的理想境界在于让人们心情愉快地用正确的方法去做正确的事情从而达到大家共同的目标和各自的期许。这种境界不仅关照了组织管理的目标导向性——做正确的事情（有效力），以及资源配置和组织过程的优化——用正确的方法做事（有效率），而且很好地兼顾了组织对任务的重视和对人的关怀这两个通常此消彼长、难以协调和平衡的挑战。

问题定义中的虚实结合

当然，这并不一定就是说，“管任务”是务实，“对付人”是务虚（虽然很多情况下的确如此）。实际上，无论是管人还是管事，都可能包括务实与务虚的成分。要把事儿办成，需要通过务虚调动人的积极性，给人以足够的象征性理由和激励；而要让人心情舒畅地做事，不能只“玩虚的”。靠复杂和强大的符号体系去鼓动、指使、怂恿或蒙骗他人做对自己不利的事情，或根本违反人的利益的事情，是不可能长期持久的。

长期而言，利益是人的行动的根本驱动力。在利益面前，谁都不傻，一切虚终究只是虚。在人们的基本利益得不到尊重、保护、满足和增进的情况下，任何表面上的、流行的符号和意义都会显得多余、滑稽，从而具有讽刺意义，根本抵不过人们自己所理解的事情背后的真实意义。

组织之所以区别于市场，并不只像经济学家想象得那样，只有交易费用在作祟。作为一种制度安排，组织的社会性和它的价值体系，亦即共享的意义，决定了组织成员的主要关注点不在于就业合同和与组织的交易，不在于组织成员是否在与组织的日常重复的交易中得到了应得的待遇，而是会在大多数情况下更多地考虑自己是否合群，是否符合组织规矩，自己是否有业绩，跟同事比怎么样，别人（上级、下级、同事）怎么看待自己，等等。

让同事对自己有好感，让组织觉得自己很忠诚，让老板觉得自己可信赖，应该说，在组织中，这都意味着最终符合自己的利益。因此，即使是自己为组织、为同事、为他人有所牺牲，也是极其有意义的。如此，一个组织公民就诞生了。组织的利益高于个人的利益，我们在共同成就某种惊天动地的大事业。能成为这样的组织中的一员，我骄傲，我激动，我欣喜，我庆幸都来不及。也就是说，在硬邦邦的实在道理（费用、报酬、理性）之外，还有虚的存在空间和相关意义（牺牲、奉献、荣誉）。

营造大家持续与组织为伍的理由

说白了，管理的务虚，在很大程度上是给组织成员寻找和造就某种继续参加游戏的理由，不管你是春风得意马蹄疾，还是犄角旮旯受排挤，抑或小马扎稳稳地坐着，不高不低，没有沙发舒服，但总比蹲着、站着有福气。这种理由、这种符号、这种意义，在某些情况下更是显得重要和不可代替：你要相信公司，相信领导，相信群众，相信社会，相信组织，虽然现有组织活动的结果和过程对你来讲，并不公正或不完全公正，或者结果和过程比较公正甚至非常公正，但就是并不对你有利。这不禁让我想到过去的某些说法，比如，“您这辈子积德行善，忍气吞声，下辈子不就有好日子了吗？”“哪能老轮不到您呢？”为了下辈子的福气，这辈子怎么着都有意义。

如此，管理者需要营造一种制度化的、共享的信仰和价值体系，从而赋予组织面临的问题和相关的行动以共享的意义，并不针对某一个人，而是贯穿整个集体。在美国，警察退休通常会得到一块金表，以资奖励和嘉许。欢送会上，退休的警员很是让那些初出茅庐的警校毕业生羡慕。这就是制度化的诱惑和激励。中国某保险公司的董事长，个人魅力非凡，而且平易近人、乐善好施，年终庆功会上热情地拥抱他手下那些在各方市场攻城略地、业绩卓著的干将们。某干将言："这辈子，被老妈抱过，被老婆抱过，再就是被董事长抱过。有董事长这一抱，明年不给奖金也玩命干！"这就是精神的力量。士为知己者死，这话实在不虚。

名义与借口的妙用

务虚的关键，在于善用名分、名义与借口。中国人做事讲究师出有名，并且希望名正言顺。外国人大抵也不例外。什么是名呢？简而言之，名就是名分或名义，是对某种活动或行为的动机和出发点以及要达到的目的所做的口头或文字上的表述、交代和解释。

名义与真实动机的关系

当外在名义和真实动机完全一致时，名义或名分所代表和昭示的便是行动背后的真实理由，可谓名实相符、实至名归。当外在名义和真实动机出现偏差的时候（但仍然有相当一部分契合），名义便在某种程度上成了活动或行为的借口或托辞，可谓名实有背、言行相隙。当实际名义和真实动机完全背离的时候，名义便成了纯粹的欺诈和骗局，所谓瞒天过海、欺世盗名，"挂羊头，卖狗肉"。比如：

"为了您的爱情，请您买我们的钻石、鲜花、巧克力。"

"以危房改造的名义，我们开发商品房，变相圈地。"

"喜欢纯天然、绿色、环保和创新吗？快来买我们最新研制（自己染）的绿色大米。"

在通常的社会交往和组织活动中，虽然我们可以通过观察一系列行动来推断人们做事的真实动机，但真实的动机往往很难在事前被清楚地了解。于是，在事前，人们对某些活动或行为进行判断的唯一依据便是它们所假借的托辞和名义，很少去追问名义背后的真实动机。由此，久而久之，人们对事物的判断便依赖于对其名义的判断和考量。

对于那些心怀各种动机的做事者和他们的反对者而言，这种对名义本身的依赖和仰重给了他们广阔的想象空间和实践余地，去创造或去破坏，去实现或去阻挠，从真实的谎言到莫须有的罪名。比如，一个大企业或老品牌，可以用自己产品的安全性强和可靠性高来作为宣传卖点，打压那些不知名但有实力的挑战者。一个新兴的企业也可以动用反垄断法，帮政府寻找收拾那些强势企业的口实。

名义的种类

名义可以有不同的种类。它可以是约定俗成的礼数，也可以是祖宗留下的规矩；可以是白纸黑字的法令，也可以是传说中的惯例；可以来自双方的默契，也可以基于对第三方的考虑；可以神圣不可企及，也可以纯粹是自身利益；可以非常宽泛，也可以非常具体。

比如：

“出于国家利益……”

“以上帝的名义……”

“本着弘扬传统文化的宗旨……”

“这是组织对你的考验。”

“为了您和他人的幸福……”

“为了更好地为客户服务……”

“看在令尊大人的面子上……”

“我也是为了这个家呀！”

通过诉诸各类符号、概念、修辞、故事、传说、神话、典礼、仪式、迷信、理想、主义、制度、法律，等等，行为才似乎显得比较名正言顺，有意义。比如时下，某企业要创建一个新品牌，最好是能挖掘出千年的文化底蕴和深厚的人文内涵，这就得首先在名义上下大功夫，玩符号，炒概念，修华章，编故事，整传说，搞仪式，办典礼，谈理想，送关怀，做鉴定，造神话，不然顾客咋能迷信呢?！策划大师及其雇佣者们乐此不疲，不是没有原因的。一个好的名分，就是一个好的卖点。

当然，故事还要讲得符合社会的各类制度安排，不触犯法律规章，不明显与社会习俗背离。

名义的三大功能

名义至少有三大功能。名义可以赋予行动以合法性（Legitimacy）、可信性（Plausibility）和可行性（Feasibility）。首先，行动背后有法律依据、制度依据或其他被大家接受或认可的依据，行动者就可以名正言顺地压制反对派并使之就范。其次，由于人们很少挑战各类冠冕堂皇的名义，并经常把这些名义（通常是大义）视为理所当然、天经地义，因此便不大怀疑行动背后是否有其他真实的动机。这样一来，行动所标榜的名义就会比较可信。最后，由于合适的名义和借口帮助消除或降低了人们对行动本身的怀疑和阻挠，行动的可行性也会大大增加。

这三种功能在名义和动机既有重合又有分离的情况下，表现得最为突出。当名义和动机完全吻合的时候，没人会也没有必要去花心思讲名分、找借口。如果名义和动机完全不搭界，那么拼命找出些名义也很难服众，至少长期内不可能。

美国得克萨斯大学的花百蒂教授（Betty Sue Flowers）曾经潜心研究她所谓的人类社会的四大神话：宗教、民主、英雄和经济。每种神话背后都可能是真实的利益，也可能是虚妄的名义。她曾以第一次海湾战争为例：美国在很大程度上打的是经济仗，用的却是恢复沙特阿拉伯民主权利的名义；伊拉克的萨达姆实际推行的是个人英雄崇拜，而用的则是伊斯兰圣战的名义。实际而言，双方的名义和借口都有问题，但又都在某种程度上站得住脚，竭力使双方各自的民众在很大程度上都觉得政府的行为合法有理、可信可行。

名义之所以有上述功能，跟其特点是分不开的。人们通常所援引的名义的最大特点就是很容易被人们理所当然地接受，不容易激发人们的疑问和挑战，用起来比较方便。比如，很多名义和借口都是未经检验的假设（Untested Assumptions）或未经挑战的习俗（Unchallenged Conventions），但经过社会化的包装和演绎，便成了无可非议的规矩（Rules Taken for Granted），具有超强的可信性。当年，那些地主河霸们可以用“祭河神，祈求保佑渔民”的名义做借口搜刮地皮，并且世代相传，屡试不爽。而渔民们一出生便要接受“河神存在”这个大家都接受的所谓现实（Socially Construed Reality）。这就是以漂亮名义做借口的明证。

名义成为借口

名义之所以能成为借口，首先在于有选择的代表性：以偏概全。把小的优点放大，对不利因素闭口不谈。借口之所以能够奏效，还在于它通常是经过严格审查的正统说法。这种正统说法往往给人们某种心理上的安全感。借口之所以能够理所当然，就在于它强烈的制度化，作为名义的传统、习俗和神话不断地被重复上演。借口之所以能够历时长久，还在于行动主体不懈的把关：拒绝任何挑战。

对挑战者的惩处，或诉诸强权势力，或诉诸习俗传统，或诉诸制度法律，使得名义和借口得以贯彻执行。对于这些名义和借口，那些对行为动机持怀疑态度者们或者不知真假、难辨真假，或者因为怕惩罚而不敢挑战，因为事不关己而不愿挑战，因为没实力而不能挑战。况且，这些名义都是“为你好”，你还有什么理由来挑战?!

你可能会纳闷：“大米已经被种了几百辈子了，都是白的。谁听说过有绿大米的?!”可能立马就会有人（很可能是你身边的人）反驳说：“什么？你不相信科学？这是人家新研制的纯天然品种!”有理性敢怀疑的人倒是不少，可又有多少人愿意被别人视为科盲呢？于是，老百姓们也无奈地穿上了“皇帝的新衣”。骗子们更加自鸣得意。有人能攒美国畅销书

《没有任何借口》，就有人敢说他们蒸包子的技术是六西格玛加纳米。

当然，名义不但可以使人和企业对逆境和困扰防守应对、行动自如，而且可以使他们在各种社会活动和交易中抢占上风、主动出击。30年前，在美国的沃尔玛，每个店入口的地方，都有一个员工向顾客问好并帮顾客准备好购货的推车。在没有电子安全监测系统的年代，某些贪心的顾客拿了商品而不付款，企图从入口溜出去。门口这个员工起初的实际作用就是为了对付这些盗贼的袭扰，但他表面上却是以迎接和问候顾客的名义出现在众人面前的。既温馨，又仁义。一石二鸟，平中见奇。

名义的应用实在是一门高深的学问。在文明社会中，蛮横强加的名义越来越少了，而错综复杂的符号体系却大受青睐。明枪易躲，暗箭难防，“糖衣炮弹”最吃香。

“为了您的健康……”
“关爱生命。”
“回归自然。”
“心灵的沟通。”
“爱的见证。”
“物超所值。”
“我就喜欢！”
“成功人士的选择。”
“非一般的尊崇感受。”
“尽享人生美妙瞬间。”

瞧，商家都是活雷锋。人们不一定信，但通常不那么反感。看样子，在操纵问题定义方面，名义和借口的空间还很广阔。

定性与贴标签：机会与威胁

通常情况下，针对我们所受到的外部刺激或者遇到的问题，我们倾向于给问题粗略地定个性，看看它到底是一种威胁还是一种机会，或者二者兼而有之。对于一个组织而言，亦是如此。由于组织的定义通常需要某种倾向性和行动性，因此定性不可能过分模棱两可。在某种特定时期和场合，问题的定义通常是非此即彼，要么主要是机会，要么主要是威胁。这样，组织中的人员才能感觉相对不困惑，并且在行动上有据可依。因为在通常情况下，组织应对机会和威胁有不同的程序和倾向。如果模棱两可或者说机会与威胁同时存在，那就说明大家还没想清楚，组织还没有明确给出定性，因此组织也无法有相应的行动。原因很简单，组织中通常没有应对“既是机会又是威胁”的流程去启动任何行动。只能暂等。

机会与威胁产生不同的组织反应

在管理学文献中，机会可以被理解为具有正面的、获益的和可控的三种特点；威胁则是具有负面的、损失的和不可控的特点。两种不同的定义不仅影响了组织中人对问题在情感上的不同体验和感受，而且启动了不同的组织流程。

面对威胁类型的问题，决策者通常会采取紧缩的应对方针，加强控制，减少参与，以及做出更加集中的决策。决策者希望有一个迅速的反应。此时的关注焦点和应对措施，通常会收敛于组织内部，从而容易进行控制。组织成员则可能出于对被定性为威胁事物的厌恶或恐惧而拒绝积极参与，多是逃避责任，冷眼观望。

如果决策问题被定义为机会，则高层管理决策者更容易授权给他人去做与利用机会相关的任务，扩大和强化组织对机会进行反应时的群众基础。组织成员更可能有热情去积极地参与其中并且担负责任。此时的关注焦点和应对举措，大多倾向于向外部扩展，去进一步捕捉机会、利用机会。

心理学的研究表明，人们更愿意冒风险去避免某一特定数量的损失（威胁），而对于相同数量的收益（机会），人们愿意冒风险的程度则有所降低。因此，如果决策问题被定义为避免损失，则决策者愿意冒更大的风险，采取较大幅度的行动，去应对威胁，以便自保。如果决策问题被定义为机会，比如获得潜在收益，则决策者愿意冒的风险就可能相对较小。

总之，不同的定性，引发不同的组织反应态势和运作流程。正像我们大家都熟悉的另外一种问题定性：是敌我矛盾还是人民内部矛盾，解决问题的方法和手段可能完全不同。这就是定义问题的重要性。

对问题定义的摸索和探寻

上述讨论的对问题的操纵，一个基本的假设是管理决策者对问题有足够的理解以及足够的掌控空间。事实上，由于有限理性的约束、问题与环境之复杂性以及不确定性的困扰，决策者自身有时也很难清楚地界定、把握或者解读他们实际面临的问题，或者难以预见那些需要他们去积极定义和主动解决的问题。因此，他们必须在行动中摸索探寻，在行动中发现问题，锁定自己的真实目标。有时，他们也需要向别人咨询请教，去问别人问题，去问别人自己的问题到底在哪里或者究竟应该怎样解决自己的问题。下面，我们探讨两个方面：一是如何在行动中发现自己的问题和目标方向，二是如何向别人问问题。

目标在行动中游移

目标明确的可能性

管理决策的成功与否，取决于决策者的实际目标。那么决策目标应如何确定呢？如果我们相信有限理性的假设，则至少在高度复杂与不确定的场合，目标往往不可能在决策之前完全清楚地被认知和界定。如此，目标会在行动中飘零游戏，在选择中被体味，在路径中被揭示，在行动中被逐渐明确，在变化中被不断修正。

在众多的管理学教科书中，“目标明确”通常是作为管理决策的一条铁律来呈示的。这种说法和警示，从基本道理上说，应该没错。没有目标，何谈路径、方法、手段和战略？有了目标，才能有的放矢、方向明确。然而，在现实的决策过程中，确实存在着目标本身的确定非常依赖于其实现手段与路径的现象，或者一个决策将某个目标及其实现路径与手段同时锁定的情形。也就是说，选择某种方法，先干起来再说，然后再逐渐修正、调整，甚至放弃、转移，在行动中确定、理清目标。

具体目标（偏好）随着某种可选方案的出现而锁定

美国西雅图华盛顿大学有位知名的组织行为学专家特里·米歇尔(Terry Mitchell)。有一次他要买新车，于是将自己的目标与喜好逐条列出，并以之为标准对经过初筛的几款车型进行打分，运用了若干种流行的决策理论与手段去分析比较。无论怎样分析，其中的某款车型都屡屡得宠、每每胜出。然而，最终这位教授却买了另外一款车。他自己的解释很简单：因为它是蓝色的。

教授买新车，可能在实现了购买选择之后，才真正清楚地意识到自己对那款蓝色的车情有独钟。也可能在没有见到那款蓝色的车之前，他根本没有把颜色看得太重。而正是这种颜色的出现，唤起了他心灵深处的某种审美偏好。然而，如果在正式分析时就把蓝色这一单项的权重定得很高，压倒一切，又似乎显得很不理性。这时的决策目标，可能连决策者自己也觉得飘忽懵懂。些许情感，几多理性。难以完全说清。

清华大学计算机系有位硕士毕业生，在申请博士项目时分别报考了美国西北大学、得克萨斯大学、佐治亚理工学院、香港科技大学等校的计算机工程、管理信息系统、供应链与生产管理、公司财务等多个专业。他到底要干什么呢？他的职业目标究竟是什么呢？大方向应该还是清楚的：也许就是为了去境外深造；也许是为了充分发挥和应用他较强的数理能力；也许是“多撒胡椒面”，哪家给的条件最优厚就去哪里。

学生读博士，在多种可选择的路径中尝试、比较，一旦选择了某种路径或者说备选方案，同时也就选择了一个比较具体的阶段性的职业目标。比如，大概知道到境外读学位，基本方向是应用数理技能，实际要做什么、具体目标如何，先不去管，不去强行排序，一旦选定了某个专业与学校（比如唯一被录取的学校、奖学金最高的学校、女友或者要好的朋友同去的学校等），决策的目标便迎刃而解、一目了然。也就是说，这种决策模式下，决策的做出要看可行的路径和方案在什么时候以什么方式出现。决策一旦做出，也就意味着具体的目标和解决方案同时被锁定。

目标需要在行动中锁定的因由

由上述两个有关个体决策的例子我们可以粗略地看出，目标的确定往往并非决策的基础与前提。在摸索选择中辨析自己的归宿与诉求，在具体的路径中揭示决策者的偏好与企图，在实际的行动中逐渐审视和明确自己的目标。这样做虽是迫不得已，却也大致上合乎情理。如此这般的原因，至少有如下几种。其一，决策者无法在事前明确地知晓或者清楚地描述决策的目标。其二，决策者目标的确立取决于所出现的备选方案与路径的特点及其可行性。其三，决策者面临多种相互冲突的目标，难以清楚地排序和确定。其四，目标的明确通常是一个连续化的过程，需要在事中体会和修正以及在事后追认与确立。

组织中的目标变迁

个体决策如此，组织决策大概也不例外。当许多人仍然认为其主业是计算机业务的时候，IBM 的经营目标正悄然而从容地向系统集成与服务领域转变。也许 IBM 的 PC 业务在 2005 年之前甚至更早就应该被卖掉。但关于公司未来经营方向和目标的公开辩论与较量，很可能会在公司内部遭到 PC 部门元老和当权派出于维护自身利益和声誉而表现出的反对和情感抵触，而逼迫大家在这种“路线”斗争中站队表态更会造成无谓的内耗和纠纷。同时，公开的辩论也会在公司外部引发竞争对手的关注与警觉。然而，这种转变毕竟在不动声色地进行着。其经营目标的转移与逐步确认可以从它历年的投资趋向与收入来源的变迁中窥豹见斑。

当英特尔在记忆储存装置业务中受到日韩企业的攻击而节节败退之

际，其早先已经染指渗透的CPU芯片业务越发成了救命稻草。英特尔起初也并没有像微软那样远见清晰，其经营目标向CPU的转移也是一个自然渐进过程的结晶。同样，当G. D. Searle公司发现了阿斯巴甜之后，便从研制胃溃疡药品全线转移到人造糖的业务。当万科卸载了其他业务而专注于房地产行业时，其目标经营领域才得到了清晰的界定。这些企业都是在经营活动的行进当中，由于对某个路径的尝试和某种手段与方法的实验，以某种初步成果为平台和契机，才逐渐清醒地意识到自己到底是吃哪一路的。

目标在行动中展现

与个体决策与企业决策相比，政府决策更是具有浓厚的目标色彩和强烈的象征意义。比如说，美国某届国务卿上任伊始，如果没有在第一时间会见以色列外交使团，以色列方面便会感到不安，揣测美国的中东政策是否有细微的改变。再有，由于政府必须安抚各方利益集团，因此，其决策目标的陈述通常比较宽泛、抽象、模糊，轻重不分，虚实难辨，比如公平与效率兼顾。无论怎样粉饰，政府决策的实质性目标往往都是昭然若揭的，只看其资源分配便可初见端倪。

世界上恐怕没有一个国家的政府敢说教育不重要、环保不重要，也很少有政府会说文化艺术与精神文明不重要。恰恰相反，许多国家的政府经常都会把这些领域极力鼓吹为国家建设与发展的重点目标。比较各个国家在这些方面的预算支出与其他领域预算支出的相对大小，便可比较清楚地看出一个政府的政策到底是以牺牲公众利益而获得国内生产总值（GDP）的片面增长为主要目标，还是将教育、环保、文化艺术与精神文明等当作宗旨来奉扬。

目标在行动中变化

不管是个体决策还是组织决策，其目标往往是随着决策环境的变化以及手头备选方案的出现与变化而变化的。一个人在解决温饱问题的时候，其阶段性的目标可能非常具体，就是温饱。当他发现自己的某些选择与手段不仅可以温饱，而且可以富裕的时候，他才可能意识到并确信，原来自己生活的目标不仅是温饱和富裕，而是要比别人更富裕，并且要让别人知道自己比富裕还富裕。一个企业的目标可能是做大、做强、做久，也可能是圈钱、洗钱、逃窜，还可能是能够做大就大干，不能大干就小干，随时准备去逃窜。

对于个体决策者来说，不去过多地较劲纠缠于目标的冲突与排序，可以省却时间，顺其自然，让具体的决策选择本身来解决目标偏好纷繁复杂的困扰。对于企业与政府决策者而言，这就意味着，在某些问题上不争论，不强攻，不激化矛盾。不管大家各自的目标相去多远，只要大家（或者大多数）对某项（些）决策能够有最大程度的共识，并能接受该项决策及其实施后果，就应该通过该决策行动起来，没必要在目标间的冲突上踯躅盘旋。如果我们沉溺于“姓资还是姓社”或者“到底让哪一部分人先富起来”的无休止的讨论，改革不可能走到今天。

决策者确实可能并不清楚地知道自己的目标，也可能不愿意或者不适合清楚地向大家挑明实质性的决策目标。无论如何，对目标的观察和把握必须以出台的具体决策为依据，从其赖以实施的路径、方法与手段来仔细探究。

管理者应该问什么样的问题

有些问题过于不着边际

20 世纪五六十年代：著名相声演员马三立曾经说过很多关于旧社会算卦的事儿。非常出彩。其中一个段子说的就是某个媳妇的戒指找不着了，请一个盲人卦仙儿帮忙算算。马三立可谓快人快语：“你两只眼睛看得清清亮亮的都找不着，问他一个嘛玩意儿都看不见的瞎子，这不是倒霉催的吗?!”

20 世纪六七十年代：大寨。“请问陈永贵同志，我们平原地区学大寨，如何才能把梯田造好?”笔者没有费神去查找当年的报纸，但我想这类问题大抵是被某些企图赶超大寨的村镇领导们真诚地问过的。要依马三立的风格，回答肯定是：“他要有平原，还造梯田干什么?! 这不是吃饱了撑的吗?!”

2004年6月：北京大学中国经济研究中心致福轩。伦敦经济学院院长戴维斯爵士做关于英国银行监管体系对中国银行业启示的专题演讲。演讲后，有记者提问：“中国很多银行的坏账率高达百分之十几甚至百分之几十，请问戴维斯爵士对银行坏账问题的解决有什么建议?”戴氏答：“英国银行的坏账率在1%左右，不是什么大问题。我对这个问题没有太多的经验和研究。”

2004年6月：杰克·韦尔奇访华。在北京、上海两场高峰论坛上，韦尔奇受到中国企业家的追捧，据传与会者支付15 000元人民币就可以获得向韦尔奇当面讨教一个问题的机会。某企业掌门人不惜重金七问韦尔奇。其中一个问题是如何快速实现该企业与新近兼并的一家外国同业企业的整合，并使之良好运转、快速盈利。韦尔奇回答得很精彩：“十几年前我也面临同样的问题，正是因为没有很好的答案，才把它卖掉了，没想到今天它又被卖到了你的手里……”

为什么问不着边际的问题

媳妇问卦，可能在于没文化，缺乏起码的分析力。卦仙儿凭经验至少可以判断戒指大概可能失落的区域，水缸边、锅台前之类。所以，仔细说来，卦仙儿不是没有用处。问题是，这种问题是否需要请教卦仙儿，因为卦仙儿是要收费的。媳妇是否应该自己有所思考?说得好听点，“不识庐山真面目，只缘身在此山中”。说得难听点，这个媳妇有点儿弱智。但知道自己弱智，而求教于比弱智者更有经验和分析能力的人，也不能不说是弱智者的智慧。由于这种媳妇的存在，卦仙儿就有饭吃。当然，很多企业管理咨询公司也就有饭吃。

平原上学大寨造梯田的事儿，在现在看来似乎很荒唐。但在当时的情境下，大家感到的不是荒唐和可笑，而是激情与梦想，是时髦和摩登，是顺乎潮流、与时俱进。四五十年过去了，我们大概以为自己进步了很多，其实不然。向一个从来没有处理坏账经验的人讨教如何处理坏账问题，与向一个从未拥有平原的人讨教在平原上造梯田有什么本质不同呢？我们现在倒是不学大寨了，但总还是得学点什么吧！要不怎么进入500强，怎么与时俱进呢？!

学习什么呢？什么时髦学什么！于是，我们从旧的教条慷慨激昂地迈向新的教条。冲出中国，走向世界。现在不提“赶超”了，时髦的说法是“对标”，向世界级的“新大寨”和“洋大寨”们学习，谷歌、脸书、宝洁、通用电气。工作任务完不成“没有借口”，扫黄打黑要有“执行力”，防火工作要狠抓“细节”，防洪抗旱要有“战略”创意，副食店要“基业长青”，小煤矿要有“核心竞争力”，恐怕教堂寺庙也得掀起“平衡计分卡”运动的新高潮哩！

要学习、要对标，就难免有困惑、有问题。有问题，就难免要问。企业管理者应该问什么样的问题呢？这个问题其实是应该留给企业管理者自省的问题。连你自己都说不清楚你有什么问题，那么，什么问题都可能是问题。别人可以强加给你问题。这种现象本身就是问题。

什么是靠谱的问题

曾经有智者指点病人如何看病，准确地说，如何看医生。管理者不妨借鉴一把。病有三种：第一种病是现有医理知道的并能够治疗的，这种病不治有害，治则通常有效，容易痊愈或控制，比如，胃溃疡。这种病通常是要找医生治的。第二种病是不看医生也会自己好的，看了可能稍微好得快一点，比如感冒。医生可看可不看。可以根据经验，自己诊断，买些非处方药品，或干脆硬挺。第三种病，现有医理无法理解和解释，现有医术和药品无法治疗，不去看医生，治不好，去看医生，照样治不好，比如某些恶性肿瘤。

智者言：第一种病最需要去看医生而且最好是去看医生，这是他们拿手的也愿意做的活儿。第二种病最好不要麻烦医生，这不是他们拿手的。但医生往往喜欢这种活儿，因为他们可以把你的自然痊愈装扮成自己的功劳，并且收费不菲。第三种病主要是你和上帝间的关系，和医生没太大关系。如果上帝赐你奇迹，你就享受奇迹；但千万不要把医生当成上帝。

医生的职业训练和任务是准确地判断和有效地治疗他们能够治疗的疾病，而不是拿你当样本尝试奇迹在你身上是否会发生。当然，在医生和上帝之间还有研究人员。但在研究人员对第三种病的研究没有实质性进展的时候，你可以假设他们不存在，除非你愿意当他们的实验样本。

因此，管理者首先需要搞清楚的是，哪些问题自己可以解决，哪些问题必须请人帮助解决，哪些问题是自己和他人（比如咨询公司）谁都解决不了的。

杰克·韦尔奇号称超级管理天才、世界第一 CEO、职业经理人的典范。如果韦尔奇果然神奇厉害、所向披靡，那么，连韦尔奇都玩儿不转的业务，别人再玩儿，能玩儿出什么花样呢？你若真能玩儿，还问韦尔奇干吗呢？

如果韦尔奇是上帝，他会给出答案。但韦尔奇没有，因为他不是上帝。如果韦尔奇是研究者，他会寻求答案。但韦尔奇没有，因为韦尔奇早就把那桩业务卖掉了。如果韦尔奇是个好医生，他应该只看他会看并能看好的病。韦尔奇这样做了，他是一位出色的医生。韦尔奇主政通用电气的时候，要求通用电气的每个战略业务单元都在其行业中数一数二。疑难杂症业务都批发给“专科医院”和那些实际上或者自认为比韦尔奇更能解决这些疑难杂症的 CEO 们了。所以要问韦尔奇，还是问韦尔奇拿手的本事，比如如何选择和考察管理团队等，而不是问那些韦尔奇已经拒绝诊治的疑难杂症。

道理很简单，学大寨没有错，但学大寨的核心不是造梯田，而是学习大寨人如何因地制宜、创新发展。有些问题，倒是不问也罢。

正是：

决策始自论问题，定调正名执大局；
笃持己见求共识，明辨威胁与契机。
审势定调邀承诺，善借名分合时宜；
游戏界定重实际，答案自向问题取。

第四章
决策过程：政治与权力应用

从对问题的定义开始，组织中的决策就不仅仅是纯粹的技术考量，而是彻头彻尾的社会政治过程，充满了刀光剑影的政治交锋，涉及权力的攫取、分配、保持以及展现和应用。在组织中，任何重大决策的出台与实施，大都离不开处于核心“权力联盟”中组织精英的同情与支持。组织中的精英，即所谓基于以往贡献和成就的既得利益者。他们是游戏规则的制定者和游戏的裁判。其存在保证了组织的稳定性和连续性。对于具体的组织未来发展方向与路径，这些精英之间也会有派系分歧。面对组织内外因素可能引发的组织变革，他们也会做出不同的反应。如何获取他们的同情与支持或者最低限度的容忍与默许，乃是组织中各级决策者必须积极应对的要务。本章详细探讨组织决策过程中政治与权力的应用。首先，我们界定政治行为，介绍各类政治游戏，讨论政治行为对组织的正负面影响。其次，我们考察组织中的各种权力基础并探究权力的获取和保持及其在决策中的应用。最后，我们着重探讨组织创新决策中诱引精英的必要性与可行性。

管理决策乃是一个政治过程

就像我们在上一章揭示的，从对问题的定义开始，管理决策就不仅仅是一个理性分析和技术考量的过程，而是一个剑拔弩张、杯弓蛇影的政治过程，充满了利益的交锋和权力的较量。在一般人心目中，一提到政治或者权力，大家首先想到的可能是龌龊与肮脏，那些各种不可告人的无耻私欲以及根本拿不上台面的卑劣伎俩。其实，仔细想一想，政治原本是一个中性的过程。凡是有人群的地方，就离不开政治。在组织中，如欲达到既定目标，更是离不开相应的政治过程和权力运用。管理的一个经典定义，就是“通过他人把事儿办成”。通过他人把事儿办成，就必然要诉诸命令、劝说、激发、诱惑，当然也离不开鞭策、恐吓、操纵、惩罚。这就必然伴随着政治与权力的运用。在本章的第一节，我们首先界定政治行为，然后介绍组织中常见的政治游戏，最后探讨政治在组织中潜在的正反两方面影响。

什么是组织政治

政治的实质

政治至少需要三方主体参与。具体而言，一方主体通过影响另外一方从而搞定第三方，这是政治的实质。人一生下来就是政治动物。不同子女之间以及子女与父母之间的关系，是人类最初始的政治关系。为了最大限度地获取资源和父母的宠爱与关怀，不同的子女之间既可以互相友善结盟，也可以互相诋毁拆台，还可以独树一帜、与众不同。总之，其言辞作为是要影响另外两大主体（兄弟姐妹与父母）对自己的态度与行为，从而最大限度地实现自己的利益诉求。即使是独生子女，也会利用父母中的一方来对付另外一方从而达到自己的目的。而孩子作为第三方的存在和作为，注定也会影响夫妻间的关系与决策。

圣人曰，三人行，必有我师。笔者言，三人行，必有政治。政治行为的产生来自主体自身利益的驱使。因此，政治可以说是与生俱来、与人同在，难以逃脱、不可避免的。无论你喜欢不喜欢，政治都是一种自然的客观存在。然而，这并不是说，政治是人际关系中唯一的要素或者一定是主导的要素。无论是家庭还是社会组织，都存在各种制度设计和安排，企图用相对正式的程序和规范来界定和影响人们的行为。这些设计和安排，可以在很大程度上抑制、代替或者改变纯粹的政治行为，但它们不可能从根本上根除政治行为。

人天生就是政治动物。

亚里士多德

那些过于聪明而不去参与政治的人受到的惩罚是受制于那些比其愚蠢的人。

柏拉图

什么是组织政治

根据我们对政治的基本定义，组织政治可以被理解为组织中三方或者多方主体之间为了自身利益互动博弈的行为过程。在很多情况下，我们在表面上看到的多是两方之间的博弈。故事中的第三方或者多于第三方的主体，可能出于自我保护或者其他目的，故意藏踪隐匿，使人难以觉察。也可能，在我们的观察与分析中，我们更倾向于关注的只是表现明显的两方，而通常不会去追问谁是潜在的可能产生作用抑或正在实际产生重要作用的第三方。

在组织管理文献中，一个通常被强调的观点是，政治行为是组织正式体系之外的一种非正式的运作体系。明茨伯格曾经将影响组织运作的体系分为位置权威、意识形态、专家权力与政治活动，并倾向于认为前三种体系通常是具有明确合法性的，而政治活动则并不是经过组织合法界定的。因此，组织政治自身，不论其目的与方法，通常是不具备或者不涉及合法性的（Alegitimate）。也就是说，组织中的政治权力（Political Power）不是由组织正规合法地授予的，并不广为大家接受，也没有经过官方的认证。作为官方正式体系之外的要素，政治行为可能会造成分裂或者矛盾，将组织中的某些人与部门同组织的正式体系相对立，或者在正式体系脆弱无力之际，将组织中的一部分人或部门与另外一部分人或部门直接对立。

组织中的政治活动，往往是通过某种具体的政治游戏来实施和进行的。这些游戏通常遵从某种游戏规则。而组织中政治游戏的规则可能多种多样，或显或潜，或繁或简，亦稳亦变，亦清亦浑，可宽可严，可强可弱。

组织中常见的政治游戏

不同的政治游戏在各类组织中不断地被上演，其前因后果以及过程特点也被西方的社会科学研究者们系统地甄别和深入地研究。明茨伯格曾经系统地梳理过组织中常见的十三种政治游戏。也许，在我们这个权谋道术充斥于历史掌故和各类典籍的文明古国，这些游戏大部分不过是小儿科而已。我们单拿一本《三十六计》就可能让洋人目瞪口呆、惊诧不已。

然而，在美国等西方国家生活和工作的众多华人职业人士甚至社会精英，往往抱怨自己无法融入西方社会的组织政治或者公司政治。这应该是一个很纠结的心理误区，一个很矛盾的实际现象。也许我们的古人比较强调务实和奋进。而今天的人们，则可能沉溺于某种道德至上的教条，严重无视现实，采取鸵鸟姿态，既看不上各种所谓肮脏的政治伎俩，又疯狂地嫉妒别人通过自己的努力去改善自己的地位和境遇。

其实，你仔细想清楚就好了：古今中外，要在组织中实现自己的目标，一个人必须以积极健康的心态去应对组织中的各种政治游戏。此乃在组织中生存所必需。在一个组织制度健全、政治影响比较轻微的组织里，某些特定的技术岗位可能不需要与过多的人或部门打交道。只做好本职工作，不参与任何政治游戏，与世无争，也许是有可能的。即使如此，你仍然有可能被动地卷入某些政治游戏中。因此，你必须对组织政治有哪怕是最低限度的敏感性和相应的常识。害人之心不可有，防人之心不可无。

政治与道德无关。

尼科洛·马基雅维利

有人说政治是第二古老的职业。我发现它跟第一古老的职业令人惊奇地相似。

罗纳德·里根

如果你想在组织中有所作为，并且希望按照自己的意愿和方式有所作为，那你必须参与政治，获取权力。别无他途。有了这种积极的心态，下一步就是去理解和体味不同的政治游戏之特质要点，从而能够更加主动地参与或者应对组织政治。

表4.1列出了组织中常见的政治游戏。

表 4.1　组织中常见政治游戏一览

起义（Insurgency）：包括从抵抗到暴动和叛乱等一系列可能性，意在反抗组织权威。通常由低层的人士所采用，他们直接地感受到正式权威的压力。

镇压（Counter-Insurgency）：由那些具有正式权威的人士采取的对起义的镇压和反击，可以用正式合法的方法，也可以用非正式的政治手段。

找靠山（Sponsorship）：通过效忠某些有权势地位的上级从而获取相应的支持与权力。

结盟（Alliance-Building）：相同级别的人士（比如职能专家或者一线经理）之间缔结隐含的同盟从而换取相互支持与关照。

拉山头（Empire-Building）：不与同级人员合作和沟通，单独一对一地与下属联系，建立自己的独立王国。

预算（Budgeting）：在预算和资源分配中"看人下菜"，巩固自己的权力和地位。

大拿（Expertise）：专家人士着力强调自己所拥有之专长的独特性、关键性和不可替代性，故意拒绝使自己的专长被程序化，从而保持自己的特权。非专家人士可以通过捏造或者伪装来制造专家特长之假象，强调自己之才能或者职能的专业性和独特性，从而获取专家特权。

霸王（Lording）：用非正式的手段使用正式的权力，从而对比自己弱势的群体称王称霸、作威作福，比如，管理者对下属，公务员对民众，专家对非专家。

前线与参辅（Line vs. Staff）：前线运营决策人员与承担参谋辅助的职能部门之间的争斗。

对立阵营（Rival Camps）：不同的阵营之间的争斗，尤其是两大明显阵营之间的对抗，可以是部门对部门（比如生产对营销），也可以是个人对个人（比如两位风格迥异的领导）。

关键候选人（Strategic Candidates）：某个领导或者部门在组织中公开地推举和扶植符合自己利益的人员作为某些职位的候选人、接班人。

吹口哨（Whistle Blowing）：由组织中内部人员（通常是级别较低但知情之人）向组织外部有势力的人士或者机构透露有关组织内部负面问题或者违规情形的信息。

少壮派政变（Young Turks）：接近权力中心但并不处在权力中心的少壮派人士企图改变组织的基本战略，取代某些领域的专家特权，改变现有的意识形态，或者推翻现有的领导集团。其实质是，在保持现有权力体系的前提下，通过非预期的和非常规的程序来实现权力交替，实现少壮派夺权，从而取代现有的领导集团。

资料来源：本表内容以及本节关于组织政治的讨论主要取材于 Mintzberg, H. 1983. *Power in and Around Organizations.* Prentice Hall。本书作者翻译整理。

组织政治的正面与负面影响

组织政治的潜在负面作用

毫无疑问，政治活动，作为组织中正式体系之外的非正式活动，甚至是不合法的活动，通常给组织带来巨大的额外成本和伤害。显然，政治可能造成组织中的人员分裂、气氛紧张、士气低落。政治活动也会耗费巨大的个人与组织能量，使之不能直接应用于组织的正常运营之中。另外，政治活动可以用来延续组织已经不再需要的权力基础，也可以用来引入组织根本不需要的新的权力架构。

如果一个组织中政治活动主导一切，正式的组织体系完全瘫痪，组织中的所有决策完全由政治体系取代，那么这种组织已经成了完全政治化了的组织，成了彻头彻尾的政治游戏竞技场。所有的行动都主要被赋予政治色彩，那么这种组织的内耗可能使其一事无成，甚至最终崩溃。

对于一个正常的组织而言，权力游戏，无论是否普遍或者激烈，都是在组织具有正式权力和系统运作体系这些大前提下的一种存在、一种不可或缺的补充和修饰，并且偶尔成为正式体系的一种替代机制。毕竟，政治活动也有其积极正面的作用。

组织政治的潜在正面作用

大家通常看到的是政治的阴暗面和副作用，对于政治活动潜在的、正面的和积极的作用，我们很少去系统地思考和琢磨。明茨伯格认为，如同正式的权力系统可以被滥用于组织的政治活动中一样，组织中的政治行为（通常是非正式的，甚至可能是不合法的）也可以被用来支持或促成正式的组织目标。因此，组织政治的一个正面效应，就是可以弥补或者纠正组织正式决策体系中存在的偏差与不足，比如，灵活性的缺乏。

首先，组织中达尔文式的“适者生存”的政治争斗可以促使组织中最强的人士占据最高决策的领导岗位。在残酷的组织竞争中，次优者或者软弱者基本上没有胜出的可能。

其次，出于各方参与者自身的利益，大家都会主动地在组织政治游戏中以各种方式亮相。这些政治活动可以尽量使一个问题的各个方面得到充分的争辩和交锋。而正式的组织体系则往往按部就班地推行一种方针政策。

再次，由于正式组织体系的压制和拦阻，某些必要的组织变革难以得到重视与实施。政治活动可以帮助撕开一些口子，引入新鲜空气。比如，“吹口哨”和“少壮派政变”游戏。

最后，通过政治斡旋，比如通过建立“关键候选人”等提前吹风与造势，或者通过有选择的结盟游戏争取获得大家的理解和支持，某些管理决策的具体实施过程可能会变得更加顺畅。

这里，笔者完全赞同明茨伯格的基本判断：“组织政治可以使我们烦恼，但它也可以为我们服务。”服务是我们必须争取的，烦恼则是必要的代价。当看到本节的游戏列表和分析总结时，那些在组织中有切身体会的读者可能会不禁莞尔，会心一笑。如果你看了没有任何感觉或者依旧愤愤然，则不妨先去练练瑜伽或者禅修，平心静气，养养精神。

正是：

组织难免有政治，各类游戏须详识；
既在组织体系外，亦与正规程序织。
激发活力求影响，润滑系统纠偏失；
游戏种类规则通，灵活应用好办事。

管理决策与权力的应用

广义而言，所谓的政治过程亦即权力的使用过程，涉及权力的获取、应用、巩固、把持和更新。政治就是通过权力的使用从而影响人们之间的关系和利益分配。权力，乃是实现组织目标和个人利益的重要手段。管理决策，归根结底离不开权力的应用。在组织中如何界定权力？不同的部门和个人可以构建哪些权力基础？这些权力基础之变迁会受到哪些因素的影响？如何获取权力？如何保持权力？这是管理决策者必须深入思考的问题。下面我们首先梳理权力的定义与分类，然后以战略权变理论为基础，考察掌权和专权的机制与秘密。

> 权力是最具劝说力的修辞。
>
> 弗里德里希·席勒

权力的定义与分类

简而言之，权力是影响他人的能力，是通过影响他人从而实现自己意图的能力。有关权力的一个经典定义，来自著名社会学家马克斯·韦伯。他将权力界定为“在社会关系中一个行为主体在面对阻力与对抗的时候能够按照自己的意愿行事的概率”。显然，既然是概率，就意味着权力并不是一个准确恒定的常数，而是一个根据情境变化的变量。也就是说，权力是一种潜能，一种“势”或者“场”，类似于我们俗语中对“权势”的解读。

具体而言，按照权力的来源基础，韦伯将官僚组织中的权力划分为三类：(1) 来自法律规章界定的合法权力，比如正规组织中领导职位所赋予的指挥下属的权力；(2) 由公认的社会制度安排所界定的传统权力，比如某个氏族中最年长者在某些事务上的最终评判权力；(3) 由于个人魅力所带来的追随者的自然尊崇，即所谓的“卡里斯马权力”。与此相似，著名的管理者与管理学家切斯特·巴纳德（Chester Barnard）也明确地区分来自组织中正规职位赋予的位置权力以及由于个人特质所拥有的领袖权威。

在更加细分与包容的分类体系中，French 和 Raven 两位学者将权力划分为如下五种：控制对别人奖赏的奖赏权力、通过强力胁迫别人的强制权力、法律和规章界定的合法权力、由于别人之尊崇和敬仰而拥有的尊崇权力，以及由于专家资质和特长而拥有的专家权力。显然，这一分类拓展了个人层面的权力来源。除了引人尊崇的人格魅力之外，一个人还可以通过某些领域的技术专长而拥有权力。这凸显了现代社会技术精英的重要地位和职能。

在另外一个相似的分类中，Ramesh K. Shukla 则如此划分组织中的权力：

位置权力：由于组织中的特定位置带来的权力和职能。

专家权力：由于专家在特定领域所拥有的知识、信息和技术专长所带来的权力。

资源权力：由于拥有组织行动所需要的资源而拥有的权力。

政治权力：由于个人在劝说、谈判、结盟和利诱等方面的政治技巧而拥有的权力。与上述 French 和 Raven 的分类中的奖赏权力相似，Shukla 这里界定的是广义的掌控资源的权力。另外，Shukla 还特别界定了所谓的政治权力。与本章开篇讨论的明茨伯格对政治权力的定义相似，Shukla 认为政治权力是一个人由于高超的政治技巧而拥有的权力，比如我们常说的“会来事儿”，能拉关系。

Shukla 进一步指出，按照权力的权变理论，不同的权力基础对管理决策最终结果的影响取决于决策的具体情境。简而言之，决策的情景可以用两个维度来衡量：组织不确定性以及技术不确定性。当组织不确定性很高的时候，比如一个组织内的办事流程非常隐匿神秘、不公开透明，此时首先派上用场的是政治权力，其次是以掌控资源为基础的权力。而当技术不确定性很高的时候，比如生产线出现问题影响企业的正常运营，这时最为重要的，通常是以专家技能为基础的权力，其次是以掌控资源为基础的权力。显然，当组织不确定性和技术不确定性都较低的时候，按部就班，常规运作，没有什么事情需要临机处置或者即兴发挥，此时位置权力通常最为重要。我们将在下一小节继续探讨权变理论与权力获取和保持之间的关系。

有关权力的最新研究，聚焦在权力的展现方式上。Fleming 和 Spicer 最近区分了片段式权力和系统性权力。片段式权力，其使用相对直接并较为清晰，指的是每一次就事论事的权力使用，包括强制和操纵。强制，指的是直接使用权力。比如，企业老板可以强迫没有完成既定任务的员工免费加班。操纵，则相对费心思，主要是试图影响他人对事情的重要性及相关性的判断，从而使他人的言行发生在特定界限之内。比如，在某些组织中，那些不“自愿加班”的员工将受到老板在不同场合下各种微妙的嘲讽和冷落。当他们意识到这种无形的压力时，往往会无奈就范。

系统性权力的使用，则不像片段式权力的使用那样直接，而是相对隐匿，但确是全面广泛、深入腠理。统治，就是试图通过构建和传播主导的价值观念从而使权力关系显得自然而难以避免。比如，韦伯所说的传统权力的使用便是这样一种过程。这种通过意识形态和制度化安排而得以施展的权力，并非解决问题最有效率的方法和路径，但确是最具组织合法性的。

权力最为系统和广泛的使用，比上述的统治更进一步，主要体现于所谓的主体化：并非直接干预人们的某种具体行为，而是试图影响他人的自我意识、认知、感觉、经验、情感、价值偏好与态度，使现有的权力格局成为他们自我主观感受的一个自然部分，使他们安于现状，承认并接受现有的秩序是自然的、无可改变或者替代的。从后结构主义和后现代主义的视角来解读，人们某些显然的自由言行，貌似没有受到任何明显的强制、操纵或者意识形态上的统治，完全出于自发自愿，但很可能实际上是某种权力特质与应用状态的表现。外在权力的力量已经成为组织成员自身的主观感受和自我意愿。

显然，具体到某个人或者组织，可能会有多种权力基础或曰多种权力类别共存的现象。比如，某些管理决策者，既是企业的最高统帅，又是最强的技术专家，而且是超具人格魅力的精神领袖。这种决策者的权力无疑相对强劲宽泛。而那些权力基础相对单一而具体的人士，则通常只能在组织中的某些特定空间内施展权力。

表 4.2 列出了权力以及相关概念的经典定义与分类。

表 4.2 权力以及相关概念的经典定义与分类

马克斯·韦伯 在官僚组织中有三种类型的权力： 合法权威（Legal Authority）：来自法律及其应用。 传统权威（Traditional Authority）：其合法性来自社会制度安排的神圣性。 个人魅力（Charistmatic Authority）：基于追随者对领袖之英雄人格的忠诚。
切斯特·巴纳德 位置权威（Authority of Position）：由于所在位置所拥有的权力。 领袖权威（Authority of Leadership）：由于领袖的个人特质所拥有的权力。
French 和 Raven 奖赏裁定（Reward）：控制对别人奖赏的权力。 强制高压（Coercive）：通过强力胁迫别人的权力。 合法界定（Legitimate）：法律和规章界定的权力。 他人尊崇（Referent）：由于别人之尊崇而拥有的权力。 专家资质（Expert）：由于专家资质与特长而拥有的权力。
Ramesh K. Shukla 组织中常见的四种权力基础： 位置权力（Position）：基于组织中特定位置的权力和职能。 专家权力（Expert）：基于专家在特定领域的知识、信息和技术专长的权力。 资源权力（Resource）：基于拥有组织行动所需要的资源的权力。 政治权力（Political）：基于个人的劝说、谈判和结盟等政治技巧的权力。
Fleming 和 Spicer 权力展现的四种面目： 片段式的权力（Episodic）：强制（Coercsion）和操纵（Manipulation）。 系统性的权力（Systematic）：统治（Domination）和主体化（Subjectification）

资料来源：Schukla, R. K. (2007). Influence of power bases in organizational decision making: A contingency model. *Decision Science*, 13 (3), 450—470; Fleming, P. and Spicer, A. (2014). Power in management and organization science. *Academy of Management Annals*, 8 (1), 237—298. 本书作者翻译整理。

正是：

权力基础何其多，单项独立亦复合；
官方位置合法性，领域专家把话说。
奖赏惩罚决定人，关键资源分配者；
荒野枭雄靠蛮力，文明魅力在人格。

决策过程见证权力的应用及其获取与传承

有关组织中权力的获取和把持，存在诸多实用手段以及理论解读。其中一个比较有说服力的观察视角是所谓的战略性权变理论。[①] 按照文献中该理论的思路，在一个组织中，权力在不同的组织部门或成员间的分布与转移，取决于该组织所面临的来自组织内外的各种问题（比如威胁及不确定性等带来的挑战），尤其是影响组织核心活动的那些战略性的关键问题，以及这些问题的演化与变迁。

一般而言，那些能够解决组织当下所面临的关键问题的部门或成员比较容易顺理成章地获得合法权力，因为他们可以保证组织的核心活动和功能不受干扰。而一旦获得权力，当权者又通常企图把现有的权力基础制度化，从而把组织权力长期保留在自己手里，无论自己的能力和专长能否继续适应未来的挑战和危机。下面我们依次探讨权力在决策过程中的获取与保持。

如何获取权力

权力的获取，或曰掌权，取决于能否解决组织内外部的关键问题。这些关键问题通常表现于组织挑战、技术难题、竞争定位以及外部关系等。在一个人员个性突出、大家各自为政的组织里，如果大家都离不开组织又

① 本小节的内容取材于 Salancik, G. R. & Pfeffer, J. (1978). Who gets power—and how they hold on to it: A strategic-contingency model of power. *Organizational Dynamics*, 5 (3), 3—21。

都不愿意或者没办法出面去组织的话，能够把大家拢在一块儿的人很可能会受到大家的推举，由于能够应对这种组织挑战而获得权力。当一个企业的产品设计、工艺流程以及制造质量之长期粗陋低劣威胁其生存的时候，能够解决这一技术难题从而扭转危局的技术专家获得企业经营权力就相对容易。了解行业特点，精通经营，富于远见，指点迷津。对这种能力的报偿，很可能是得以接收管理某些资产优良但经营不善的企业的权力。当一个企业总是被政府或其他社会组织骚扰打击（或者必须依靠这些组织才能生存）时，它很可能需要一个政府关系良好、社会网络丰厚、人脉资源广泛的掌门人来摆平各种关系。

总之，谁能够解决组织当下面临的最严峻的挑战和最重要的问题，从而保证组织的生存、正常运作与长期发展，谁就理所当然地拥有权力，或者进入最高权力机构。这是所谓权变理论的逻辑道理。

如何保持权力

权力的把持，或曰专权，取决于能够在多大程度上和多长时间内将现有权力基础制度化。这种制度化通常需要诉诸特定的语言规范、议题秩序、人事安排、执行体系等。首先，当权者可以控制组织喉舌，即所谓的话语权，统一语境，宣传洗脑，排斥和贬抑各类异端邪说，增强合乎自身利益的组织记忆。其次，当权者可以安插自己信任的人和积极靠拢自己的人到重要岗位上，选派“钦差大臣”，遍撒耳目，主持和参与组织中各个阶层的决策。最后，当权者可以自己或者通过其代言人控制各种重要会议的议题，决定哪些上会，哪些冷处理，并在事前界定议程项目之间的关系以及采用什么讨论顺序、究竟哪些人有资格参与会议。

总之，当权者可以制定标准操作程序和决策实施机制，使某些部门和人士持久地拥有合法的话语权、参会权、议事权，并最终直接参与决策的实施与执行，从而保证在实际组织运行中贯彻和执行现有当权者的路线和方针，强化其既有权力。

掌权与专权的矛盾

显然，上述的掌权与专权之间的运作机理是相互矛盾的，至少在表面上看二者是不能同时存在的。如果真的是谁有本事谁就掌权，则任何“缺乏合法权力基础的专权”就根本不可能存在。而实际上，拥有组织现时需要的本事的新贵们，不一定立马就能掌权；当权者原先赖以掌权的本事虽已风光不再，却并不一定就会马上下台、拱手让权。如果组织每次遇到新的重大问题，都立刻换上崭新的一班人马，保证当权者的资质与能力同合法权力基础的要求立刻即时地完全契合，其实是不可能的。

组织不是机器，也不存在一个独立公正的“第三方”，随时按照最优技术标准进行操作。如此，任何时候，企业的权力巅峰区域都上演着企图掌权者以及意欲专权者之间的博弈。而这种博弈，其实也是组织的一种内在的自我保护机制，不一定就是病态的。在一段时期内，权力的相对稳定性，符合组织运行的稳定性、常规性、连续性和有效性的要求。

既然是博弈，就有可能是相互竞争，也可能是相互合作，还可能是所谓“竞合”。如果现有当权者能够证明自己终究要比组织的其他部门与个人更好地解决组织未来的核心问题，其专权其实是“合法”的。如果当权者意识到自己的权力基础已经过时或者瓦解，从而有意识地吸引和拉拢那些更具未来权力合法性的部门与人才，或者主动更新自己的阵容，改善和增进自己权力基础的合法性，这时的“权力主动分享”或者“自我更新”是符合当权者继续专权（或者留在权力中心）的目标的，也通常是有利于组织的利益的。

当然，如果当权者意识僵化、故步自封，拒绝一切更新，反对任何调整，则其专权就可能会阻碍甚至最终威胁组织的生存与发展。除非当权者有足够的蛮力，完全不在乎外部环境的压力，并已经将自己的权力基础全面持久地制度化，否则，新生势力终究要占上风。

正是：

组织应对各方急，关键能力乃必需；

应对威胁不确定，缓冲核心活动区。
因解困境得权力，便拉解困为大旗；
权力基础制度化，奉为至宝不相移。

权力：为什么只为某些人所拥有？

显然，在组织中，权力是实现组织目标的必要手段。然而，权力的争夺本身，并非注定符合组织的生存和发展需要。这是因为，在实现组织目标的同时，权力也会为当权者带来诸多利益。因此，对权力的角逐，往往充满了各种私欲或者不可告人的目的。此乃人之常情。对于组织而言，也许问题的关键不在于权力能否满足当权者的私欲，而在于当权者的决策能否最终为组织及其成员带来最大的利益。没错，绝对的权力可能产生绝对的腐败。同样，绝对的没权力绝对办不成任何事儿。在多大程度上给予或者容忍决策者的权力，是每个组织在设计之初都需要考量的重要问题。

巨大权力之获得要求你在秘不可宣的想入非非中向自己保证，你生下来就是要行主宰控制之职的。

安德鲁·卡耐基

给定所有人之私欲，是否大家都会不顾一切地去角逐权力呢？并非如此。事实上，权力只为某些人所拥有，并非每个人皆可获得。[①] 人为什么要获得权力呢？基于社会科学的实证研究结果，斯坦福大学的 Pfeffer 教授一针见血地指出：权力通常与健康长寿紧密相连；权力可以帮助当权者获取财富；权力可以使得人们按照自己的意愿把事儿办成。

① 本小节的内容取材于 Jeffrey Pfeffer，2010. *Power: Why Some People Have It and Others Don't*. Harper Business。

如此“超爽”的状态与结局，还有什么理由比这更有说服力的吗?!但为什么并不是所有人都去力争权力呢？到底是什么阻碍了一个人去努力获取权力？Pfeffer 教授的解释更是冷峻直白：首先，你相信这个世界是公正的，因此一切该来的大概都会来，无须你去额外地争取，通过构建权力基础而获得。显然，这种想法会阻碍人们从各种情形与人群那里学习，尤其是从他们不喜欢或者厌恶的人那里学习，更不用说去违心地争权夺利了。

人们总是愿意相信他们希望的东西。

凯撒大帝

其次，你相信那些关于领导力的浪漫说辞：领导者身上闪烁的都是仁、义、礼、智、信、勇、严的光芒，充满正直、真诚、荣誉、责任、关爱和担当，根本不需要为权力而勾心斗角。领导力文献大肆吹捧的都是大家希望和臆想的领导者所“应该”展现的特质和行为。而领导者绝对不会告诉你他们是如何在真实的权力博弈中厮杀上位的。可以说，当权的领导者往往善于告诉人们他们喜欢和愿意听的东西，并将自己包装得高尚与友善。更何况，历史是当权者书写的，要符合当权者的利益和想法。

再次，你不过是在践行一种类似自欺欺人的心理“自残”（Self-Handicapping）：出于对失败的恐惧而诉诸某种自暴自弃。什么是心理自残呢？比如，由于害怕考试通不过，就故意不复习，从而可以找到“因为没复习才没考好”的虚伪借口。实际上，正是因为惧怕在权力斗争中失败或者无功而返才故作姿态地声称“权力没意思，政治太肮脏”。

哪些重要的个人品性特质可以帮助一个人获取权力呢？基于自己与同行过去几十年的研究，Pfeffer 教授列出了如下几点：自我实现的雄心（Ambition）；积极做事的能量（Energy）；对所追求目标的专注（Focus）；对自身情况的审视和把握（Self-Knowledge）；比较自信（Confidence）；有同理心，容易与人共鸣（Empathy with Others）；能够容忍冲突（Capacity to

Tolerate Conflicts)，而不是凡事必要弄个黑白分明、非彼即此。读者诸君不妨立刻比对一下，你周遭的掌权者是不是具有这类品性特质呢？

实际上，谈到具体的做法，大家经常所不齿的一些小把戏，正是寻求权力者屡试不爽的利器。比如，积极寻求机会被上司发现并看重，主动去定义问题和评判标准，强调自己擅长的那些领域的重要性，从上司需求的角度去审视问题，善于赞赏和奉承他人，使得别人感觉良好而不得不用某种方式回报你，如此等等。当然，这些努力争取获得权力的人往往也离不开高人的指点，要向那些比你更有获权之能力与技巧的高人学习。一个最大的忌讳，就是自以为智力高超，从而过度自信抑或清高，看不起他人。

当然，获取权力也是有代价的。也许，最大的代价是你基本上不再有任何人可以信任。

组织变革与创新：诱引精英

组织变革与创新通常是一个上下互动的过程

自上而下的指令

组织变革，或者具体而言，组织内的创新，往往是一个上下互动的决策过程，由组织中高、中、低各个阶层的人员以不同的身份和动机来参与。大家也许会以为，组织变革与创新主要是由组织的最高层英明决策，然后中低层人员奉命执行。领袖振臂一呼，大家应者云集。显然，这种情形是存在的。它要求最高决策者高瞻远瞩，而且有足够的权威去雷厉风行地推动决策的实施。比如盖茨在1996年强迫微软拥抱互联网，抑或乔布斯在21世纪初引领苹果从PC时代转向移动互联网领域。这主要是一种自上而下的决策与实施过程。

成功是一个很糟糕的老师，它诱惑聪明者并使之相信他们不会失败。

比尔·盖茨

牢记你将会死去是我知道的最好方法，这可以帮助你避免陷入认为你会失去什么的泥潭。你已经赤身裸体，没有原因不去遵从你的内心。

史蒂夫·乔布斯

自下而上的拱动

其实，在很多情况下，创新和变革可能来自组织的基层或者中层。正是他们的各种决策和点滴行动影响着组织日常的发展进程。“春江水暖鸭先知”“绝知此事要躬行”。由于身处一线前沿，他们可能对组织变革的必要性更加感同身受、意识清醒。无论是出于改变现状的激情、建功立业的雄心，还是迫于当期业务的压力，这些一线的人员都可能会主动或被动地去摸索和践行某种创新，去建议和请求组织中高一阶层的决策者去同情、支持并倡导相关的组织变革与创新。这是自下而上的过程。

上下往返的互动过程

无论是自上而下还是自下而上，如果没有中层决策者及时准确的上传下达、因势利导，组织就难以流畅地运行，组织变革与创新就更难以奏效。高层的愿景和旨意需要中层决策者去体会、分解与落实。基层的创新措施和建议需要中层的同情、筛选与倡导，尽量使之符合组织战略当下的关键词，符合高层的期许。中层的倡导与包装将决定某种自下而上的变革与创新举措是否有足够的动力进入最高决策层的视野。对于中层所支持和倡导的基层创新举措，最高决策者要审时度势，有选择地默许容忍，继而公开认可，最终全面推广。也就是说，最高决策层在适当的节点会对基层已有的变革与创新进行裁定追认，从而使其在组织中获得全面系统的合法性。如此，组织变革与创新通常是一个上下互动的过程。

中国的改革开放，从农村改革中的包产到户开始，主要是一个上下互动的进程。自发产生于乡村级别的包产到户，乃是大胆的基层改革尝试，得到某些开明的县领导的默许和支持，进而得到四川、安徽、福建、广东等省级领导的支持与总结，上报中央审查、商讨、评议，从而得到初步的容忍和追认，再进而由最高决策层逐步倡导并在全国推广。在深化改革的进程中产生的各种问题，又被不断地反馈到中高层政府部门，引发各种政策调整，从而更加有效地推进全国上下各行各业的改革举措。

在商业领域内，企业的各类重大决策，比如资源配置决策，通常也是上下互动的政治过程。早在1970年，哈佛商学院的约瑟夫·鲍尔教授就详细地阐述了其令人惊讶的研究结果：大型企业内的重大投资决策基本上不是由企业高层按照资产定价模型或者净现值等漂亮精准的财务指标和准则来进行的，而是一个充满了政治意味的上下互动过程。

需要投资支持的业务项目（企业基层）会向自己业务单元的主管（业务高层、企业中层）提出动议和申请，界定投资的战略意义和具体使命（Definition）。业务单元主管则会在不同的项目之间进行筛选，然后决定是否为某个项目提供动力和支持（Impetus），将其作为备选方案承报到企业最高决策层。而企业最高层通常也不是亲自直接去进行最终的选择，而是通过设立相应的组织结构与程序去营造某种可以影响方案选择的组织氛围与情境（Context），并且通过某种具体指标（Measurements），比如财务或者业务增长指标等，来提供项目评价的标准。显然，组织氛围与情境的界定，从一开始就会影响基层和中层的行为，影响他们如何去界定项目和为哪些项目提供动力和支持。

组织精英与权力联盟

组织中的既得利益者

既然是变革和创新，就是要在某种程度上改变现状。这就必然要或多或少地触动甚至侵犯组织中某些方面的既得利益者，从而遭遇各种形式和力度的阻挠和掣肘。需要强调的是，这种抵抗变革的阻力，是一个组织为了保持其自身稳定性和连续性的一种正常反应。否则，如果没有任何阻力，则可能恰恰说明所谓的变革只是流于说辞，并没有什么实质意义。

然而，当一个组织的所作所为与外部环境或者大多数内部成员的要求相差甚远之际，变革与创新的声音与诉求便会日益高涨。此时，变革与创新者同既得利益者之间就必然要发生某种冲突和摩擦。在变革过程的上下互动中，如何应对既得利益者，乃是变革与创新者必须小心回答的问题。

组织精英

所谓的既得利益者，广义而言，可以是任何在现有体制和常态下享有某些利益或特权的部门、阶层和人群；狭义而言，往往是组织中有头有脸的人物，曾经为组织做过这样或那样的贡献，如今身居要职，或者曾经身居要职而现在仍然在幕后发挥作用，掌握话语权和决策权，对组织中的权力与政治格局产生至关重要的影响。他们是经过组织规则考验与鉴定过的可以信赖的人士。他们具有监督组织内一切活动的权力和地位，并且通常扮演着组织中与社会控制相关的角色。由于他们的资历和地位，他们是当下游戏规则的制定者，也通常是游戏的裁判，但通常并不自己直接出场参与游戏。当然，这里所指的是一个组织中最高层次的精英人士（Elites）。[1]

---

① 本节关于诱引精英的讨论主要取材于 Kelley, G.（1976）. Seducing the elites: The politics of decision making and innovation in organizational network. *Academy of Management Review*, 1（3）, 66—74。

如果我们把视角拉向稍微低一些的组织层次，那里的所谓精英可能既是选手也是裁判。

可以想见，这些精英人士的地位和势力，来自组织所认可和褒扬的以往的功劳与贡献。这种精英地位来之不易，而精英地位的丧失则更是代价惨重。因此，组织中的精英将会不惜一切代价力保其精英地位，避免出局。他们不能常规性地出现失误或者动作变形，也通常不会在组织当下最强势的集团认为不合时宜的道路上奋不顾身地越走越远。他们没有连续犯错或者产生重大失误的奢侈空间。在选择是否支持某些组织议题和变革与创新举措时，他们注定会谨慎选择、小心承诺。对于组织中的变革与创新者而言，他们可以提供支持与资源，也可以拒绝与之有染或出头露面，甚至会在关键时刻放弃以往的支持，与创新者断绝关系。对某些议题他们也可能暂时将其搁置或进行冷处理。为了避免由于过早地支持某种变革与创新举措可能带来的负面结局，精英人士往往会尽量保持旁观者的身份，坐山观虎斗，从而最终出手支持即将获胜的一方。

当某些精英人士起初支持的变革与创新者遭遇组织内外利益相关者的强势阻挠或者面临难以抵挡的反击清算时，这些精英人士可能会迅速与之划清界限，收回支持。也就是说，一个残酷的事实是，精英往往反复无常、随机善变，在关键时刻，可能薄情寡义、六亲不认。其主要动机在于自我保护，甚至因此不惜牺牲他人。从长远来看，这也许是韬光养晦的做法。俗话说，“好汉不吃眼前亏”“胜者为王”。这种“留得青山在，不怕没柴烧”的做法，在某种意义上确实会显得没有原则和担当，但长期而言，这可能比以卵击石的“硬碰硬”所带来的精英地位的丧失更利于组织发展以及个人的成就。

权力联盟

精英通常不以个体为单位存在与产生作用。泛而言之，精英是一个群体、一个阶层、一种势力。他们之间有大家公认的相对一致的游戏规则以及自身整体的利益。具体而言，精英往往扎堆聚拢，形成各种大大小小的权力联盟（Power Coalition）。这些权力联盟，可以是正式的，由组织中的法定职位形成，也可以是非正式的，由不同精英人士按照某种个人意愿和切身利益自发形成。在联盟中大家互通有无，提携照应。无论是正式的还是非正式的权力联盟，通常都不是永久的，而是根据时势和相应的组织问题而不断地暂时聚合与离散。一位精英人士的地位在不同的权力联盟中可能有时边缘，有时居中。毫无疑问，一个组织中最核心的权力联盟往往由最高层的精英人士构成。

由于权力联盟因时就事的聚散开合，组织中的变革与创新注定是坎坷多变的，不可能一帆风顺。精英对不同权力联盟的选择性参与，以及对具体变革与创新的支持和背离，最终是为了自己在组织中的业绩和地位。同一个权力联盟内暂时的共同目标，是在一个互相调和、求同存异的过程之后形成的。即使实现了这一目标，联盟中的每位精英人士也只是实现了自己的部分诉求。一旦政治风险与成本超出了某些联盟成员预期的收益和回报，他们便可能及时退出该联盟从而减少自己的潜在损失。可以想见，这种中途退出，对那些依赖他们支持的创新者而言，将是致命的打击。因此，在关键节点，变革与创新者必须诱引精英，防止他们收回承诺、放弃支持。

另外，同一个权力联盟成员之间的互相信任和支持也必然是有限度的，不可能完全依赖。一位精英人士很难会为了某个联盟暂时的共同利益去牺牲自己的精英地位与组织前程。但这并不意味着每位精英人士随时随地、完全彻底地只为个人地位与利益盘算。他必须善于结盟、沟通、谈判、劝说，懂得与他人互惠互利的原则，尊重组织长期形成的游戏规则，能够在适度的范围内承受必要的隐忍与退让。否则，别人很难愿意与之结盟。总之，精英人士游走于不同的权力联盟，要有大局观，能够对组织利益、联盟诉求、变革与创新势力以及个人地位之间的适度平衡有较好的把握与拿捏。

还有，组织中的游戏规则是经过长期的发展和经验而逐渐形成和修订的，具有一定的连续性和相对的稳定性。一个特定权力联盟在某一轮交锋中的失利一般不会导致其从组织中彻底撤出。它可能暂时偃旗息鼓、改弦更张，也可能改头换面、卷土重来。总之，利益冲突会继续存在。当然，随着新问题的出现，失利联盟的成员也可能加入原先在对垒中胜利的联盟或者第三方的联盟。组织中权力联盟的交锋对垒，胜负结果都是暂时的。随着情势的变化，联盟再次重组，敌友重新划分。非常幼稚地企图一战定乾坤，通常是不可能的。

变革与创新需要诱引精英

组织是权力联盟交锋对垒的场所

从组织政治的视角来看，任何一个组织都可能是代表不同（甚至敌对）利益的权力联盟之间交锋对垒的舞台。组织决策的过程，也就必然映射出这些利益冲突以及这一冲突过程中对权力与地位的角逐。决策的准则和依据，往往不是理性的或者纯技术层面的，而是占据了组织上风的主导权力联盟的利益和诉求。给定精英与权力联盟在组织中举足轻重的作用，组织中的变革与创新者面临的一个重要挑战即是如何最大限度地获取组织中精英群体的同情与支持。对于那些想在组织中有所作为，希望推动变革和创新的底层精英和新兴势力来说，他们必须依靠上一级别的组织精英的赏识、支持和推介。即使是组织的最高决策者，往往也不可能任性而为、一意孤行，而是必须通过说服和发动权力联盟与各级精英来施展自己的抱负。从这个意义上讲，组织变革与创新意味着如何“诱因精英”（Seduce the Elites）。下面我们首先考察什么样的变革与创新容易被组织中的精英群体接受，然后探讨变革与创新者应如何诱引精英。

什么样的变革与创新容易被精英接受

影响精英决策的因素很多，包括组织外部的情势以及内部的动态，要考量组织决策与政策的连续性、公众意见与可能的反应、政治同盟和对手的倾向性和潜在的反应，等等。了解精英的决策准则和偏好，是诱引精英的必备功课与前提。

首先，由于对稳定秩序的偏好，精英群体通常本能地反对激进和剧烈的组织行动。因此，如果变革与创新要赢得组织内精英群体的支持，它必须至少看上去是比较保守的，并不会对现有的组织秩序和权力格局构成任何实质性的挑战。也就是说，变革与创新必须披上某种适当的外衣，显得不那么扎眼唐突，使人恐惧不安，最好能使精英们感到熟悉，仿佛“似曾相识”，皆在他们的意料之中。就价值观而言，变革与创新不能直接挑战或者威胁组织的现有主导价值体系（Value System）和思维方式（Mind-set），而是要尽量被描绘成是对它的一种拓展与补充。

其次，由于精英群体是现行游戏规则的制定者和得益者，他们通常会从现有游戏规则的角度去审视一切组织行动与举措，而不是试图去理解变革与创新者的思路或者外在的什么逻辑条理。因此，变革与创新者需要摸清精英群体熟悉的言辞语境、逻辑思路、本本框框、价值偏好，要预先设想如何把所有可能的冲突和争论用精英懂得并喜好的言语和方式进行回应和化解。换言之，精英关注的主要不是事情本身的道理，而是事情是否合规，是否合乎现有组织秩序和主导价值体系与思维方式的框定。

最后，变革与创新者必须竭力用各种招数和伎俩去说服组织精英，并不断证明变革与创新之成功的可能。精英在没有胜算之可能的情况下肯定不会承诺支持。他们不能随意失误。即使没有获得精英群体的明确支持，变革与创新者也必须至少争取使得精英群体不直接反对变革举措或者可以对其默许容忍。变革与创新者也必须有足够的耐心，积跬步以至千里，力争最后的成功。唯有成功，变革与创新者方可实现雄心大志，在组织中得到提拔与擢升，进入精英阶层。他们的成功也会使得那些支持他们的精英对未来的变革与创新更加理解与宽容。反之，一旦失败，不仅变革与创新者折戟沉沙、声名狼藉，组织精英们也会变得谨小慎微、顾虑重重，难以再次轻易地去支持未来的变革与创新。

如何诱引精英

教育精英与大家

即使组织中的精英群体再开明，遇到变革与创新的请求，他们也需要足够的时间和相应的过程去消化和理解，更何况大凡变革与创新必然会与现行的秩序与做法有所冲突。变革与创新者千万不能以为自己的所作所为理所当然，道理显而易见，而是要有足够的心理准备，花大功夫去教育和说服精英和广义的既得利益者，也要去教育那些可能从变革与创新中受益但由于无知和偏见却公然反对的人群。这种造势是必需的，而且要用大家听得懂的语言来解释，要尽量符合组织当下的价值体系和思维方式与习惯。

耐心管理各方的参与过程

教育与说服也是一个双向的过程。变革与创新者不仅要用符合组织习惯的言辞和方法去兜售自己的主张和举措，也要尽量开诚布公，引发各方人士发表不同的意见。可以通过摆事实和讲道理来促进沟通和理解，也可以使反对派公开亮相，发表自己的看法，发泄自己的不满，表达他们的不安与恐惧，使他们参与到变革与创新的讨论过程之中。在这种开诚布公的来往过程中，变革与创新者可以逐渐地将各方的理解引向符合组织价值体系和思维习惯的方向上去。

另外，变革与创新者还可以伺机在不同的权力联盟中寻求同盟，从而避免到处树敌的尴尬境地。还有，变革与创新者要在精英群体中寻求可靠的信息代理人，能够准确及时地提供相关精英群体和主导权力联盟的可靠信息，从而有效地把握他们对相关的变革与创新举措的意见和态度。

戊戌变法中，康梁志士壮怀激烈，其“上峰同盟”光绪帝一百多道谕旨，但也只是自说自话、难以奏效，其面对的强势精英群体根本不买账。当然，老佛爷也不是对所有的变革与创新都完全不买账。比如，在技术领域，你把火车车厢装扮成大个儿的轿子的模样，来自西洋的火车也就不再是“奇技淫巧”的洪水猛兽，而只不过是蒸汽机驱动的铁壳轿子而已。

正是：

游戏规则有公断，组织精英为裁判；
创新之举欲成效，诱引精英功大半。
教育沟通消误解，疏导歧见避祸端；
合乎定轨少威胁，或可得意过险关。

内部创业决策的要点

内外兼通的组织创新者

在企业内推进变革与创新的人群中，有这样一种人，他们类似企业家，企图去开创新的业务、新的市场，从而在现有组织的支持和扶助下去建功立业，开辟新天地。我们可以把这些组织变革与创新者称为内部创业者（Intreprenuer）。这些人通常是内外兼通的行家里手。他们具有广阔的外部视野，监控外部环境中的多方因素，辨识趋势，把握方向。同时，他们往往也是内部相对基层的骨干，通晓企业内的组织关节和各类门道。

过于沉溺于企业内部的运作或者现有模式内的精耕细作，可能使人缺乏或者淡化对外部机会的了解和欲求，只低头拉车，不抬头看路。而只感叹于外部机会的精彩，不懂得企业内行事的窍门和禁忌，不会诱引精英或者没有能力获得必要的组织支持与容许，不能有效地利用组织的资源和合法性，同样将使内部创业举步艰难。因此，一位具有外部视野的内部人士、一个能够同时实现内外平衡的创业者，也许更有成事的可能。

内部创业的组织空间

在现有企业内创业，创业者既面临组织中官僚体制和规章制度的限制与约束，也享有独立创业者们难以企及的丰富资源与身份合法性。包容和阻挠共在，挑战与机遇并存。

首先，企业现有制度环境对创业的促进因素通常体现在上级激励、组织资源和组织资质等几个方面。一个志向高远的企业领军者，不仅自己渴望创业成就，也通常热切地希望自己的下属和未来的领军者能够保持创业的意识、心态和行动。因此，他们会甄选人才，委以重任，大胆放权，鼓励创新。

其次，在既定的企业内创新，通常也就意味着要应对各类规章制度、繁文缛节、标准流程和组织惯性。同时，企业还面临业绩压力的双刃剑：对基业长青的渴望可能激励大家去积极创业；而当下的业绩压力又可能逼迫企业专注于短期效益，从而抑制了大家创业的冲动与实践。

然而，现有企业内的制度色彩并不是非黑即白，对内部创业构成鲜明的促进或者截然的阻碍。通常，企业里存在这样一些中性空间，或曰“无所谓走廊”“三不管地盘”：开放区域、边缘领域、灰色地带。对于诱引精英而言，在这些相对比较安全的领域内尝试乃是比较稳妥的。

开放空间，是组织默许但是既不明确支持也不公开反对的某些试验田。这里，创业者可以自由尝试甚至野蛮生长。边缘领域，乃组织内的盲区或者现有利益集团间冲突不明显的地盘，通常表现为远离核心业务或者独立于常规体系之外的特别组织安排。灰色地带，则可能是合法性受到一定程度的质疑和挑战，必须低调隐蔽、谨慎行事的半隐半露空间。这里的运作通常需要保持一定的模糊性和足够的冒险性，打擦边球，领先半步，弄不好可能身败名裂，若成事也可以“一俊遮百丑”。

内部创业举措要争取精英的包容

给定企业制度环境中的机会与威胁以及内部创业者的经验与才能，企业内创业的成功在很大程度上取决于各类创业举措本身的特点和具体进程能否得到组织精英的支持。一般而言，创业举措应该着眼于独辟蹊径，尽量不与现有的主营业务发生直接冲突；要低调隐蔽，对现有的运营模式和组织惯性不造成明显的威胁；也许还需要耐心渐进，争取多方的理解和包容，在不同的时期适时推动，逐步施行。

首先，企业内创业举措要独辟蹊径，这意味着企业内创业举措对现有的主营业务和经营模式要具有非对抗性和非威胁性。企图直接替代和抛弃现有核心业务的创业举措，往往会招致既得利益集团的极力阻挠，遭到组织惯性的强烈反弹。除非是面临致命的威胁或者有高瞻远瞩、果敢独断的领军者出现，否则，企业的方方面面很难接受否定自我的革命性的创业举措。因此，成功的内部创业往往不直接挑战现有组织的核心区域，而是尽力对主营业务进行服务、配套和补充。即使是间接地挑战现有组织核心，也要通过打造和包装，减少创业举措的对抗性和威胁性，争取赢得现有组织精英的理解和认同。

其次，为了避免或者减少对现有组织的对抗性和威胁性，企业内创业举措需要低调隐蔽、伺机而行。低调动作，亦即不张扬，在创业过程中不去招致不必要的注意和好奇（也包括不必要的关心与好意），无论是来自企业内部的还是竞争对手的。隐蔽慎行，意味着可能需要保守秘密，暗地里潜伏行动。当然，很多情况下，创业举措也需要明暗并重，在低调动作和隐蔽慎行的前提下，在适当的人群中和级别内提醒大家创业举措的存在，并及时通报其进展和成就，从而从组织精英那里进一步争取必要的资源与同情，巩固创业举措的合法性。

最后，蕴含在独辟蹊径和低调隐蔽准则背后的核心意图可能是要强调做增量，不去直接诋毁、替代或者边缘化现有的常态和秩序。这也许是所有变革和创新所必须遵循的一个基本法则。另外一个基本法则，大概是渐进行事、渐入佳境，而不是臆想“休克疗法”的神奇功效，贪图毕其功于一役的爽快大手笔。因此，企业内的创业举措，也许需要逐步渐进、积小成大，以期水到渠成。也就是说，在逐步渐进的过程中，要不断创造小胜利、小进展、小突破。一来鼓励自己，二来说服别人，最终实现创业目标。

英特尔从 DRAM 到 CPU 的业务重点转移，并不是一蹴而就、立竿见影的。其 CPU 业务的培育和发展在转型之前已然初具规模、小有成就，形成了关键的人才和技术集聚。如此转型，方可水到渠成。IBM 从 PC 制造商向系统集成服务和整体解决方案提供商的转变，也不是郭士纳一锤定音并在短期内实现的。这需要一个新旧较量、意识觉醒、逐渐推进、事后追认的全部过程。雀巢公司的 Nespresso 咖啡自动煮制机和咖啡胶囊，从其发明引入到形成一个风靡全球的业务，经历了近四十年的漫长进程。这个相对独立于雀巢组织体系之外的业务单元，不断地尝试去推广其产品，教育消费者其产品的优越性。21 世纪前 10 年间，Nespresso 实现了 30%的年增长率。如今，年销售额高达 40 亿美元的 Nespresso 被认为是咖啡中的“苹果公司”，象征着高尚生活的品质、品位和情趣。

第五章
决策情境：复杂与不确定性

复杂组织中的决策，尤其是高层决策和战略决策，通常具有高度的复杂性和不确定性。决策情境的变化，从范围和方向到力度和频率通常都很难预测。如此，决策者的日常工作本身就是到处救火，应对危机。许多情况下，决策者会面临从未出现过或者应对过的突发事件与疑难问题，比如重大灾难的袭击或者关乎组织生死存亡的威胁。这就意味着，决策者没有足够的时间和经验去分析和理解决策情境中的玄机和挑战，而必须凭借自己的临机判断去即兴发挥和果断应对。而事后反思如何设计组织结构和组织文化，增强组织中的沟通能力和应变能力，乃是应对复杂性和不确定性的积极举措。本章探讨决策情境对决策者行为与决策过程和结果的影响。首先，考察组织日常运行中决策者面临的压力和困境，具体分析那些以随时应对危机和灾难为常态的组织中的管理决策。其次，从社会心理学的角度，重点评介“承诺升级”和“应激僵硬”模式的现象及其背后的原因。最后，讨论决策者在快速多变的环境下可能采取的应对措施，包括快速决策方法、以时间为导向的决策方法以及决策的“简单法则”。

面临日常压力的管理决策者

所谓的复杂组织，意味着其外部环境充满复杂性和不确定性，其内部组织结构同样复杂繁琐，运作流程模糊甚至多变，决策过程和实施结果通常具有很大的随机性。在这种情况下，管理决策者每天的日常工作就是在各种压力下去展开活动，以期有效地完成组织的使命和目标。可以说，管理者每天都在忙于应付，东奔西走，四处救火，应对各种变化与危机。在极端的情形下，应对危机和灾难本身很可能就是这些组织的家常便饭，好比急诊室和救火队。如何保持决策流程的合理设计、现场决策判断的鲜活精准以及执行的顺畅灵活，是应对复杂与不确定性的最大挑战。我们首先来看一看对复杂组织中管理者角色的描述，然后具体解读两个应对危机的经典案例，并期望能够从中得到某种有益的启示。

管理者每日四处救火

管理者每日究竟在干什么？有事实也有传说。按照明茨伯格的研究，传说还颇多：管理者是深思熟虑的计划者；需要强大的管理信息系统将各类信息汇总综合；管理者没有固定的具体工作；管理越来越靠科学，管理实践则是一门高深的艺术。而事实究竟又如何呢？

管理者工作的特点

基于文化人类学的研究方法，明茨伯格曾经实地考察了各类管理者的日常工作状况与特点以及他们每天扮演的具体角色。管理者的工作连续不断、永不停歇，他们的任务往往简短、破碎、多样化，充满了不连续性。他们经常性地被各种活动或者突发事件所打断和耽搁。握手、剪彩、谈判、家访、开会、颁奖，以及处理各种软信息，无一不是分内活儿。管理者大都喜欢面谈、开会、打电话，而疏于看那些繁琐而不鲜活生动的卷宗报告。管理不仅是一门科学和艺术，更是一门手艺。

与人们印象中智勇神明的管理决策者的“高大上”形象相比，真实世界中的管理决策者通常灰头土脸、风风火火。如果没有相对清醒的意识和某种大致原则的指导，一年下来，管理决策者会发现，自己可能一直忙于救火或者收拾残局，很难按照自己的想法去促成一两件自己喜欢的事情或者更能为组织带来价值和荣誉的事情。因此，虽然管理决策者不得不忙于应对日常的压力甚至各种危机，但力求清醒地确立自己的决策准则，并且合理地分配自己有限的时间和精力，将是极为重要的管理决策基本功。

下周可不能再有任何危机发生了。我的日程已经排满了。

. **亨利·基辛格**

危机连傻瓜都会应对，是日复一日的生活把你搞得筋疲力尽。

安东·契诃夫

管理者到底扮演什么角色

根据对多位管理者的田野调查，明茨伯格发现并总结了管理者扮演的三大类主要角色。

决策者角色：涉及企业的外部定位及其变迁；有效地分配组织的各种资源；不断地与组织内外的各方人士谈判；在组织出现内外动乱或者无序时，出面平息制止，妥善解决。

信息角色：意味着企业管理者应当是组织中各类信息的监控者和传播者，包括正式渠道的信息以及各类非正式渠道的信息，而且还要扮演组织发言人的角色。信息是决策的基础，可以说，信息角色与决策角色息息相关。

人际关系角色：有关沟通、激励以及领导力的角色，包括担纲代表组织形象的名义首脑、手握实权的真正领袖，以及协调各方人事与机构的联络者。决策的实施离不开大家的努力，人际关系角色与管理决策活动亦密不可分。

可以看出，明茨伯格对管理者角色的描述，紧紧围绕着管理决策的方方面面。这也恰恰说明了一个基本的常识——管理就是决策，就是去制定决策与实施决策。如前所述，管理者不仅要扮演好这三大类的角色，而且要有意识地把握自己的决策准则和时间分配。

正是：

管理任务多传说，既是艺术亦科学；
管理其实乃手艺，长于行动多角色。
决策重点定大局，信息处理慎琢磨；
人际关系善打理，时间分配最要着。

应对危机：释义、意会和即兴发挥

面对复杂多变的外部环境和具体任务，决策者必须能够依据自己的职业素养和实践经验来做出决策。尤其是当决策者面临重大危机和灾难的时候，可能完全没有时间和机会进行系统的思考和全面的分析，必须当机立断，靠即兴发挥做出决策并指导或者劝说大家迅速地行动。

案例 5.1

面临灭顶之灾的消防队员

1949 年 8 月 5 日下午，15 位消防员被空降到美国蒙大拿州高奇峡谷。这些被临时集结在一起的消防员虽然都是经过训练的，但他们彼此之间并不熟识。他们的队长原先以为该次行动不过是面对“10 点钟火情”，也就是说，救火队员可以比较有把握地在第二天早上 10 点钟以前将火势控制住。

实际上，当天的风势迅猛多变，因而这些消防员以及辎重不得不被从2 000英尺的高空由降落伞投掷到地面上。而通常的投掷高度是1 200英尺。运载通信设备的降落伞未能及时打开，导致通信设备被摔碎。好在人员与其他救火装备完好无损。4点10分，消防队员们收拾起装备，迅速地小餐一顿。

当队员们吃饭的时候，队长道奇先生与当地的护林游骑兵吉姆会面，考察地形及火势。他们发现自己所处的周边有大片森林的位置可能是一个死亡地带。道奇让副手海曼带领队员避开火势向峡谷北面小河的方向进发。道奇与吉姆也简单地吃了点东西。

5点40分，道奇与自己的队伍重逢，指挥队伍向小河方向前进。这时，他突然发现峡谷南面的山火猛然穿过峡谷，在他们前面200码的地方向他们扑来。他大喊着让队员们逃离大火。队员们在2英尺多高的乱草中奔跑。火势越来越凶猛，烈焰高达30英尺，以每分钟660英尺的速度向他们逼近。

感到情况万分危急，道奇命令消防队员们放弃救火装备。2分钟后，大家惊奇地发现，道奇在大家前面点燃了一道隔离线，并让大家在烧过的地方躺下。但没有一个人听他的话。队员们纷纷向他们认为安全的山脊跑去。

2名消防员由于躲在山脊的石缝里而幸存。道奇自己躺在烧过的灰烬里也得以生存。其余13人全部在烈火中毙命，大火于5点56分吞噬了他们，吉姆的手表指针在那一刻熔化。

思考题：

1. 是什么因素造成了这场悲剧？
2. 这种悲剧是否可以避免？
3. 如果你是道奇或者队员之一，当时你会怎样做？
4. 这个案例对于小组决策有什么含义？
5. 这个案例对于在出现危机、压力、威胁甚至灾难的情况下做决策有什么启发？

6. 这个案例对于领导力以及组织设计有什么启示？

资料来源：本案例的故事取材于历史学家 Norman MacLean 的著作（Norman MacLean（1992）. *Young Men and Fire.* Chicago：University of Chicago Press），由社会心理学家 Karl Weick 引述并解读（Weick，K. E. （1993）. The collapse of sensemaking in organizations：The Mann Gulch disaster. *Administrative Science Quarterly*，38，628—652），本书作者翻译整理。

无法提前预知抑或回答的问题

显然，上述案例中的故事是一场悲剧。不仅如此，导致悲剧发生的因素也并非单一的，而是复杂众多的。追求理性的人会说，为什么事前不告诉消防队长和队员实际的山火信息？执行这么重要的任务，为什么消防队没有携带备用的通信设备？为什么偏要在高度过高的情况下强行投掷辎重和通信设备？为什么在飞机上大家不互相熟悉一下从而更好地形成团队和小组？为什么队长要在队员们吃饭的时候自己单独行动？为什么关键时刻大家都不听队长的话？这种不幸的悲剧完全是由于运气不好吗？此番悲剧到底是由于天灾还是人祸？如果你当时在场，会怎样做？

要知道，当时的情势极端危急，狂风怒号，大火熊熊，周边温度高达 60 摄氏度。人人惊慌，不知所措。这时，你无法跟人交谈，寻求建议。你也不认识你的队长，他让你放下救火装备的一刹那，你还是救火队员吗？你还要听他的话吗？他的话有意义吗？你能相信他吗？

所有的大问题，都已经没有时间去思考：我们应该朝哪里走？我们应该采用什么样的战略去应对当下的局势？每个人面临的最为直接和迫切的问题是：如果我不是一个救火队员了，那么我是干什么的？应该怎么办？那就各自逃命吧！如此，这个本来就是临时形成的队伍，其沟通和运作瞬间坍塌。没有人听从队长道奇的指令躺在他主动烧出的隔离带中栖身保命。

其实，很多因素是人们在决策和行动之前无法预知并且在行动之中无法控制的。我们常常臆想信息完全、预案全面、组织严谨、行阵有序、能力超强，从而可以迅速解决问题，但在通常情况下，这些假设往往是很难成立的。每一个环节都可能出问题。

就拿山火信息来说，可能每天都有大大小小的山火，报与不报，需要判断，到底报成什么样的级别程度，也需要判断。只要是判断，就可能有误。如果为了免责，是火就报告，就往大里报告，那么消防队员干脆就天天住在山里别出来了。这种资源浪费是谁也负担不起的。在高度不确定性的环境中，某些悲剧的发生是相对自然的，基本难以避免。

事后反思能够得到什么启示

然而，这并不是说面对危机和灾难，我们完全束手无策。亡羊补牢，未为迟也。吃一堑，长一智。君子不贰过。我们总可以从重大灾难中学习到一些用生命换来的经验和教训。比如，在执行任务之前和之中，尽量迅速增进大家的相互了解和信任，形成组织的正式命令链和非正式的合作氛围，形成大家作为一个集体对各项行动比较一致的“释义”与“意会”，也就是说，相对统一的“意义营造”和“意义赋予”（Sense-Making and Sense-Giving），从而提升组织的凝聚力以及韧性和灵活性。这就意味着，从组织目标的确立到组织的结构和流程的明晰，从指导方针的制定到运营机制的熟悉，在时间允许的情况下，都应该在组织中迅速得以完成，以便能够更加有效地应对突发的和意想不到的危机甚至灾难。

如果有足够的信任，即使大家不把道奇当作队长看待，也会尊重他作为一个有经验的救火队员的专业经验、见识以及智慧。这样，大家的集体释义与意会可能会更加理性和坦诚，而不是各自为政、慌不择路地逃命。谁也跑不过大火。主动火烧隔离带的做法，虽然现在已经成为一种常识，但在当时却并非如此。即使是常识，也未见得所有人都清楚。而且，不管预案做得如何完美，也总是可能有难以预见的现有常识关注不到的危机。因此，如何能够快速形成集体的释义与意会，从而更好地临机发挥，是在发生危机的情况下组织面临的主要挑战。

常识并非常见。

伏尔泰

比如，崴克教授曾举例说，一队瑞士官兵，在阿尔卑斯山中迷路。队长拿着某张地图看了看后，坚定地朝着某个方向一直走下去，而不是走一走就怀疑方向是否正确。最终走出迷途，到达目的地。而大家事后发现，那张地图根本就不是阿尔卑斯山的地图！当然，这种做法也可能导致完全失败，所有人葬身雪夜。但在完全不确定性的情况下，迅速地形成集体中一致的释义与意会也不失为集中精力应对危机的一种相对有效的尝试。

当然，事中的释义与意会以及临机发挥，离不开事前有目的地对组织进行合作意识的共建以及对各种常识的确认和普及。毕竟，对已知常识的专业推广和制度化应用会对组织应对危机的能力有所助益。下面我们来看一个非常成功的案例。

面临引擎失灵的升空飞机

过去 27 年间，笔者曾经乘坐飞机往返于中美之间将近百次。乘坐美国联航的航班最多，每每感叹于美国空乘人员的职业素养。很多“空姐”实际上都是大妈，笔者甚至有一次在商务舱碰见一位 60 多岁的老太太乘务员。跟她聊天，她笑着直言道，“我们这一行经验很重要，我的主要任务不是给你端茶倒水或者卖免税商品，而是在整个飞行过程中尽我所能去保证你的安全”。我对她的这些话一直印象很深。2009 年的一次航空界的奇迹，更加印证了她的说法。

大家可能不知道，许多大的航空公司的航班上，每一个航班的空乘人员的安排和调度其实都非常复杂。有时，进入一个航班的空乘人员可能碰巧互不相识，正如上述临时集结的救火队员。这时大家要迅速地按照分工找到自己的位置，互相介绍和认识，形成团队成员之间必需的理解、信任和默契。在出现危机的情况下，空乘人员的职业素养、从业经验和默契合作，可能会在很大程度上减少乘客的伤亡和损失。当然，驾驶舱内飞行人员的合作无疑更是至关重要。

案例5.2

迫降纽约哈德逊河之奇迹

2009年1月15日，美国航空公司（US Airways）由纽约市拉瓜迪亚机场飞往北卡罗来纳州夏洛特市道格拉斯国际机场的AWE1549号航班（美国联合航空公司代码共享航班UA1919），于下午3点24分56秒在第四跑道起飞升空。机上乘客150人，机组人员5人，包括机长、大副以及3名空乘人员。承担该次飞行任务的是空客A320-214型飞机。机组与地面塔台第一次联系是在下午3点25分51秒，报告升空高度达到210米。此时飞机由大副Skiles操控。大约2分钟后，他发现一群飞鸟正在向飞机方向集结。后来黑匣子的实时监控数据显示，3点27分11秒，飞机升至距离地面859米的高度，在机场西北7.2公里的位置。此时，那群加拿大大雁进入飞机的两个引擎，导致其失灵。飞机由于惯性继续以每小时343公里的速度升高，在3点27分30秒达到930米的高度，然后在3点28分10秒下降到500米的高度。驾驶窗玻璃上很快布满了撞来的大雁。

机长Sullenberger此时接管飞机操控，大副Skiles开始按照3页纸的紧急预案措施企图重新发动引擎。实际上在3点27分36秒，机长就向纽约航空管制机构报告"撞上鸟了，两个引擎失去动力，我们要返回拉瓜迪亚机场"。航空管制机构立刻通知拉瓜迪亚机场塔台暂停所有航班的起飞。机长被告知可以返回拉瓜迪亚机场，在13号跑道上向东南方向降落。机长回复说无法实现该计划，并询问能否在更近的新泽西的Teterboro机场降落。航空管制机构在联系该机场后通知可以在1号跑道降落。紧接着机长说道，他们无法这样做了，他们将被迫降落在哈德逊河。纽约航空管制机构后来在报告中说，看到AWE1549号航班在华盛顿大桥上空仅仅

270 米的高度越过，在哈德逊河上空朝南滑落。在最终“着水”之前 90 秒的时候，机长告诉大家“准备防止撞击”。空乘人员立刻照章指导乘客准备着水。下午 3 点 31 分，该航班结束了 6 分钟的航程，在无动力的情况下安全着水。

飞机在着水后，机长立刻打开驾驶舱门并命令大家迅速逃离飞机。前舱的 2 位空乘人员立刻打开飞机中部的机舱门，组织乘客从充气滑梯滑落到两个机翼上，等待救援。一位紧张的乘客，慌忙中打开了后舱机门，导致河水进入机舱。后舱空乘人员企图关上该门，未果，便紧急催促乘客从座椅上空跨越奔向中部的两个出口。乘客当中还有一位坐在轮椅上的人士。机长在检查机舱两遍并确保仓内无人的情况下，最后离开飞机。一位积极帮助其他乘客的男性乘客 Dave Sanderson，在帮助大家逃离飞机之后，看到站在机翼上等待救援的人实在太多，于是自己跳进河中，在寒冷的河水中游向最近的船只。

时年 57 岁的机长 Chesley Sullenberger，曾经是空军战斗机飞行员，自 1980 年退役后一直为民航公司效力，曾经飞行 19 663 小时，其中 4 765 小时是驾驶空客 A320 机型。大副 Skiles 曾经飞行 15 643 小时。机长在接受采访时说，他受到的职业训练使他选择尽量在周边有救援船只的水域降落。他们在哈德逊河的降落地点正好靠近纽约曼哈顿 50 街西区，周边有 3 个船坞。事实证明，这个着水地点极为有利于救援。纽约火警救援和警察署迅速布置，派遣船只、车辆、直升机和救生员等多方力量全力以赴。机上 150 位乘客全部生还，除了个别伤病事件需要现场处理外，24 人进入医院治疗，2 人需要在医院进行过夜治疗。

事后，机长和空乘人员获得各种奖励，包括时任美国总统的小布什的嘉奖。当选总统奥巴马邀请机组和救援英雄参加 5 天后在白宫举行的其总统就职典礼。

资料来源：https://en.wikipedia.org/wiki/US_Airways_Flight_1549。本书作者根据上述资料来源和多种英文公开报道编译整理。

6分钟的惊心动魄，以飞机安全着水而告终，与遭遇灭顶之灾的救火队员的命运完全不同。两位飞行员均是职业老将，两人的飞行里数加起来超过3万英里。他们按照既定的规程，依照自己的经验与判断，即兴发挥，从容应对，镇静实施，最终避免了一场极为可能发生的巨大灾难。从考虑返回拉瓜迪亚机场，到请求降落新泽西的Teterboro机场，再到降落哈德逊河，机长必须在分秒间迅速“拍脑袋”决策。而这种“拍脑袋”背后的逻辑支撑是多年的飞行经验和职业专长。从这个角度来看，在应对危机之际，决策者事前的职业训练以及个人的经历可谓举足轻重。另外，应对危机时，组织流程设计的合理有效亦至关重要。

组织微调与重大灾难

从某种意义上说，上述案例中飞机的成功脱险，应该被认为是一种奇迹。也许我们丝毫不应该想当然地认为事情本来就应该这样，否则就是飞行员不称职或者不负责任。飞行员或者任何管理决策者都要保持敬畏之心，忠诚敬业，这一点自不待言。然而，面对极端的压力与威胁，即使是训练有素的职业人士，也可能会情绪失控、动作变形，以致出现灾难性的后果。很多情况下，这自然也难免。其实，更进一步而言，即使决策者英明果断，在自己有选择空间的范围内做对了一切，结果仍然可能是失败与灾难。比如，如果上述案例中哈德逊河上恰巧有游船等某种障碍物，降落仍然会有问题。如果我们足够谦虚谨慎，那么我们可能遇事不仅要抱持最好的希望，也要做最坏的打算，而且必须时刻秉持这样一种诚惶诚恐的座右铭：失败是必然的，成功是偶然的。每次成功都是侥幸。

案例5.3

挑战者号灾难的决策启示

1986年1月28日，美国航空航天总署（NASA）的挑战者号载人航天飞机升空不久便解体爆炸，7 位宇航员全部丧生，包括 1 位作为业余宇航员的中学教师。也许美国民众以及 NASA 当时都曾显得过分自信，认为前 24 次发射都成功了，第 25 次发射也理应成功。挑战者号的灾难，无疑动摇了人们心目中 NASA 无往而不胜的光辉形象。

事后的调查表明，导致挑战者号灾难的，是 Morton-Thiokol 公司生产的火箭助推器上的 O 形圈。O 形圈使用于固体火箭助推器上不同部件的连接处。在过去成功发射的时候，曾经数次发现 O 形圈有不同程度的损蚀（由于发射时的热气进入）。然而，根据以往的经验判断以及随后的测试与分析，NASA 和 Thiokol 公司最终的结论是并不需要马上更新 O 形圈的设计。

然而，挑战者号发射当天，气温只有华氏 28 度（比以往发射的最低温度低 15 度），给发射带来了前所未有的挑战。T 公司此前的试验表明这种低温冻雨天气可能导致两层 O 形圈全部损蚀。另外，由于中学教师的参与，当天全美中小学校的学生都坐在电视机前急切地盼望着通过电视实况转播观看他们心目中的航天英雄。

各类不同预测的结果表明，固体火箭助推器失败的概率在十分之一到十万分之一不等。没人能在事前准确地预知成功的概率。工程师和管理者们不得不用自己的经验与判断对成功的概率做出假设。事实上，每次发射之前，都会有技术人员对若干潜在的技术问题提出质疑。每次发射的决策程序本身并没有显著的不同。

对于决策者而言，至少有三种理论可以供他们参考。

理论一：每次发射的成功与否都与前一次发射的成功与否没有任何关联。

理论二：成功将使未来成功的概率变小；失败将使未来成功的概率增大。

理论三：成功将使未来成功的概率增大；失败将使未来失败的概率增大。

在挑战者号灾难之后，NASA 和 Thiokol 公司都解雇了一些人，配置了更多的资金进行测试，并使用了三层O形圈。NASA对关键部件的262个问题进行了评审和解决，最终决定仍然保持原来的固体助推火箭外壳的设计，并没有进行实质性改动。

思考题：

1. 是什么因素造成了这场悲剧？
2. 这种悲剧是否可以避免？
3. 如果你是发射总指挥，当时你会怎样做？
4. 上述关于成功的三种理论中，哪一种最能解释挑战者号灾难？
5. 工程师与管理者在NASA的这场悲剧中扮演了什么角色？
6. 组织决策中，如何防范错误与误差的逐渐积累？

资料来源：本案例的素材取材于Starbuck和Milliken关于挑战者号的调查与解读。详细论述参见Starbuck, W. and Milliken, F.（1988）. Challengers: Fine-tuning the odds until something breaks. *Journal of Management Studies*, 25（4）, 319—340。本书作者翻译整理。

也许成功和失败来自同一种做法

挑战者号灾难之后，许多人指摘NASA骄傲自满、不可一世。正像我们经常听到的如此铿锵有力、义正词严的警戒和不满："你们这样下去，早晚要出事的！"问题是，不这样，就不出事儿了吗？事情远非如此简单。事后调查发现，是O形圈的问题。但与O形圈同等重要级别的零部件有数百个，每一个都可能存在风险和问题，在事前是否要把每一个问题都充分解决、"砸瓷实"了呢？如果是那样，恐怕航天飞机还没有上过一次天呢！失败的概率，无论人们如何行事，总是在那里的。

我们通常会臆想，如果按照正确的办法做事，就应该成功，或者迟早会成功；如果按照错误的办法做事，就会失败，或者迟早要失败。其实，大家可能忽略了另外一种大概更加常见的情形，那就是，失败和成功恰恰来自同一种做法。其实，25 次发射，每次都不一样，都有各式各样的变化。但从总体设计和具体实施来看，25 次发射又有惊人的一致性。第 25 次与前 24 次在程序上也并没有本质的差别。而且，每一次发射，包括成功的前 24 次，都有工程技术人员提出各种质疑，需要管理层出面劝说或者施压，他才会同意对自己负责的部分签字放行。从这个角度看，前 24 次每次都可能失败，但"碰巧"都成功了。

第 25 次失败的主要原因，是此次发射时的气温之低前所未有，以致 O 形圈被损蚀。这是技术方面的问题。也许还有其他方面的问题影响发射决策。7 位航天员中有 1 位是中学老师，准备在太空中授课，美国许多中小学校的师生都集结在电视机前准备观看发射的直播。很难断定这种爱国热情和政治因素是否影响了最终的发射决策。NASA 还是 NASA，只是外部环境不作美，于是出事儿了。试想，如果当年第一次发射就失败了，大家会如何反应呢？

微调是决策者的惯用伎俩

O 形圈燃烧损坏的问题，早在前面的若干次发射中，就已经被发现。解决的方式是再加一层，用两层 O 形圈加固。这是一项微调修补的举措，符合有限理性学说界定的局域性搜索和满意性解答的原则。一旦这个问题在设计参数区间内得到解决，它也就不再成为一个问题。一旦一个组织不再把某个问题当成问题，在以后的行动中也通常不会再回放或者追溯这个问题。组织总要应对新的问题或者更为重要和紧迫的问题。

但这并不意味着这些不再成为组织需要明确和正式对待的问题已经完全没有问题，不再产生负面影响。只是说，常规情况下，一个组织没有能力，甚至也没有必要，去完全掌控或者及时追溯这些已经相对满意地解决过了的问题。为什么说过分的圆满可能根本没有必要呢？试想，就拿已经发生了的 25 次发射来看，如果不解决所有的问题而出事儿的概率是 4%（二十五分之一），给定同样的资源和时间，完全彻底地解决所有问题并成功发射的可能性为 0（出于保险起见，一次也没发射），哪一种方案更能令人接受呢？凡事都有风险，关键在于可接受的风险程度和发生概率。

其实，即使在挑战者号灾难发生之后，饱受指摘的NASA也并没有洗心革面、痛改前非。他们并没有改变助推火箭的整体设计。对于O形圈的处理，也只是又加了一层，使用三层加固而已。大家在应对问题时，通常采用的是微调方式，修补测试，如果能足够应对，就继续下去。一种情形是，量变到质变，也许某些问题，量小无碍，但积少成多，便会酿成重大灾难。比如，三聚氰胺在奶粉中的使用，或者塑化剂对白酒的影响。防微杜渐，其实是极为困难的。

另外一种情形是，某些细微的问题，并不具有累积效应，而且发生的概率极低，但一旦发生，后果极为严重。对于这样的问题，通常情况下，组织没有足够的资源甚或意识去防范。一旦发生，只能自认倒霉。因为这种问题并不只是一种或者几个，而是种类和数量众多，往往防不胜防，或者如果只防范它们就别想干正事儿了。

我们从历史中学到的启示就是我们从来不从历史中学习。

黑格尔

灾难使得决策者暂时性地反思

灾难的一个潜在的益处，是它可能使我们至少暂时停下来，花一些时间去审视我们的系统设计、基本原则是否靠谱。当然，组织的管理决策者是否能够系统地反思与学习，也取决于灾难本身的特点，比如可预测性以及可重复性等，以及个人与组织本身的学习能力。一个善于学习和调整的组织可能会改善自己的决策方法或者提高某些方面的防范能力，比如火灾之后加强全体员工安全意识和流程的培训。就像NASA的例子一样，灾难过后，也不一定有过多的反思与调整。过度调整，可能会损害系统的稳定性和常规的可靠性。毕竟，一个系统的自我保护功能是将变化保持在最低限度从而能够保证其核心功能得到稳定的发挥。比如，中国高铁早期的若干事故，无论原因如何，并没有引发多少系统性的改变，一个比较可见的微调措施，是将实际运行时速从设计的350公里降到300公里左右而已。这不一定能真正解决问题，但确是一种应对。无论组织是否反思学习，一旦灾难远去，大家往往又会回归某种常规的做法和自己熟悉的情境中，继续沉溺于日常的渐进微调中。

正是：

常胜将军挑战者，空中悲剧绝覆辙；
是否成功致成功，抑或成败无因果。
莫道前胜引失败，何解范进中举说；
组织决策重微调，逢灾遇难或纠错。

组织发展的间断均衡范式

也许，上述的微调与灾难只是一种特例。有关事情发展变化的一个更为广泛的规律，是所谓的间断均衡范式（Punctuated Equilibrium Paradigm）。通过悉心梳理并比较分析个体成长、小组动态、组织发展、科学演进、生物进化、物理变化等六个领域的文献，Gersick教授提炼出所谓的间断均衡范式。那就是，诸多领域的发展变化遵从一种基本相似的规律：长时间相对稳定的渐进演化阶段（Evolution）偶尔被短暂而剧烈的革命性动荡激变（Revolutionary Upheaval）所干预打断。就上述特例而言，灾难便是一种暂时性的强刺激，在打破现有的微调演化之后再次回归到新一轮的演化和微调。

在漫长的演化阶段，由于根深蒂固持续存在的深层结构与运行规则的制约和影响，只有渐变的改变、修饰与调整被允许进行。这时的变革主要是在趋同基础上的修补，是在框架内的变革。在革命性的动荡阶段，基本的深层结构和运行规则有可能被改变。这时的变革是重构性的，是对框架本身的改变。比如，在篮球运动中，从2分球到3分球的规则改变便是框架内的渐进改变。如果哪天大家把篮筐给去掉了，这个游戏也就不再是篮球了。这便是革命性的对框架本身的改变。

根据Gersick教授的观察和建议，一个系统的演化并不必然由一个低级阶段向一个高级阶段擢升跃迁。也就是说，变化本身，包括革命性的变化，并不一定带来进步或曰发展。变化，仅是变化而已。对于不同的当事人而言，那些被称为重开天地的革命性变化，有些是进步，有些是倒退，有些则是回到原先的状态。也许，关于革命性变化唯一可以确定的说法，是这种变化在事前往往难以预测，其范畴和结果难以确定。

其实，中国学者对间断均衡范式也早有涉猎。金观涛教授等学者，在20世纪80年代，就企图用当代科学中的系统论等视角和方法，去分析中国几千年以来大一统中央集权的超稳定结构问题，以及这种超稳定结构对当时兴起的改革开放会有哪些影响。2013年，著名财经作家吴晓波在梳理中国历代经济改革得失的时候，也回访过这一问题。无论是盛世丰年的国泰民安与休养生息（演化）还是乱世荒年的底层暴动与改朝换代（革命），似乎都从正反两个方面印证和强化了中央集权的不可或缺。

逆境与危机下的决策动态

上面我们主要探讨了管理决策者必须时常应对危机这样一个基本命题。面对危机和灾难，管理决策者有哪些常见的表现姿态和方式呢？这些姿态和方式对决策的过程和效果又有哪些影响呢？为了帮助大家更好地理解管理决策者如何应对逆境和威胁，我们详细介绍两个重要的心理学和组织行为学理论：承诺升级和应激僵硬性。

序列决策中的承诺升级

什么是承诺升级

承诺升级（Escalation of Commitment）指的是在必须一步一步进行的

多轮序列决策场合（A Course of Action），随着决策的进行，人们会因为多方面的原因固执地坚持自己初始的立场（而不管它是否站得住脚），从而扩大和增进对原有决策方向的努力与继续投入（比如追加投资）。对于承诺升级，不同的人群和在不同的场合下，也会有不同的态度和解读。

在创业文献中，人们经常被极端煽情地怂恿和鼓励。时髦的说法是“永不言败”。即使100次倒下，也要勇敢地第101次站起来。面对最终的失败，也要无怨无悔。各种类似的说教充斥于媒体坊间，信誓旦旦，推波助澜：只要你努力，就一定能成功！你之所以还没有成功，就是因为你努力得不够。结果往往是不见棺材不落泪，不撞南墙不回头。

我并没有失败。我只是找到了一万个行不通的方法。

托马斯·爱迪生

永远、永远、永远不要放弃。

温斯顿·丘吉尔

相反，在那些推崇理性决策的人群里，人们又被不断提示和警醒：决策者一定要保持头脑清醒，不要将错就错，在悲剧的道路上越滑越远，直至堕入深渊和灾难，难以挽回，无可救赎。比如，投资决策要果断自律地适时止损。民间也不乏类似的俗语：“不要在一棵树上吊死”“何必破罐子破摔？”“苦海无边，回头是岸”。

笔者是1983级的大学生。记得当年我们全国高考统考时语文的作文题是看图说话。图中给出的画面是一个人企图用铁锹挖井。挖了大大小小若干个坑，有深有浅。其中有一次，几乎就要挖到水了，但他又放弃而到别的地方去挖了。作文的题目，是要根据图中的故事，写一篇议论文。

依照当年的语境，估计出题者的意思是想要我们批判一下浅尝辄止的毛病和不能持之以恒的浮躁心态与肤浅作风，希望大家静下心来，深入挖掘，精耕细作，定会终有所成。现在回想一下，如果你快挖到水的时候，面临的是铁锹（或者其他现有器械和技术手段）搞不定的一段（比如巨石或者其他障碍），纵使你坚持一辈子，大概也不可能“愚公移山”。这时的承诺，即使不断升级，可能也注定是徒劳的。该撤就撤。说起来容易，但实践中无法提前预知什么时候“该撤”，止损点到底应该怎样确立。

常见的承诺升级

这里，我们可以给承诺升级做如下的定义：在序列决策中向着既定的选择方向进一步持续做出追加性投入的现象。无论是对于个人还是组织、企业还是政府，承诺升级的现象都可能发生。案例 5.4 列出了一些比较典型的承诺升级事例，反映了不同程度与时间跨度的承诺升级。

案例5.4

是否继续承诺升级

1. 一个博士生已在一个冷门专业攻读三年。此时是投入更多的时间和精力继续完成学业（但毕业后极可能面临无法找到工作或只有临时工作的风险），还是从现在开始马上转向全新的不相关的研究领域？

2. 某人炒股，在 50 元的价位上买入了一批股票，但不久后股价便降至 20 元。因为坚信股票本身的投资价值，此人在这一价位上又买入了更多数量以摊低平均价。很快股票价格再次下挫，于是投资人重新面对继续买入、持有不动或是全面卖出的艰难选择。

3. 美国政治家亨利·基辛格曾经雄辩地声称，美国在海外出兵，必须尊崇两大基本原则。第一，要有重大的美国国家利益。第二，在完成既定使命之后要有计划和能力按部就班地迅速撤回兵力。反观美国历次海外出兵，从朝鲜战争到越南战争，从出兵伊拉克到出兵阿富汗，第二条原则基本上没有得以实现，而是要不断地增加兵力或者拓展自己必须扮演的角色，陷入起初并未意料到的泥潭之中。

4. “超导超级对撞机”（Superconducting Super Collider）曾经是位于美国得克萨斯州达拉斯市附近的一个超大级别的“粒子加速器”高能物理科研项目。其研究设施的设计直径是87.1公里，在尺寸和功效上都是当时全球同类设施中最为庞大的。该项目于1983年开始设计，并在1987年由里根总统批准。该项目原计划的预算为44亿美元。到1992年，项目实际成本已经高达82.5亿美元。该项目虽遭美国国会众议院否决，但得到参议院的支持。到了1993年秋季，预计成本已经上升至110亿美元。于是该项目最终被终止。苏联的解体，导致了外在竞争的消失，希望盟国分摊的费用从来没有到位，得克萨斯州政府及其时任州长对该项目也并非充满热情，众多科学家认为，如果把这个超大项目的资金用于资助更多的小型科研项目可能更划算，其他州的政客认为不应当拿全国纳税人的钱去补贴一个得克萨斯州的项目。

5. 1993年，史玉柱通过集资等方式在珠海市筹建巨人大厦。巨人大厦得到珠海市政府的大力支持，获批土地约4万平方米，每平方米125元。在内外各种因素的驱动下，巨人大厦的设计规划从开始的38层逐渐升高，升到54层、64层……直至72层，要成为当时全国最高的大厦。预计的建设成本也从2亿元骤然增至12亿元。史玉柱希望通过卖楼花等手段筹措资金，弥补缺口。然而，当时政府的宏观经济调控使得楼花的出售以及其主业保健品业务受到巨大影响。最终，在只建了3层之后，资金链断裂的巨人大厦于1997年成为烂尾楼盘。

资料来源：Staw, B. M. (1981). The escalation of commitment to a course of action. *Academy of Management Review*, 6 (4), 577—587; Kissinger, H. (1994). *Diplomacy*, Simon and Schuster; Appell, D. (2013). The supercollider that never was. *Scientific American*, October 15. 杨连柱，2008，《史玉柱如是说：中国顶级CEO的商道真经》，中国经济出版社。本书作者翻译整理。

承诺升级的诱因

承诺升级的原因，往往错综复杂，既有决策者心理方面的要素影响，更有社会情境与规范的考量。组织行为学大家 Staw 教授曾用回溯理性、模型化和前瞻理性三个大类的因素来解释决策者在序列决策中进行承诺升级的可能性。

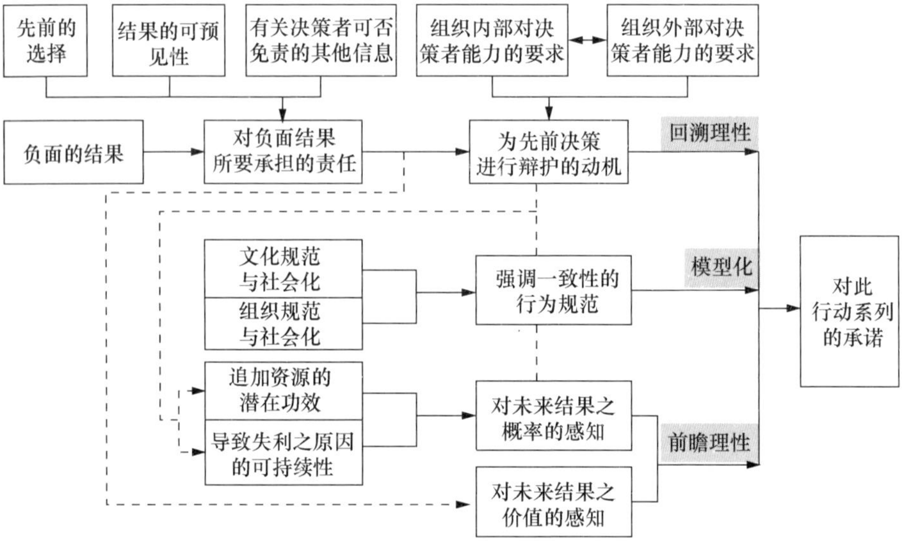

图 5.1　承诺升级的原因探究

资料来源：Staw，B. M.（1981）. The escalation of commitment to a course of action. *Academy of Management Review*，6（4），577—587. 本书作者翻译整理。本小节的讨论内容也主要取材于 Staw 教授的这篇文章。

回溯理性与承诺升级

虽然决策者注定要受到有限理性的困扰，但社会规范和预期往往要求决策者表现得足够理性。为了满足这种社会预期，决策者就难免要在某种程度上进行表演和掩饰，显示自己的能力，从而减少各方对自己的质疑。

如此，管理决策者通常存在对自己先前决策之正确性进行辩护和证明的动机，要诉诸回溯理性。这一动机的大小，既取决于先前决策带来的负面结果的严重性，也取决于组织内外的社会压力。现在的严重负面结果，如果可以确定是由决策者先前的错误决策所导致的，而且决策者必须为自己的失误承担责任，那么决策者就会有强大的动机去为自己先前的决策辩解，证明自己的决定是有道理的。

当然，在某些情况下，尤其是对于那些超级自负的管理决策者而言，自我辩解，主要是因为决策者要给自己一个交代，并不完全是要做给别人看。他们更愿意相信自己是正确的。显然，当组织内外都非常在意和强调决策者的能力的时候，决策者也会增强其自我辩护的动机。

无论是来自内在的还是外在的压力，这种自我辩护的动机，通常会导致决策者的承诺升级。一个常见的辩护因由，便是强调我们的方向是正确的，只是努力程度不够，如果轻易放弃，则得不偿失。因此，决策者希望通过继续追加资源投入来扭转乾坤、转败为胜。"一俊遮百丑。"这样，决策者不仅显得有理性、有能力，而且还有魄力、有毅力、有胆识，有足够的自信坚持与勇敢担当。然而，这只是决策者自身的辩护动机所导致的承诺升级倾向。真正的结果如何，并不完全以决策者的意志为转移。

行为规范的社会化与模型化

在组织中，某些特定的行为规范，通过社会化的共享与传播，会促成某种大家争相效仿的榜样标准，称为一种模型化的预期。对于管理决策者，研究表明，大家最为期待的行为是其果敢和一致性。不能没有主见、优柔寡断，不能随波逐流、朝令夕改。虽然大家嘴上说喜欢有错就改的决策者，但其实，决策者根本没有几次犯错的机会。如果自己貌似谦虚地承认若干错误，可能早已出局了。说白了，无论对错，都要挺着，要保持大家对自己的信任。这样才可能有继续留在决策岗位的机会，争取扭转乾坤，当然也可能一败涂地。也许，这正是组织决策的一种悖论。决策者需要有一定程度的刚愎自用和果敢坚持。缺了这种素质，难以获得大家的信任和支持；多了这种素质，也可能导致盲目和错误的承诺升级。

前瞻理性与承诺升级

是否进行承诺升级，以及承诺升级是否可以扭转乾坤，还取决于前瞻理性的考量。所谓的前瞻理性，就是要看承诺升级可能带来的未来的正面结果的预期。一个要素是某种正面结果的潜在价值，另外一个要素是这一正面结果实际出现的概率。如果价值高、概率大，则决策者会倾向于进行承诺升级。正面结果出现的概率大小，则取决于承诺升级需要的资源缺口，以及组织能否从容地募集并投入这些资源，这些资源投入后能否解决问题，使得系列决策的结果向着正面的方向转化。当然，也要看导致先前决策结果失利的原因是否继续存在，是否有新的阻碍和威胁。

应对承诺升级时的无奈

可以说，承诺升级是决策中一种常见的自然现象。有人认为这是一种难以自拔的病态。有人认为这是一种积极不懈的追求。问题的实质在于，究竟系列决策的结果或者发展趋势是周期性地高低往复、正负相间，无规律地随机波动，还是永久性地下沉与衰落？不同的境遇，有不同的可能性。因此，决策者在事前往往也难以确定自己的决策准则到底是义无反顾地一路前行还是适可而止地脱身止损。

对于常规组织中的管理决策者而言，也许，在重大的承诺升级之前，听取中立的第三方的见解，可能会在某种程度上有所助益。尽管如此，最终的决策仍是决策者自己的选择。不在其位，难解其难。对于自主创业的企业家而言，如果总是听取别人的意见，可能什么也不需要去干了，因为到处都存在风险和不确定性。企业家往往是知其不可为而为之，或者自认别人之不可为而自己可为，于是要不停地折腾。

实际的结果是，不承诺，或者不承诺升级，基本上会一事无成。一旦承诺，或者承诺升级，大多数会失败，只有少数可能成功。此乃创业的悖论。少数承诺者的成功会吸引无数自信之人倾情效仿。其实，在世界军事史上，关于承诺升级的事例也没有一定之规，并非“有志者，事竟成”。破釜沉舟、孤注一掷的案例中，既有绝地逢生、反败为胜的，也有回天无力、片甲不留的。承诺与否，肯定是一门情境艺术。

正是：

组织决策序列行，渐固承诺前后承；
挫折越大越投入，陷阱愈深愈劲冲。
力求解证初愿优，欲转乾坤显英雄；
欲彰理性戕理性，人之自辩乃常情。

应激僵硬性的多层次分析

在组织行为学的研究中，一个重要的现象是某些行为主体（个体、小组、组织）在应对突发的危机与灾难等外部刺激时表现出的某种僵硬性，即所谓“面对威胁的应激僵硬性”（Threat Rigidity）。具体而言，这种僵硬性乃是相关主体近乎本能的自然反应，在个体、小组和组织这三个层面上展现出高度一致的模式。其具体表现在两个方面：一个是收缩控制（Constriction of Control），一个是减限信息（Restriction of Information）。

应激僵硬性的主旨在于尽量迅速地回归到该主体惯常所最为熟悉并擅长的主导运作方法上，从而以此应对当前所面临的威胁。作为一种常见的自然反应模式，它既可能在剧烈的环境变化中由于对外反应迟缓和单调而导致失败，也可能在渐变过程中由于保全内在核心功能而照常应对、死里逃生。也就是说，面对来自环境变化的各种威胁，相关主体之生存成败很可能完全取决于同一个反应模式（如图 5.2 所示）。

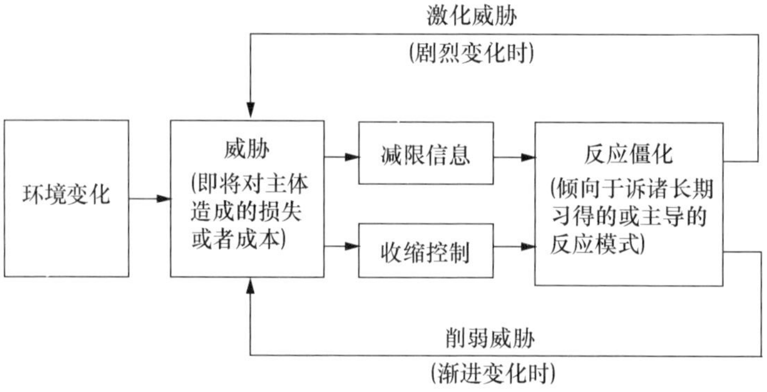

图 5.2　面对威胁的应激僵硬性

资料来源：Staw, B. M., Sandelands, L. E., & Dutton, J. E. (1981). Threat rigidity effects in organizational behavior: A multilevel analysis. *Administrative Science Quarterly*, 26 (4), 501—524. 本书作者翻译整理。本小节的讨论内容主要取材于这篇文章。

个人层面的应激僵硬性

在以往的以实验为主的研究证据中，在个人层面，面对威胁，会产生心理上的紧张和焦虑以及生理上的惊觉和唤醒。这些心理和生理上的反应则会对个体在认知与激励方面产生影响。首先，这种影响体现在对信息收集与处理的减限上，主要依靠自己已有的思路和预期，只关注那些核心的或者主导的信息，而忽略边缘旁侧的信息。其次，在控制方面进行收缩，倾向于采用自己长期学习和积累的经验法则或主导习惯来做出反应，并同时增强自己的专注力。

这种僵硬反应的潜在结果有两种可能。其一，如果一个人应对威胁的经验法则或主导办法恰恰适应了环境的要求，则会产生相对良好的效果，从而抵御威胁，增进自己的表现。比如，在一个渐变的环境威胁下，采用以往惯用的应对手法可能正好抓住了问题的重点，保证了个体不会临时起意、胡思乱想、四处出击，从而成功地应对威胁。其二，如果应对法则与环境变化的要求南辕北辙，该个体应对威胁的效果则会不佳，甚至会导致情形恶化。比如，环境的剧烈变化，要求个体迅速认清情势与以往不同，从而采取与主导方式不同的反应模式。此时，墨守成规可能难以应对威胁。

有一点需要说明的是，一个个体是否受过与应对威胁相关的专业训练，会对上述模型的结果产生不同的影响。比如，通常情况下，一个没有受过专业训练的人，在面对威胁时的应激僵硬性，可能会导致情势恶化，因为其主导法则往往会导致其反应之灵活性的丧失以及对多种可能备选方案兴趣与尝试的缺乏。相反，一个受过专业训练的人，其由于学习和训练获得的经验法则与主导反应则通常是符合应对环境变化之要求的，因此可能越是在遭遇威胁，从而有外部压力和自身惊觉的状态下，越是发挥得好。比如，一个业余人士当保镖，听到枪声，本能的反应可能是躲闪和自保。而职业保镖则必须朝着枪声的方向去主动出击或者挡枪护卫雇主。

组织层面的应激僵硬性

小组在遇到威胁时，同样会产生应激僵硬性。通常而言，当一个小组遭遇外在的威胁时，其内在凝聚力会上升，共识会增强，大家更可能齐心合力，共渡难关。但这种凝聚力和共识到底能够持续多久，至少受两个方面因素的影响：一是小组成员对威胁及其后果的归因，二是该小组对是否能够成功应对威胁之概率的判断。

如果大家认为威胁主要是外来的，而且小组很有可能会成功应对或化解，那么大家可能会更加团结并倾力支持自己的领导。这时，小组会减限信息，排除过多的疑问和猜想，减少不必要的信息收集与传递，同时会紧缩控制，增强领导进行集中决策的权力。这种状态也许能够更好地帮助该小组渡过难关、解决问题。

相反，如果小组成员倾向于认为威胁并不是主要来自外部环境的变化，而是主要来自小组领导的预测不利或者其自身的某种缺陷，并且，在初始应对举措之后，大家觉得现任领导没有办法成功地解决问题、应对危机，那么短期的僵硬性可能会被打破，新的信息可能会被引入，原先主导方法下的控制手段也会松动失效。如果这种松动能使大家找到应对危机的新方法，则小组表现会得到提升；否则，处于凌乱松散状态的小组可能会更早地分崩离析。

组织层面的应激僵硬性

组织层面所面临的威胁意指那些难以把握的急促突发事件，或者无法预测，或者其结构不清晰，可能对组织产生重大的负面影响，比如一个企业遭遇其竞争对手联合某些媒体进行的恶意诽谤，从而面临公关危机甚至生存危机。研究结果表明，当面临危机时，无论是政府还是企业，都会尽量用简化的语言来描述面临的问题，通常是重复性地应用以往惯用的方法和言辞来定义问题。虽然信息收集和与利益相关群体的交流的绝对数量会增加，但由于所采用的现有的信息渠道以及惯常主导的操作流程的限制，一个组织所关注并获取的信息之类别和内容本身可能具有非常大的局限性和特定性。比如，一个组织通常倾向于只关注那些潜在地能够证明和支持自己决策的信息，从而在实际上减少了信息需求与交流的复杂程度。

在收缩控制方面，遭遇危机时，组织也倾向于使得决策权更加集中化，决策体系和流程更加正规化、标准化。这种收缩，使得决策的产生主要聚集在组织的高层。而高层的决策者更加具有全局观、整体感和信息优势。如此，在某种程度上，收缩控制保证了组织中声音与行为的一致性，避免了低层无序决策、随意发声的尴尬与混淆。同时，在遇到危机之际，尤其是伴随着相对的业绩下滑，组织对效率的关注也会成为一种主导因素，组织会更加重视资源的有效利用以及对成本的控制，并加强对不同岗位与部门的问责。

多重层次的互动效应

显然，一个小组中的个体行为会受小组结构与动态的影响并对其产生反影响。同样，一个组织会受其中不同的小组和群体的影响并对之产生影响。在个体、群体与组织三个层面都具有面对威胁时的应激僵硬性的相似模式下，三个层次之间也会互相影响和作用。试想这样一种情景：一个企业可能遭遇外来的恶意收购，此时，企业会收缩控制、减限信息，人事招聘可能全面冻结，投资项目暂时停止运作，内外的信息发布只能来自企业总部，其他任何层级不得擅自接受媒体采访，如此等等。

比如，一种可能的情形是，战略部的成员认为这是战略部首脑的失职，未能预见并出招抵御这一威胁。战略部具有市场价值的成员可能表面上表示与大家同进同退，与组织共存亡，但实际上可能都在四处搜寻后路。如果研发部、市场部等其他核心部门也是类似的情况，认为主要是现任领导决策不利才给外人造成可乘之机，则大家可能迅速各谋出路，多个部门实力瓦解，整个企业人心涣散，最终难以找到任何有效的措施自保。另外一种可能的情形是，大家都认为这种恶意收购完全是外部的威胁，各个部门的员工都比较信任自己的领导，大家也相信企业层面领导的能力与决心，则这时大家同仇敌忾、一致对外、共赴危局的可能性就会增强。

应激僵硬性乃是一把双刃剑

无论如何，我们都必须清醒地意识到，在逆境与威胁面前的应激僵硬性乃是一把双刃剑，既可能顺利过关，也可能全军覆没。一个行为主体，无论个人、小组还是组织，其行为成败主要取决于威胁本身的性质和特点。如果威胁来自剧烈的变化与动荡，则以往的应对方式往往难以奏效，必须能够看到外部威胁的各种刺激中原先没有见过的新的关键信息，从而灵活调整与应对，这样方可解决问题。否则，如果囿于应激僵硬性，仍然依照原先的主导方式应对，则可能会强化威胁，坐以待毙。如果威胁来自重复性的、相对渐变的外部因素之影响，那么依靠惯常之主导方式则可能恰巧从容应对。过分激烈的行为或者不着边际地在非主流区域搜寻，倒是可能由于不必要的折腾而伤了组织元气，反而导致应对不利。无论如何，遇到某些外部威胁和逆境时，能否成功应对，皆归因于同一种做法，那就是此时各类相关主体所自然而本能地展现出的应激僵硬性。

正是：

组织小组与个人，应对威胁律可循；
僵化行动紧收缩，冻结资源慢逡巡。
增强控制多集中，减限信息闭阀门；
故步自封或当灭，化解威胁亦逢春。

快速多变环境下的决策

随着移动互联网时代的到来以及信息与网络技术的普及与应用，在企业以及各类组织中，信息沟通与交流日益便捷。与之相伴，各行各业的决策速度似乎也都在不断地提高。与信息技术相关的某些前沿行业，比如移动通信行业，本身就是瞬息万变、突飞猛进的，需要快速决断、及时反应。有些传统行业也在不断地受到来自各方的冲击甚至颠覆，比如服装制造，已经从每年一季的设计生产和销售周期进入到一个月之内就能实现多轮迭代的境地。就连以快时尚著称的 ZARA 也有被认为过时过慢的风险。如何在快速多变堪称常态的情境下迅捷高效地进行决策，是一个极具现实意义的研究课题。

斯坦福大学的凯瑟琳·艾森哈特教授，曾经专注于研究以硅谷企业为代表的机构如何在快速变化的环境中进行决策并在该领域做出了卓越贡献。在此，我们介绍艾森哈特教授的三个相关的研究成果：快速决策的方法、时间导向的决策方法，以及决策的简单法则。

快速决策的方法[①]

基于对美国（包括 Zap 等在内的）12 家计算机企业的实地调查研究（包括采访和问卷等多种研究手段），艾森哈特教授发现采用快速决策方法的企业有一些共同的特点，它们依靠某些简单的法则去处理信息、比较方案、快速执行、迅捷纠偏。它们可以用 2—4 个月的时间去做出一般企业需要 6 个月甚至 1 年以上才可能做出的决策。在信息技术（IT）行业等快速多变的竞争环境里，如果不能迅速反应、应对变化、解决问题，再漂亮的战略也无济于事，可能战略决策做出之时，早已时过境迁，一切都失去了存在的意义。如果一个企业反应迅捷，则即使决策出现偏差，也可以快速纠正，并且增进组织学习和今后应变的能力。这是在快速变化的环境下快速决策所具有的自然优势。

这里所强调的快速决策，并不是偷工减料、简化现实，而是广泛监测、迅速比较、大胆尝试、持续学习。研究结果表明，采用快速决策方法的企业比决策相对较慢的企业处理和应用更多的信息，而不是更少的信息，考虑和比较更多的备选方案，而不是更少的方案。快速决策企业往往善用专家咨询系统，及时征询专家的意见与建议。而且，它们重视对冲突的迅速解决以及各个战略决策之间的整合。总之，它们的主要特点就是提高了所做一切事情的速度（Accelerated Pace），从而可能增进决策过程的效率以及应对变化的有效性。

具体而言，快速决策企业的速度来自如下做法：首先，它们积极监控和分享大量的实时信息。实时信息的特点是信息的采集和播报与事情的发生同步进行，没有时间上的滞后。这种做法使得快速决策企业感觉鲜活、与时俱进，及时发现各种机会与威胁。

其次，它们同时考虑多种备选方案，积极比较，避免由于承诺升级而

---

① 本小节讨论的内容取材于 Eisenhardt, K. M. (1989). Making fast strategic decisions in high-velocity environments. *Academy of Management Journal*, 32 (3), 543—576。

被锁定在某些不适当的领域，一旦某个方案失灵，可以迅速地转换到备选方案。也就是说，快速决策是一个快速比较和筛除的过程。与此相反，决策较慢的企业通常在一个具体的方案上花费太多的时间。

再次，快速决策企业通常采用某种“二阶”的咨询建议体制。最高决策者——首席执行官（CEO）首先会征求所有高管团队成员的意见，然后聚焦在整个企业中的某个或者少数几个最有经验的管理者身上，听取这些可以信赖的“顾问”的意见。还有，快速决策企业的高管团队采用相似的办法解决决策中可能产生的冲突。他们会首先争取获得共识，如果大家仍然有分歧，则会由 CEO 最终拍板，做出相应的决策。

最后，由于上述机制的存在——即时信息、多种方案、顾问意见、冲突解决——快速决策企业通常能够对企业经营中的多种决策进行整合，较好地理解和管理不同决策之间以及各种备选方案与补救措施之间的关系。艾森哈特教授的研究结果表明，采取快速决策方法的企业之经营绩效，在快速多变、难以预测的竞争环境中，要高于决策缓慢的竞争对手。

时间导向的决策方法①

在快速多变、难以预测的环境下决策，一个相对独特的做法，便是有意识地采用“时间导向”，亦即把握自己的时间节奏，而不是传统的“事件导向”，亦即跟随外部环境的重大事件而被动应变。基于对英特尔等高科技企业的研究，艾森哈特与同事 Shona Brown 发现并阐释了以时间导向（Time Pacing）为基准的决策范式。以英特尔创始人之一摩尔的名字命名的所谓“摩尔定律”，声称微处理器的处理能力每 18 个月左右就翻一番。其实，这并不是类似物理定律的一种铁律，而是英特尔公司所希望努力达到的某种目标，是一种人为的设计和企图，而且至少在 20 世纪的后 20 年是基本上被英特尔引领的实践所证实了的。从这个意义上说，英特尔公司

① 本小节讨论的内容主要取材于 Eisenhardt, K. M., & Brown, S. L.（1997）. Time pacing: competing in markets that won't stand still. *Harvard Business Review*, 76（2）: 59—69。

当年曾经是实践时间导向决策法的典范。

事实上，除了明显可测的摩尔定律之外，大家较少知晓的是，英特尔公司每 9 个月左右就会增加一条芯片生产线。这也是按照公司所设计的某种节奏去运行的。英特尔公司会提前两年构建生产线，并且是在未知具体的产业走向以及自己到底要生产什么特定产品的情况下构建的。这种以可以预测的节奏进行产品开发与生产的做法，既是对自己的一种激励和鞭策，也是对竞争对手的一种先机遏制（Pre-emption）。

时间导向决策的关键是节奏而不是速度本身

究其实质而言，时间导向决策意指按照时间上的里程碑来规划产品开发与设计，引进新业务，进入新市场。虽然采取时间导向决策方法的企业可能行动非常迅速，但时间决策的精髓实质主要不在于速度本身，而是要依据时间来把握自己的节奏，调整自己的步调。时间导向决策是系统的和积极主动的决策方法。

具体而言，时间导向意味着企业的运营是按照系统地设立的截止期（Deadline）来进行的，管理者与运营团队必须按照相应的截止期来调整自己的工作力度与节奏。比如，3M 公司规定每年总收入的 30% 必须来自最近 3—4 年所开发的新产品。这种时间导向使企业中的人产生了某种使命感和紧迫感，促使他们聚精会神，集中力量，朝着既定目标迈进。有人戏称，这种做法无疑是要以百米冲刺的速度去跑马拉松！

管理“转换”的重要性

转换（Transition），指的是从一项活动转到另外一项活动，通常在短暂的时空内迅速完成，类似接力赛中的交接棒。这是节奏管理中的一项重要任务。善于管理转换的企业通常非常看重对转换方式与机制的设计与管理，从而争取使得转换能够在最短的时间内实现平稳的交接。

在世纪之交，吉列公司每年要进行 20 次左右的产品更新换代。这就意味着吉列公司必须主动有序地统筹其产品设计开发、上市销售和收获退出。而且，在任何一个时点上，开发、上市、退市都会同时出现，要同时管理不同阶段的挑战。这更增加了组织管理的难度。

管理“节奏”

时间导向的主要挑战在于管理节奏，如何去设计自己在产品和市场上的节奏，如何制定和管理关键的“转换”点，如何使自己的节奏与客户和供应商的节奏更好地对接。当然，一个企业的节奏注定要受到自己的资源与能力的约束。因此，企业的节奏必须也需要与其能力相匹配。以英特尔公司为例，在从 X86 到奔腾系列芯片的开发周期里，英特尔公司遥遥领先，占据相应市场上 80% 以上的市场份额，掌握足够的主动权和话语权。因此，其时间导向决策和掌握自己节奏的做法是有底气的。这种时间导向上的奢侈大概不是所有企业都可以拥有的。

正是：

事件时间双轴线，两种进度把握观；
事件基准为参照，被动忙于做应变。
时间进程为导向，企图掌握主动权；
难在按期调节奏，更应适时做转换。

决策的简单法则①

在快速多变和难以预测的环境下，管理决策者可以通过使用一些被证实过的比较靠谱的简单而又具体的决策法则来简化其任务环境，更加迅捷地针对主要矛盾进行决策，应对变化，解决问题。

首先，简单法则，顾名思义，应该简单。这不仅体现在法则明确、指示清楚，而且体现在这种法则在数量上也必须相对稀少有限。因此，在复

① 本小节讨论的内容主要取材于 Sull, D., & Eisenhardt, K. M. (2015). *Simple Rules: How to Thrive in a Complex World.* Houghton Mifflin Harcourt。

杂多变的环境下，简单的法则相对容易被记起和使用。其次，简单法则，由于数量上较少，容易在一个群体中被大家沟通和共享。因此，简单法则降低了群体间的沟通成本，易于在需要与人协调的情况下使用。最后，艾森哈特等学者的研究结果表明，简单法则决策的有效性至少不输于综合系统的全面分析。

简单法则的情境针对性

需要指出的是，简单法则，并不是笼统的说教，而是有相对的针对性的。简单法则是针对特定的任务环境以及特定的人群的，不是放之四海而皆准的。比如，一个职业橄榄球队教练对他的队员饮食方面的简单法则只有三条：一定要吃早餐，多喝水，那些可以采摘的、拔下的和宰杀的（意指蔬菜瓜果和肉类等真正的食物）想吃多少吃多少。对于这帮职业运动员而言，每天有大量的消耗，根本不用担心能量过剩。试想，当任务环境改变之后，比如运动员退役后，还奉行这种法则肯定是不合适的。显然，这种法则对于非运动员群体，可能从一开始就是不合适的。

联想到我们身边的事例，也可以看到简单法则之针对性的重要性。也许劝解糖尿病患者群体要“管住嘴，迈动腿”比见人就不分青红皂白地传播“冬季进补好处多”要合理多了。或者，向病入膏肓、行将就木的弱者倾情鼓噪“生命在于运动”的教条，无疑是在戕害生命。失去了针对性，简单的法则就可能变得模糊含混、滑稽可笑。比如，告诫人们要“努力做最好的自己”。

简单法则的纲领性与灵活性

通常，简单法则乃是一种具有指导意义的纲领性法则，在给出方向和宽泛的准则之后，又给决策者以足够的选择空间，去灵活发挥与应用。比如，上述的运动员饮食原则，并没有具体规定要多吃白肉、少吃红肉，或者多吃草莓、少吃香蕉。同样，军队野外作战饮食的准则会强调一定要吃加热过的食品、真空包装的食品或者密封包装的罐头食品等。这是对总体

“规程”的强调，而不是对具体“内容”的限制。一个训练有素的外科医生会知道，导致生命危险的最为关键的三个因素是失血、感染和麻醉不当。一个简单的准则，就是尽量注意这三方面的潜在威胁。但每个医院和医生所采用的具体应对做法却可能非常不同。

再比如，20 世纪 90 年代俄罗斯某投资企业确立了如下三个简单法则。第一，接受投资的企业必须具有 1 亿美元至 5 亿美元的年收入，而且投资项目必须属于该企业原先参与过的行业。第二，该企业应该是在消费品领域经营，专注于那些一般老百姓如果每月有 100 美元的多余零花钱会去买的东西。第三，该企业的老板可以认识黑社会的人但自己不应是黑社会的。看得出来，这几条都很具有纲领性，同时又留出了一定的选择余地。最后一条，是考虑到了日益严重并蔓延的地下势力对企业界的影响，但要尽量避开他们对投资项目的直接影响。

> 简单是终极的复杂。
>
> 列奥纳多·达芬奇

简单法则的类别

根据其具体的功能特点，简单法则可以被分为如下三种类别：边界法则、排序法则、终止法则。边界法则（Boundary Rules）可以帮助决策者界定一个行为的范围边界，哪些属于边界之内，哪些锁定在边界之外。比如，曾经催生了因特网的美国政府军方的“国防高级研究计划署”（DARPA），每年 30 亿美元的研究预算分配主要遵循两个基本准则：对于基础研究有贡献，有实际的应用价值。再比如，职业盗窃者在选择盗窃目标的时候，通常不过分在乎房屋本身的特点或者安保系统的完善与否，而是更关注房屋中是否有人。因此，一个最为简单的法则是，不要进入门前停有车辆的房屋，因为此时里面有人的概率非常之大。可见，边界法则可以帮助决策者迅速确定做什么和不做什么。

另外一个常见的类别是排序法则（Prioritizing Rules），它可以帮助决策者在面临资金、精力和时间短缺时在不同的备选方案中迅速地遴选出比较可行的方案。比如，某些企业的人力资源部在做出雇人决策的时候，如果两个候选人的条件不相上下，简单法则就是首选现有员工推介的候选人。

再比如，战地医院在决定先为哪些受伤的军人治疗时，一个简单的准则可能是首先选择那些通过立刻治疗可以保住生命的受伤者。也就是说，没有存活希望或者现有医疗条件下存活希望不大的伤者并不会得到优先治疗，而那些不治疗就会死去但及时治疗可以存活的伤者才有优先治疗权。

同样，在很多机场，一旦出现天气或者其他不可控原因导致的延误，当起降恢复正常的时候，一个简单的法则，可能是尽量不打扰还没被延误的航班，而不是按照原定的起飞时间顺序放行。这样，有些已经被延误超过若干时长而必须赔付客户的航班，既然已经赔付，就可能会被继续延期或取消。同时，这样做还可以提高整个机场和各家航空公司的总体正点率。

终止法则（Stopping Rules）可以帮助决策者在事前就清楚地界定什么时候停止某项活动，从而避免损失、伤害或者灭顶之灾。比如，那些职业自律的投资者的止损法则，可能非常简单粗暴：当一项金融资产的价值折损超过其初始购置价值的10%时，必须立刻抛弃！

与之相似，职业登山选手们也有一些保命的简单法则：在某个既定时间还没有到达某个高度或者地点的时候，必须折返，即使胜利在望；否则，便有可能性命不保。简单的规则，往往来自无可辩驳的统计规律和血淋淋的生死教训。

简单法则的来源和背后的道理

这些简单的法则，可能是自然选择的结果，大浪淘沙，水落石出，也可能来自自身或者他人的经验，尤其是各类事故，还可能基于科学研究的证据。比如，季羡林曾经依据自己的人生经验总结出了几个重要的判断人的法则。其中之一，就是坏人不知道自己是坏人。同样，美国喜剧演员蒂娜·菲（Tina Fey）曾经告诫，不要告诉疯子他是疯子。除了经验之外，简单法则还可以来自基于科学发现所提炼出来的常识。比如，基于大数据的分析，儿科医生判断儿童是否受感染，可以依赖几个主要现象和指标：痉挛、呼吸急促、意识降低、毛细血管再充盈迟缓等。

最后，我们来看简单法则背后的道理。如上所述，简单法则的形成，通常来自血的教训。至少在事情重复发生的领域，前人的经验可以在很大程度上成为后人的指南。即使是在全新多变的领域，依据快速学习和尝试总结出来的某些初步的简单法则，也会有一定的道理，可能会帮助决策者迅速地应对问题。原因在于：其一，他们没有足够的时间去充分地了解问题；其二，如果他们行动迟慢，可能连继续存在或者应对变化的机会也没有了。

第六章
决策方法：渐进的摸索探寻

面对高度复杂和不确定的决策情境以及组织中难以避免的政治游戏与权力斗争，困囿于有限理性的管理决策者通常不可能拥有绝对的权威和准确的信息与判断去全面系统地制定和实施决策，从而通过一揽子规划一次性地解决问题。基于某种方向性目标的不断探寻与摸索、尝试与纠错、推动与促进、梳理与磨合，乃是复杂组织中常见的决策思路与方法。这种决策思路与方法需要足够的智慧、耐心与自律。本章着重探究渐进主义的决策方法以及在貌似无序状态下的应对策略。首先，我们讨论“枝节法”决策的实际作为与实践理性，揣摩“头痛医头，脚痛医脚”背后的道理。其次，我们评介逻辑渐进主义的主要思路与运作方法，解读“摸着石头过河”的无奈与机巧。最后，我们介绍组织决策的“垃圾桶模型”，考察决策者、各类问题、问题的解决方案、决策时机等要素如何在随机互动中产生特定的决策结果。

枝节决策法的实践理性

遇到问题和麻烦，我们通常会希望全面系统和坚决彻底地解决问题，干脆利落，不留后遗症。然而，世事是一连串的事情，一大堆的事情，往往剪不断，理还乱。就像对待疾病，我们总是希望知道疾病的根源到底在哪里，怎样才能对症下药，最好能够根除。然而不幸的是，许多疾病的原因或者相应的解决办法，医生和医学研究者也不得而知。生活和工作中，对待很多问题的解决，大家其实都是在"猜"，包括专家在内，只是专家猜得稍微有经验一点儿、相对靠谱一些。

因此，在真实世界中，也许我们不得不就范于非理想化的现实，希望能够通过不断的渐进摸索和试错纠偏去尝试应对问题，以期改进我们的境遇。有了这种心理准备，再去考察那些所谓的"头痛医头，脚痛医脚"和"治标不治本"的决策办法，也许就能多一分理解，少几分指摘，从而更加实际地在"隔靴搔痒"和"暂且应对"的基础上去提升我们的决策质量。让我们首先看一下政治学家查尔斯·林布隆关于决策的"枝节法"的学说。

林布隆的枝节决策法

众多的教科书总是教诲大家说，决策者要尽量全面系统地做出科学决策。但实际上管理者并不这样做，他们有着更为实际的决策办法。这些实际的做法，在理论上也得到了解释和印证。美国政治学者查尔斯·林布隆（Charles Lindblom）教授早在1959年就提出了所谓的"枝节决策法"（以下简称"枝节法"），作为对传统理论所推崇的"根源决策法"（以下简称"根源法"）的替代。传统的理论认为，思考问题应该从根源出发，首先确立明确的价值观和决策目标，然后对可能的解决方案进行分析，最终做出决定，选择最能满足目标需求的解决方案。而枝节法则无须在事前对复杂的价值观和目标进行排序，无须将目标的确立与分析方法的选择按先后顺序割裂开来，也无须分析所有的解决方法，只需关注增量，关注大家实际共同认可的选择。表 6.1 比较了根源法与枝节法的不同点。

表 6.1　根源法与枝节法的比较

理性全面综合（根源法）	连续有限比较（枝节法）
1a　价值观或决策目标之确定通常是在对解决方案进行实证分析之前必须达到的前提条件。	1b　对价值观与目标之选择以及对所需行动方案的实证分析并不是相互独立的，而是交织在一起的。
2a　政策制定是通过“方法－目标”分析方式产生的：首先明确目标，然后寻求解决问题的方法。	2b　由于方法与目标并不是独立的，“方法－目标”分析方式往往是不适合的或者有限的。
3a　检验决策好坏的标准，是某个决策可否被证明是能够达到预期目标之最佳方法。	3b　检验决策好坏的标准，是众多的分析者直接认定同一个方案（而并不需要他们同意这是达成一致目标的最合适的办法）。
4a　分析应该是全面的，每个重要的相关因素都必须予以考虑。	4b　分析极其有限： 忽略可能出现的重要结果； 忽略其他重要的潜在备选方案； 忽略重要的价值观。
5a　对理论的依赖非常强。	5b　对理论的依赖得以大为减轻或者解除。

资料来源：Lindblom，C. E.（1959）. The science of “muddling through”. *Public Administration Review*，19（2），79—88. 本书作者翻译整理。

目标与方法的同时选择

那种认为价值观应该在选择解决问题的方法之前得到澄清的想法确实很好。但是，当我们遇到复杂问题时，决策者根本无法提前预知大家不同的价值观或者成功精准地为不同的价值观排序。即使决策者企图以自己的价值观作为决策的标准，他们通常也无法知道如何来排列其价值观，因为不同价值观之间可能会相互冲突。从枝节法的角度看，决策者无须对决策者的价值观和目标进行根源上的比较，而只需考察不同决策方案之间的边际区别或者在增量上的区别即可。

林布隆举了下面的例子：两种决策，X 和 Y，都能达到同样的目标 a、b、c、d、e，但是 X 比 Y 更能达到目标 f，Y 比 X 更能达到目标 g。因此，在做决策选择的时候，决策者面对的实际任务是在目标 f 和目标 g 分别代表的增量价值之间的比较和选择。可以说，影响决策者政策选择的最终因素在于增量的差异，而无须费时费力地试图从根源上去探究不同的价值观，也不必在选择决策备选方案之前去为不同的价值观排序。排序和选择是同时进行的。一旦决策者选择了 X，也就隐含地意味着决策者认为 f 比 g 更有价值。此时，价值观（决策的目标）与决策方案本身（实现目标的方法）同时被选择。

决策好坏的判断

人们对于不同价值观的优劣排序可能永远争吵不休，而对于具体政策的选择则可能更加容易达成一致。因此，对一个政策好坏的判断，最直接也最可靠的办法，是看不同的决策者是否能在某个决策方案上达成最大限度的一致。这种做法，只看结果，不看根源，不去纠缠这个决策方案能否成功地达到某种目标，因为目标本身无法被界定或者决策者无法对不同的目标达成一致。

小平同志当年针对有人提出改革的方向到底“姓资还是姓社”的问题而采取的“不争论”的态度，体现的即是枝节决策法的务实态度——先干起来再说。企业中也是一样，与其讨论营销最重要还是生产最重要，不如看一看，在现有的备选方案中，营销和市场相关的决策者以及所有决策者最容易达成共识的方案是哪个。

就像选美，与其无休止地争论美的标准到底是什么，有多少维度和指标，如何确定它们的权重和关系，不如直接问大家，你们认为这些候选人中谁最美？一旦有了共识，决策选择方案与决策者的价值观同时被确定和揭示。

有限的分析比较

枝节法遵循的正是有限理性学说，其决策分析采用的是局域搜索和比较的方法，其决策准则是决策者对满意解的共识而不是对最优解的刨根问底。枝节法之所以能够大规模地降低分析的负担，一个重要的原因就是其渐进主义风格以及只对增量（Increments）的关注。所考虑的替代性决策方案与现行的决策没有巨大的差异，只有边际（Marginal）的不同。

以美国共和党和民主党两党政治为背景，林布隆教授认为大家在重大问题上存在基本共识，否则美国的民主政治体系也不可能存在。双方在具体问题上的决策是互动调整（Mutual Adjustment）。考虑与现有政策在边际上或者增量上有差异的决策备选方案，可以有效地利用决策者的知识和经验。与现有政策有重大偏离的备选方案，通常根本不可能被提出来，更别说被采用了。它们的各种可能结果与影响更是无法被提前预知和判定。因此，可以说，忽略对它们的考量不会产生显著的不良影响。这种决策格局下，不可能出现大起大落。

连续不断地进行有限比较

决策不是一蹴而就抑或一成不变的。组织中的决策，比如政府政策和企业战略，往往是一个连续不断的过程。在这个过程中，决策者企图不断地逼近理想的目标，而且理想的目标本身也可能改变。林布隆认为，一个睿智的决策者会意识到，其决策只能部分地实现其希望达到的目标，而且还会产生一些他不可能提前预见的、原本希望避免的后果。但如果决策者能够成功地进行一系列连续不断、迭代继起的渐进增量实验，就可能会避免一些影响深远的重大错误。也就是说，一旦渐近和增量被预期为常态，激烈的决策巨变根本就不可能在被考虑之列，因此也就不可能产生因巨变而引起的灾难性后果。而每一个决策都是一小步，可以快速知晓是否有成效。如果有，继续增量尝试；如果没有，立刻纠偏修正。

正是：

边走边看路崎岖，调整适应步轻移；
遇事勿从根源纠，不问终向何处去。
下步若比现在好，便解今日大问题；
循序渐进自从容，实践理性有矩依。

“头痛医头，脚痛医脚”的解读

中国特色：可以随时随地挖沟

在中国的不少地方，马路上挖沟是一大景观。自来水管道坏了，挖，填上。下水管道坏了，挖，填上。其他什么地下设施坏了，挖，填上。而且可能经常是挖过好长时间，才填上。一挖一填，耗时费工，名义 GDP 直线上升；挖挖填填，碍市扰民，难免大家怨声载道。这种缺乏全局观念、系统规划和协调运作的现象，通常被称为“头痛医头，脚痛医脚”，纠缠于旁枝末节，治标不治本。

这种做法，看似愚蠢，实际上是合乎当事人（挖沟者）的利益的。首先，下属有活干，当领导的可以从中得到各种好处。其次，只需各自为政，不需要与别的部门沟通，而沟通和协调是需要耗费成本和能量的。最后，“头痛医头”，很可能暂时减缓了“头痛”，至少比“头痛不医”或者“头痛医脚”要显得更加可行，当下可以交差应承。至于为什么“头痛”，如何避免将来的“头痛”，那是留给后人发愁的事情。即使留心在意了对将来“头痛”的防范，却保不齐哪天“脚痛”。

美国行径：照样就事论事

在美国，挖沟的事儿不是没有，只不过效率比较高，基本上当天填平。而美国特色的“头痛医头，脚痛医脚”通常会整出比挖沟大得多的动静，堪称与灾难并行。第五章中提到的挑战者号航天飞机失事后，发现火箭助推器上某O形圈的设计缺陷（非常小概率事件）乃为灾难的罪魁祸首。NASA所得到的组织教训，也不过是对航天飞机上相似的零件和环节把关得稍严一些。它不可能（也没有必要）在每一次发射前都全面审察总体设计，不遗余力地检验所有设备部件，不放过哪怕最不起眼的一颗螺丝钉。下次出事的不大可能再是O形圈，很可能是其他地方。防范了“脚痛”，并不一定就降低了“腰痛”产生的可能性。

2001年8月，笔者在华盛顿白宫附近游玩，因头顶上空飞机的呼啸而震惊。的确是震惊。怎么可能会有飞机在首都中心的上空飞行？当时白宫上空并无航空管制，这与我们在中国得到的常识大不相同。没想到，一个月以后，“9·11”恐怖袭击直奔美国五角大楼。可以想见，亡羊补牢，其后肯定会有华府上空航空管制政策的制定。但这种应对袭击的防范可能不至于涉及地铁、长途汽车、超市剧院、主题公园等。否则，整个国家便成了草木皆兵。所以，只能是哪儿痛先治哪儿。暂时缓解了“心痛”，却可能忽视了潜在的“腿痛”。

纽约世贸大厦被袭之后，美国政府的决策确实比简单的“头痛医头，脚痛医脚”更进了一步，成立了国土安全部，加强了对多种公共设施的保护等，比如对旧金山金门大桥的监控和保护。然而，在更高一层的意义上，一般来说，任何政策都是针对某一个局部问题的枝节疗法。当人们担心公路大桥会被敌对势力袭击的时候，却没有想到公路大桥会由于其他原因而坍塌。

2007年，旧金山附近一截高速公路大桥断裂塌方，明尼苏达州高速公路大桥也发生大面积断裂塌落。初步猜测，其原因可能是设计有缺陷，但不至于有危险（小概率事件）。也有一说，是使用了40多年的大桥，钢筋老化。出事以后，美国交通部长敦促各州政府立刻对同样设计和类似结构的桥梁（约750个）进行检查，以防患于未然。这次灾难性事件，很可能引起大家对成型于20世纪中叶的美国公路系统的安全性进行全面审视。但这种审视和警觉可能并不会在很大程度上扩展到海底隧道或者更加老化的铁路运输系统。关注了“大腿”，可能会暂时撇开“小腿”的隐约之痛。

为什么“头痛医头，脚痛医脚”的现象屡屡发生呢？原因可能很多，其中至少两点比较典型。其一，决策者的任期以及激励机制决定了他们必然把精力放在那些易于操作、立竿见影的任务上面。因此，治标不治本的现象自然盛行。其二，全面系统地解决问题，或者从根本上解决问题，在日常的大多数组织中基本上不可能。

面子工程：激励机制的压力

组织中的决策者一般都有一定的任期。要显示能力、成就业绩，必须迅速地解决问题，很难会去花大力气调理组织的元气和体系。迅速蹿升的人往往都是在局部领域做出了业绩，又迅速地到别的领域去做相似的事情，治头痛的走到哪儿都是主要治头痛。即使一个“医术”全面的决策者，在有限的任期内，也只能主要集中精力治疗几种病症，难以照顾到方方面面。

决策者的激励机制往往注重迅速可见的效果。一个组织的基本功和元气需要长期培养和积累，而某些小花招却能立刻奏效。这样，决策者很可能主要治疗那些相对容易治好而又具有强烈的象征意义的痛处。大家通常爱褒贬某些政府领导善于搞面子工程云云。其实想一想，这种激励机制下，搞点面子工程，比不搞任何工程照样能够当官的要好得多。

总之，如果决策者没有长期观念、期望和责任的话，他只能就事论事，解决当下的问题。比如，某个银行要为一个国有企业提供某种金融服务，可以使该企业在十年之内达到平均收益最优。而该企业的 CEO 则直截了当地选择了该银行的另外一种服务：前三年收益最优，而后七年成本巨大，十年平均收益低下。这位 CEO 关心的是自己任期内的业绩，企业的长期健康暂不考虑。

不得不治标：治本不可能

从可行性方面来看，许多情况下，由于各种原因作祟，治本几乎不可能。第一，在决策者（而非研究者）可以预见的未来，几乎不可能找到根本。某些癌症（甚至某些病毒性感冒），我们根本不知道其作用机理，只能在猜测和尝试中循症治疗。猖狂肆虐的沙尘暴、遍及全球的温室效应，我们并没有弄清楚根本原因。现今的应对方式，即便不是南辕北辙，至少也是隔靴搔痒。北京老城的地下水道，自元大都以来，各个历史时期的工程和修补都有，很难找到一个人完全通晓整个下水道体系并能将这种知识及时地文献化，转变成制度记忆。挖沟的时候，哪儿该挖哪儿不该挖，其实难以预知。也许有人会搬出大数据这件利器。但数据再大再多，该用的时候，都可能由于各种制约而使得数据缺乏或者根本不合适。

第二，由于问题复杂和利益冲突，多方决策者或者决策集团很难就问题本身的定义达成共识，更不要说导致问题的根本原因和全面系统的解决方案了。比如，造成北京堵车现象严重的原因到底是什么？是北京人对堵车的忍受程度全世界第一，还是公路体系设计缺陷、辅路分流不利、汽车数量太多、司机素质不高、交通法规僵化、管理程度低下、特权车横行霸道、城内停车位少，抑或是养车费用太低、道路资源免费？且不论与汽车交通有关的众多政府部门是否能够协调一致地解决堵车问题，是不是每个部门都真正想要解决这个问题都是问题。谁知道究竟需要花多少人力物力和时间去研究这个问题，又由谁去评判是否找到了问题的根源症结？

第三，没有明确目标的全面出击、系统检查，容易分散资源，不着边际，并且很难找到“头痛”或者“脚痛”的根本原理。从理论上说，任何微小的疾病都可能扩展成致命的威胁。但如果身上任何地方有某种疼痛，都做一遍全身检查，大概也是多余。即使全身检查并非多余，也可能由于成本约束、时间压力和资源限制而难以企及。如果一个人有无限的资源与时间去看病，他可以雇一个班的保健医生，头不痛也可以去查一查为什么还没有痛。而对于下岗职工而言，有了大病也可能根本看不起，每年体检更不能保证，谈及私人保健医生简直如痴人说梦一般。

第四，同样的道理，政府、企业和其他组织的资源也是有限的，不是哪儿痛都去治的，或者浑身都治的。通常是哪儿好治先治哪儿，哪儿痛得厉害先治哪儿，哪儿喊痛喊得厉害先治哪儿；别处干脆甭想。一个企业的财务部出了问题，并不一定引发查处市场部的劣迹。一个学校游泳池里不幸淹死人后，学校领导班子顶多也就是强调一下学校体育场馆的安全保卫措施，而基本上不会去调查一下学生食堂的卫生状况和预防食物中毒的程序是否健全以及是否在有效地实施。而当食堂出事以后，也就只是整顿食堂而已。

警惕治本者的忽悠

说了这么多，并不是为“头痛医头，脚痛医脚”唱赞美诗，而是为“坚决果断，干净彻底，全面系统，正本清源，从根本上一举解决问题”奏安魂曲。诚然，“一张白纸，好描绘最新最美的图画”。然而，人一生下来，就不是白纸一张。组织一成立，就是有色体。今天的问题往往镶嵌在昔日的问题里。解决老问题，会有新问题，需要持续不断地在现有条件下解决问题。在解决问题中制造和发现问题，在发现问题中选择和解决问题。而企图天天更新系统，臆想日日洗心革面，无异于梦呓。

我们能做的，顶多也就是在某些有条件选择的当口，适当合理地设计组织体系和决策程序，积极努力地增强组织记忆和共享信息，从而能够在日常决策中稍显从容有序地解决局部性的疼痛问题。即使如此，这种系统性的反思与纠偏，也往往是由某种灾难性事件引起的。平时微调演进，直到灾难骤起。革命性的变化，不是常规，而是特例。

顺便提醒大家，在热衷于批判“治标不治本”的“拍脑袋”决策时，千万不要小觑了另外一种保健方式——“头不痛就医头”。街道上，好好的马路牙子，硬是一年换好几次。道路两旁，商家店铺的招牌幌子，个性鲜明，主题突出，却被强行要求家家统一。不头痛也得整得你头痛。头痛就得医头，头痛医脚头更痛矣。更要小心有人坚持要给你做全面体检。

逻辑渐进主义的前世今生

枝节法决策，不仅不对遥远的过去刨根问底，而且也不对无限的未来圈定预期，只是专注于解决当下的问题。通过不断继起的连续比较、小步微调，逐渐逼近下一步预期达到的状态。因此，枝节法描述的是所谓的Muddling Through，意即跌跌撞撞、蒙混应对、渐进摸索、得过且过，不可能看得很远，只能关照眼前的下一步。这种纯然枝节法的决策，跟我们经常说的“摸着石头过河”，还是有些区别的。“摸着石头过河”，同样是渐进摸索，尝试纠错，但至少大方向是相对清晰的，那就是要“过河”。因此，与“摸着石头过河”相对应的是所谓的“逻辑渐进主义”，亦即有目的、有方向的渐进摸索。

早在1967年，爱德华·瑞普（Edward Wrapp）教授就勾勒出了逻辑渐进主义思路的主体框架。1980年左右，明茨伯格对管理决策和战略制定的研究进一步为决策的渐进过程提供了实例证据和概念框架。同期，詹姆斯·奎因教授的工作使得逻辑渐进主义的决策方法得到更加正式的呈现和推介，并在一定程度上对企业内正式的系统规划与渐进决策中的权力政治过程进行了巧妙的融合。

有目的之渐进摸索

在运营中制定和实施战略

企业的战略决策与其具体的运营细节不可能完全分开。企业战略和政策的调整，体现在日常的运营活动中。通过对一系列运营决策的观察，可以窥视出企业战略和政策的走向。有效的管理决策者通常不会清晰地给出明确的政策建议，从而将自己和组织无端地裹挟在正式政策的紧身衣里；相反，他们通过具体的行动来逼近既定的目标。有效的管理者明确地意识到组织问题难以用一揽子计划来全面彻底地解决，必须小步捯饬，渐进而行。他们善用耐心，避免政策层面的争论，聚焦在貌似孤立和偶然的细碎行动上，不断向目标推进和靠拢。当这些细节最终整合在一起时，大家便可发现一个总体方向明确、运作逻辑清晰的决策制定与实施过程。看似无序，实则有型。

管理决策者相应的技巧

在瑞普教授的眼里，有效的管理决策者通常展现五种技巧（参见表6.2）。

表6.2 拒绝政策紧身衣：有目的之渐进摸索

1. 管理决策者必须知情
保持多种信息渠道的畅通；
了解多方意图和诉求。
2. 聚焦时间和精力在有限的若干大事上
对自己上心的问题需要倾注大量的时间和心力；
要聚焦精力于三四件重要的事情上，不要四处出击、分散实力。
3. 发现和识别“无所谓走廊”（Corridors of Comparative Indifference）
组织只能在一定程度上容许和接受管理决策者的权威和直接命令；
决策者必须知道自己到底能硬推多远，知道别人可以承受的空间。
4. 通过开放性的目标为组织提供方向感
高层决策者要给组织提供大致的方向感；
目标要开放而宽泛，不能过于精准。
5. 在一系列的运营问题和决策中发现机会
好的决策者主要是一个随机应变者而不是一个计划者；
决策的实施靠的是管理决策者的技巧而不是计划本身的优劣。

资料来源：Wrapp, H. E. (1967). Good Managers Don't Make Policy Decisions. *Harvard Business Review*, 45 (5), 91—99. 本书作者翻译整理。

第一，管理者要非常知情，通过正式的和非正式的多种渠道获取信息，尤其是对企业不同层面的运营决策要有所把握。不管你在企业中爬梯子爬到多高，都必须保持这些信息渠道的时刻畅通，从而能够获得各个领域和层面的真实信息。

第二，管理决策者必须将自己的时间和精力投入到那些必须由自己亲力亲为的三四件重要的事情上去。这些事情通常对组织的生存和发展具有持久的影响和重要性，而且决策者可以在这些事情上真正有影响、有所为。这与广泛地知情和关注多方动态并不矛盾，只是说，从务实的角度来看，不能四处出击，过分地分散和消耗自己有限的实力。管理决策者所聚焦的这些事情，一旦办成，最好给上司、下属和同僚都能够带来绩效和荣誉。

第三，敏锐地洞悉组织的权力结构，善于参与权力游戏，挖掘和利用组织中那些“无所谓走廊”，很少或者绝不闯入被封闭的走廊，力求在相对中性和开放的空间行走，而不踩在别人的脚上。这就意味着，要极力洞察那些掌握核心权力的人员对不同领域事物的态度与偏好，敏锐地捕捉不同决策之间的各种潜在联系，更要耐心地等待合适的决策时机。

第四，与一般教科书中关于目标明确的说教截然相反，瑞普教授离经叛道地认为，管理决策者（主要是最高管理者）应该“显得不甚精确”。在使得组织中的人觉得有足够的方向感的同时，并不公开正式地明确界定组织的具体目标。目标是相对开放的，会随着组织内外的情况以及资源与能力的变化而变化。也就是说，组织目标的定义会与时俱进，不断被修正。否则，话说得太满，事情做得太明显，等于套上某种政策紧身衣，遇到问题难以有回旋的余地。

智力乃是根据变化进行调整的能力。

斯蒂芬·霍金

神经症在于没有能力去容忍模糊性。

西格蒙德·弗洛伊德

如此，为了不断改进，为了有意自保，为了防止由于公开明确的目标带来的反对势力更加直接和疯狂的阻挠，也为了给众人留出想象和参与的空间，决策者心目中的未来目标，不可能一览无遗地展示给众人，勾勒出来的只能是大方向上的承诺。其实，组织在任何时期的实际目标，是体现在一系列具体的运营决策中的，而不是挂在墙上的说辞和口号。这些决策本身比文字更有说服力和解释力。另外，对于组织中的部门和下属而言，组织的目标越明确，任务越具体，自己工作的可想象空间也就越小，实际上是减小了发挥自己才干的余地。

第五，管理决策者要善于“有目的地渐进摸索”。这里所要强调的是决策者的概念能力和整合能力。对知情的强调，意味着决策者要对组织中广泛的动态感兴趣。对聚焦时间和精力的强调，则要求决策者在广泛的兴趣和监控下，考量哪些东西与自己认为最为重要的几件事情有关。对政治游戏的提醒，意味着要善于等待时机，在不同的运营决策中发现关系和机会，将这些关系在适当的机会中进行整合与推动，从细微的运营决策中实现自己最终的意图。有关要保持目标相对不精确的忠告，也正是要给自己和别人更多的机会和可能性。这便是所谓的逻辑渐进主义：渐进背后有逻辑，有某种粗略的思路考虑。

对具体行动建议的检验准则

在有目的之摸索的过程中，如何判定到底采取什么样的行动？瑞普教授认为至少有三个基本准则。

第一，该建议或者其中的某些部分是否能够推动组织朝着既定目标的方向前进？

第二，该建议或者其某些部分将会如何被组织中的不同群体看待？谁会强烈反对？谁会大力支持？谁会感觉无所谓？

第三，该建议与现有的项目或者其他新提的建议之间有什么联系？是否能够被镶嵌在现有的项目上？是否能够跟其他的建议打包放在一起从而更容易在组织中被接受和推动？

显然，这些问题都是从实操而不是纯粹理性设计的角度出发的。通过在实操中可以被组织接受的行动组合，才能一步一步地朝着既定目标行进，有时顺畅，有时受阻，可能横着走，可能需绕道，也可能暂时后退、回潮。但最终的总体结果，是逼近既定目标，摸着石头成功过河。

正是：

高效管理决策者，渐进运作有方向；
兼听知情察动态，集中精力和能量。
权力游戏觅通途，政策目标多开放；
因循意图勤摸索，耐心平实柔亦刚。

“摸着石头过河”与顶层设计

在管理实践的进程中，所谓“摸着石头过河”的做法，经常被人们当作由于迫不得已而姑且为之的勾当。先干起来再说！走着走着，突然发现，水变得越来越深，石头似乎没有那么容易被摸到了，于是，大家开始焦急地反思和争论：我们不能再这样继续盲目地试探下去，而是应该更加清醒地进行全面系统的顶层设计。

> 工程、医学、商业、建筑和绘画主要关注的不是那些必需的而是那些权变的——不是事情本身是什么而是可能会是什么，简言之，即其设计。
>
> **赫伯特·西蒙**

这就出现了一个值得回味的问题：过河之前，或许大家尚有足够的时间去研究思考、计划准备，那时都没有心境和条件去认真仔细地做所谓的顶层设计，凭什么有理由去预期和要求，当下困囿于深水区的这些更加迷茫无助的“过河者”会更有心思、精力和能力去进行顶层设计？或曰：

下水前，不知深浅，无从设计。

身在“河中间”的困惑与焦虑

当知，下水之后，“过河者”并不一定变得比下水前更加从容淡定、神明有序；而且，是不是要在原定的地方到达河对岸，这个问题本身也会历经变化，招致怀疑；也许在很长一段时间内，大家都是顺水漂流，摸着石头朝着下游走，或许在某个意想不到的地方到达彼岸，也可能漂着漂着，又回到了出发的这一侧，并且会有人感慨喟叹：真是想不明白，当初那些人为什么那么着急地上赶着要过河呢?!

道理很简单，我们没有我们想象和期望得那么聪明。因此，我们不可能预知最优的方法路径，甚至不可能完全清楚地意识到我们行事的目标本身。在充斥着复杂性和不确定性的境遇里，通过尝试和纠偏来推进事物的进程向着阶段性预期的某个方向发展，将是一种常态。

所谓的顶层设计，是一种理想，偶可为之。尤其是在组织创立之初，做事的基本程序和相关的制度安排，可以通过先知先觉者的打造与坚持，形成特定的组织发展基因。至于组织进程中具体的作为和实践，则注定要依靠决策者在事件发生过程中的临机应变。不断地应对问题，解决问题，用新的问题替代老的问题。

无论是过河之前还是过河之中，有限理性的事实不会改变。没错，处在深水区的人们通常比在过河之前更加容易体会到顶层设计的必要性。但是，这一事实本身并不意味着身处深水区的人们更有能力和意愿去折腾奢侈的顶层设计。他们面临的更实际的挑战，是如何拼命地挣扎而不至于被淹死。

多变的问题

其实，到底过河不过河，什么时候过河，在哪儿过河，是不断变化的问题。当初为什么要过河？当初过河时为什么没有搞顶层设计？过河的过程中，如果发现河对岸并不如想象得如意怎么办？过河的过程中可能会牺牲骨干人员的生命时又怎么办？现在大家呼吁的顶层设计所真正要解决的问题，是当初的问题、当下的问题，还是未来的问题？

当初要过河，可能是要解决问题A。在过河的过程中，大家发现，问题A不再是主要问题，河对岸有更大的问题B。于是有人仍然坚持过河，有人希望折返，有人原地踏步，水性好的人可能希望一直在深水区里游泳。有人则伺机向下游张望说，河还是要过的，不如先缓一缓再做商议。当然也有一些人会说，上游风景更加靓丽，应该逆流而上，一鼓作气，进入理想境界的桃花源去。

无论显得多么理性，对顶层设计的期冀与企盼，都可能会将我们的思路带入另外一种思维误区：原来，由于看不清楚、想不明白而只能在黑暗中摸索。现在，经过了足够的探索和尝试，我们的经验和能力提升了，终于可以科学决策、顶层设计了。殊不知，我们现在看清楚的可能只是过河之前的问题。用今天的顶层设计去解决昨天的问题，与刻舟求剑无异。面对今天暗藏的一些更大的问题，我们也许更加无知无力、无助无奈，看都没看见，谈何设计？

在行进中不懈地探索

毕竟，我们是企图理性的。顶层设计的呼吁，自有一定的道理。增强做事的系统性和规划性，作为一种理想原则，估计谁也不会公然反对。然而，如果我们承认自己的有限理性，就必须接受现实，在尝试中行进，在探索中变革。增进顶层与基层的对话与互动，使得基层人士和意见能够有进入顶层的开放通道，这也许是比顶层设计本身更为重要和实际的。

如果我们在关键的节点上可以揉进些许顶层设计的话，那也应该是对于管理和决策准则的设计与改进，而不是决策内容本身。上下互动的实验与尝试，明确开放的上升通道，有目的的摸索渐进，鼓励在增量上做文章，尽量避免直接触犯既得利益者。这些基本的准则，体现了一个组织平和务实的态度和精神。即使是这种准则的设计，也注定要在具体的实践和探索中被怀疑、打折、篡改、扭曲。实践与探索，需要付出代价。

也许，呼吁加强顶层设计的人们，自己也清醒地意识到顶层设计本身的缺陷和困难。之所以仍然呼吁和鼓吹，其实是意欲重新定义问题，构建影响未来的权力。组织的最高层必须牢牢地掌握定义问题的话语权。而对问题的定义，则不必沉溺于过往的目标和经历。不法先王之法，而法先王之所以为法。用新的语境定义新的问题。在没有能力架桥的情况下，摸着石头过河的宿命也许在所难逃。其实，思路更加宽广一些，我们可以发现，除了河流，还有诸多其他的选择和比拟，高山、莽原、沙漠、草地、白云、蓝天。梦想照进现实，探索依然继续。

逻辑渐进主义

逻辑渐进主义的说法，由詹姆斯·布莱恩·奎因教授于 1977 年至 1980 年间在《斯隆管理评论》上发表的关于战略管理与变革的三篇文章中正式提出和详细阐述。奎因发现，20 世纪 70 年代盛行于全球大型企业的战略规划运动并没有给多少企业带来有价值的体验，反倒是增加了大家对战略的困惑，不知道如何将宏阔的规划和日常的运营有效地结合。具体而言，大企业精心设计的战略规划体系事实上并不能决定该企业的战略，它们实际上成为控制职能的延伸。而实际存在的鲜活的战略，则是在正规的战略规划过程之外产生的。奎因于是提出了逻辑渐进主义的概念，并通过整理 10 家大企业的战略变革过程说明一些重要的战略“子系统”的演化以及整体战略之形成逻辑都是渐进的。

在我年轻的时候，我总是想象有这样一个房间，企业所有的战略概念都在这个房间里制定出来。后来我发现这样的房间并不存在……企业的战略甚至可能并不存在于任何一个人的脑子里。我肯定不知道战略到底在哪儿写着。战略只不过是逡巡游荡于一系列的决策中。

奎因教授的高管访谈对象之一

相对于常见的基于理性设计的“正式系统规划方法”（The Formal Systems Planning Approach），奎因教授强调的是“权力—行为方法”（The Power-Behavioral Approach），类似于所谓的“根源法”。这种方法关注与决策相关的心理与行为因素以及权力的应用。具体的考察要素包括组织中的多目标结构、决策的政治过程、谈判与讨价还价、寻求问题的满意解、权力联盟的角色、渐进摸索的实践等。其要点如表 6.3 所示。

表 6.3　逻辑渐进主义的要点

“权力—行为方法”和“正式系统规划方法”这两个范式，每一个都无法合适地单独描述成功战略的制定和实施过程。
有效的战略往往是从一系列的“战略子系统”（Strategic Subsystems）中浮现的。这些子系统各司其职，专注于并购、剥离、重大重组等战略挑战，各自严格地遵循自己的规则。它们之间的运作可以渐进地、伺机行事地磨合出一种模式，这种模式便是企业的战略。
每个子系统自身的逻辑非常清晰强大。它们各自部分的运作是符合正式规划所要求的特点的。
由于“认知限制”和“过程限制”，几乎所有这些子系统以及与之相关的正式规划举措都必须通过所谓“逻辑渐进主义”的方法来管理及融合。
逻辑渐进主义不是简单的“跌跌撞撞，得过且过”，而是有目的、有效的和积极主动的管理方法，旨在改善与整合战略的理性分析与行为要素。

资料来源：Quinn, J. B. (1978). Strategic change: “logical incrementalism.” *Sloan Management Review*, 20 (1), 7—19. 本书作者翻译整理。

与林布隆的枝节法和瑞普的有目的之渐进摸索学说略有不同，奎恩并不完全抛弃基于理性设计的正式的战略规划体系，而是试图将权力—行为方法与正式系统规划法有机地结合在一起，这种整合的理论框架才是他心目中的“逻辑渐进主义”。

渐进的逻辑

高层管理者倾向于渐进行事。对问题早期的承诺往往是宽泛的和尝试性的，并且要不时地进行回顾和审视。许多情况下，企业以及外部的利益相关者很难确定不同选择方案的确切结果和影响。各方通常都希望能够测试自己的假设并有机会去学习和应对他人的反应。即使是在重大压力之下，大多数高管仍然对权力关系极为敏感，并试图改进权力动态对自己的影响。通常，他们会故意延宕初始决策的出台，或者用宽泛的语言来描述决策，从而能够鼓励下属参与，更多地从相关的专家那里获取信息，增进大家对决策实施的承诺。有时，危机会逼迫决策迅速出台。即使在这种情况下，决策者仍然希望能够保持多项选择的可能性，直到他们相对清晰地知晓危机和相关的决策如何影响他们的权力基础以及重要利益相关者的利益需求。

除了认知上的有限理性，奎因极力强调所谓的“过程限制”（Process Limits）。使大家对战略方向和具体决策产生明确的意识，造就大家应对战略变革的信心基础和应对风险的“舒适空间”，达成一定的共识，遴选和培训人员，开发和积累与某种领域相关的组织资源与能力，尝试建立早期的标杆和基础，这些活动都需要逐步递进的过程，不可能一蹴而就。无论是系统规划还是跌撞摸索，都需要具体的步骤和相应的时间。渐进，乃是组织中战略变革的自然节奏和逻辑。

战略子系统中的渐进主义

有意识的渐进主义可以在多个方面帮助相关的战略子系统：应对认知和过程上的限制；建立决策必需的逻辑分析框架；促成相关部门与个人对有效地实施企业战略所必需的意识、理解、认可与承诺。让我们来看一看企业“多元化管理”子系统。对于业务多元化的备选方案，需要按部就班地考察其与企业现有业务和文化的匹配。同时，子系统的决策者也要考虑相关的权力和行为因素可能对选择某个方案产生的正反面影响。无论是理性分析还是行为政治，都需要采取渐进的过程。

正式规划与行为政治的融合，具体体现在如下几个方面：首先，诱发高层对多元化战略的心理承诺，使他们意识到多元化战略的必要性并在多元化的大致方向上产生某种基本的共识。其次，通过早期的尝试提升决策者对多元化战略可能带来的风险之承受能力。这样可以帮助大家建立对待风险的“舒适地带”和一定的信心基础。最后，建立新风尚。新业务的成功会提升相关部门和人员在企业中的地位和权力。由此，相关的人员可以获取更多的资源，得以提升至企业总部高层，从而影响企业未来的战略走向。

总之，在多元化子系统中，决策者通过渐进的方法，不断确立和改变多元化战略的方向和优先次序，把握权力动态、组织资源与能力的变迁以及各种机会的出现，从而创造新的战略潜能。

逻辑渐进主义的动态进程

管理决策者往往通过多年的系列决策去推动不同子系统的运营与改进，并试图从这些序列的和渐进的决策过程中发现关联，形成范式，从而实实在在地影响企业的战略进程。战略决策是一个动态的过程，需要保持一定的灵活性和实验性，从宽广的概念到具体的承诺，最好不要盲目地过早进行承诺，尽量获取信息，降低风险。

可以说，逻辑渐进主义并不反对理性分析和正式规划，也不意味着完全的被动反应和无所作为。从概念精神上说，逻辑渐进主义是一种企图将正式组织程序和实际的权力政治行为有机结合的哲学理念。从决策过程和实操机制来说，逻辑渐进主义是一种充满“实践理性”的决策方法，可以在多种形态的企业里和不同性质的组织中有效地践行。

正是：

复杂组织大体系，协同作用相互依；
变革常宜渐行进，实施最宜应逻辑。
倡促容忍与理解，疏减反对和阻力；
收放自如因势导，总向终极目标趋。

垃圾桶决策模型的管理启示

我们力图通过正确的决策有效地实现我们的目标。但我们常常会惊讶地发现，事情往往是顺便办成的，尤其是重要的大事情。怎奈，生活似乎不讲理。应该的事情很多，但事情通常却偏偏不按“应该”来发生，而是碰巧出现。下面，我们考察决策过程的模糊性和随机性，具体聚焦于所谓的组织决策的垃圾桶模型。

决策之模糊随机

虚构事例：碰巧的欢喜

《辕门斩子》一出戏中，杨宗保违反军令，穆柯寨私自招亲穆桂英。“犯军令理当斩以昭警戒”，其父三军元帅杨延景无奈欲将其斩首。佘太君求情，八千岁求情，延景就是不准，于理也不应该准。正面求饶不能解决问题。穆桂英下山投宋，包打天门阵，为本来一筹莫展的杨延景解了燃眉之急。延景因而赦免宗保，令其夫妻戴罪立功。如此，杨延景的一个问题成了另外一个问题的解决方案，或者说两个问题互为解决方案。如果两个问题未能恰巧碰面，单独铆劲解决任何一个问题都难以成功。

刘震云的小说《一地鸡毛》中，小林的妻子因家离单位远而多次向其单位领导呼吁增设班车站点，但总不能如愿。过了一阵子，班车却鬼使神差地突然开通了。小林欣喜之余，一打听才知道，是单位里新来了一位某个领导的亲戚，也住在这一片，于是班车便有了他们这一站。自己天天努力催促领导，没有任何结果。由于沾了别人的光而顺便实现了自己原本努力达到的目的，心里却像吃了个苍蝇。是悲还是喜？跟谁讲理去？

国际风云：信不信由你

国际冲突，可以外交手段解决，也可诉诸刀兵。如果碰巧一国新上台的领袖鹰派风格，作风强硬，民众情绪高涨，热血沸腾，而其军方此时正好有一批军火要报废，很可能就顺势兵戎相见，把要报废的军火储备派上巧用。有人问，国家打仗哪能靠这种混蛋逻辑？也难说，军方首脑可能架不住军火商的诱惑，需要不断地购买和消耗军火。政客需要军队显示威风。军队的存在本身就是“解决方案”仅过来寻找可以应对的问题和要摆平的事情。没有冲突时，就已经摩拳擦掌。冲突来了，更是主动请缨。稀里糊涂，就干上了！

大学教授：窝囊的便宜

假设你是某大学的教授，由于科研需要急欲更新计算机设备，于是找系主任申请。一般情况下得到的答复是，今年的预算已经用完，等到明年才能提上议事日程。按道理，这事儿现在办不成。不成想，你正在与系主任纠缠，你们的一位副院长突然进来了。他恰巧刚刚从校外拿到一笔科研经费，按规定只能做购置设备之用。他要买台新计算机，并主动要把自己现在的（已经非常高级的）计算机让给你。他是你的领导，曾经在评职称时跟你“合作”发过学术文章，因此，此举既满足了你的急用，也还了你一个顺水人情。你得到了计算机，却又觉得有些搓火与龌龊。苦笑挂在脸上，委屈藏在心里。说了这么多，跟倒垃圾有什么牵扯呢？

决策的垃圾桶模型

马奇教授与其同事曾经构建了一个有关组织决策的垃圾桶模型（如表6.4所示）。依照其理论构建与计算机模拟研究，在很多情况下，某些特定的组织就像是一只垃圾桶。其决策过程就是垃圾积累和倾倒的过程。而这个过程充满了模糊性和随机性，貌似繁杂无序，其实是有一定的规律和章法的。问题得以解决的方式也可能有若干种可能性。

表 6.4　决策的垃圾桶模型

由于其决策过程的模糊性和随机性，某些组织可以被称为“有组织的混乱”。这种组织中的决策可以用一个垃圾桶模型来描述。

此类组织有三个主要特征：
多种相互冲突的目标偏好（Problematic Preferences）；
不确定的运作机制和流程（Unclear Technology）；
多个决策者的流动性参与（Fluid Participation）。

决策的产生取决于四种垃圾流的相互耦合：
问题（Problems）：组织内外的人们关心的事情和需求等。
解决方案（Solutions）：组织中某些部门或人的产出。
参与者（Participants）：参与决策的人是不断流动的。
决策机会（Choice Opportunities）：组织被预期要产生决策的时点。

决策产生的三种方式：
解决（Resolution）：有些问题在不断的主动选择中得到解决。
疏漏（Oversight）：做出了决策的选择，但没有遇见要解决的问题。
逃离（Flight）：做出决策时，相对应的问题已经逃离到新选择中去。

资料来源：Cohen, M. D., March, J. G., & Olsen, J. P. (1972). A garbage can model of organizational choice. *Administrative Science Quarterly*, 17 (1), 1—25. 本书作者翻译整理。

什么样的组织像垃圾桶？

什么样的组织像垃圾桶呢？简言之，就是“有组织的无政府主义”或曰“有序的混乱”（Organized Anarchies），比如某些大学、医院、酒店、政府机构等，即那些各个组成部门相对独立而又连接松散的复杂性组织。这种组织通常具有三个特征：首先，组织目标与偏好繁多，不可能完全清楚一致地界定，部门间的利益存在较大冲突。其次，组织的运作流程和解决问题的方法不够清楚透明，组织中的成员只能在尝试中摸索。最后，决策者来来往往，去留不定，对某个决策过程的参与具有较高的流动性。试想，在这样一个运作规矩混乱、利益错综复杂、人员流动迅速的环境里，

“为了一个共同的目标而努力奋斗终身”的可能性可谓微乎其微。大家并不是一辈子在这里，所以没必要认真讲死理。显然，这时的决策有很大的偶然性和临时性。许多情况下，决策做出了，但却没有解决任何问题。

> 互联网是人类构建的第一个连自己也无法确知的东西，这是我们进行的最大的无政府主义的实验。
>
> **埃里克·施密特**

垃圾桶里装什么？

如果这类组织是一只垃圾桶或若干只垃圾桶，那么垃圾桶里装什么呢？有四类垃圾流不断地在垃圾桶里汇集积聚：问题和事情、解决方案、决策者以及决策时机。组织内外的相关者们的愿望、想法、不满、要求等都是需要解决的“问题”。“解决方案”就是能够为别人的问题提供答案的事情与东西，通常是组织中某些人与部门的功能与技艺，是他们的活动产出的结果。“决策者”是组织中要解决问题的人。“决策时机”就是组织按照预期必须产出某种决策的当口和契机。

四类不同的垃圾，被不同部门中不同的人按照不同的顺序倾倒进垃圾桶中，这些垃圾得以用不同的方式耦合：问题在寻找可行的解决方案；解决方案在寻找可以解决的问题；决策者在选择究竟要干什么或者不干什么；决策时机促使或者逼迫决策者做出某种选择。它们倾向于互相寻找和接触。问题的解决与否，则取决于是否有某个决策者在适当的决策时机使得某个需要解决的问题与某种可能的解决方案连在了一起。

决策是如何产生的？

垃圾桶满了的时候，不得不倒；不满的时候，规定的时间到了，也得按时倒。于是决策必须出台。但是决策本身并不一定能解决问题。垃圾桶模型中，组织决策的产生可能有三种方式。第一，解决。决策者可以努力造势做局，力图坚决彻底地解决某个问题。第二，疏漏。某些解决方案可能在多个决策时机屡屡遇不上合适的问题，于是资源惨遭浪费，问题仍然是问题。第三，逃离。问题也可能由于得不到解决而与新的选择机会结合，而原有的选择即使导致了决策的产生，却没有问题可以去解决，因为问题已经与新的选择相伴。

根据马奇等的模拟结果，第一种方式，即“我们一定要把××搞定”的解决问题的方式，在大多数假设条件下，不是最常见的成功解决问题的方式。但也不是说甚为罕见。任务清楚，目标单一，时间充足，资源富裕，或者“不成功便成仁”的时候，该方式还是可行的。比如，一个人可以一辈子考大学，旨在“范进中举”。一个军事长官也可以对其敢死队说：“给我顶住！不然老子毙了你！”当组织复杂到一定程度，如垃圾桶时，这种解决问题的方式大概就不那么灵验了。但最终而言，那些重要的问题还是可以得到解决的。

第二种方式可能也比较普遍。比如，上面换计算机的例子中，可能一个组织中某些人或部门的计算机更新得很快，换下来的机器被闲置浪费，而别的人或部门急需这些退役档次的机器却无力支付。因为没有沟通，问题与解决方案不能相遇。即使有决策者同时知道问题与解决方案的存在，也不一定愿意去促成问题的解决，或者因为他与其中一方不和，或者多一事不如少一事，解决了这个问题可能会引发新的对自己个人或部门不利的问题。也就是说，解决问题是需要决策者的能量的，包括心理的、物质的、政治的，等等。

第三种方式是逃离。问题得不到解决，就逃离原来的定位和选择，争取与新的机会耦合，即使老的选择产生了决策，也不再有需要这个决策的问题。比如，一个人老是抱怨自己所属工种的工资太低，有机会就去人事部门反映问题，但这个工种就他一个人，组织犯不上为他费力气单独定政策。但他偶尔听到另外一个自己也能干的工种可能有较高的待遇，不过必须在该工种有一年以上的经历，于是立刻转岗过去。他刚转过去，国家就出台了政策，明令规定他原来的那个工种不能低于某种待遇。即使此时该组织执行国家规定出台新的薪酬政策，也已经没有对应的人属于这个工种了。而原先的抱怨者仍然没有解决其问题。

如何倾倒你的垃圾

如果决策果真如倒垃圾，就一定意味着决策完全无序吗？非也。知道了垃圾桶的机理，还是能够在“有序的混乱”中摸索出一些门道的。比如，经常上网的朋友都知道，当某网站流量稀松的时候，一些垃圾烂帖也会招致很多点击和回复；当网站流量巨大时，很多精彩好帖也会被滚屏淹没。垃圾倒得太早，可能被压在桶底，难以与企盼的其他垃圾碰面。垃圾倒得太晚，可能会失去与要解决的问题或者要寻求的解决方案接触的机遇。什么时候倒垃圾，跟谁同时倒垃圾，倒什么样的垃圾，垃圾与垃圾之间耦合需要多少能量，是九牛二虎、费力不讨好，还是随手之劳、轻而易举，这些都是想要把事情办成的人必须懂得的秘密。你可能看不惯，可能生闷气，可能非常理性地歇斯底里，但很多情况下，决策还真就是倒垃圾。

正是：

有组织的乱哄哄，各部目标常相冲；
运作程序混散乱，随机决策垃圾桶。
你来我走决策者，问题解答皆耗能；
待到决策时机到，垃圾出清事或成。

有目的地折腾：大事儿往往是顺便办成的

按照垃圾桶模型的思路，即使是在有组织的混乱状态，重要的问题，或晚或早，大概都会解决。这是因为重要的事情通常权重大，出现的次数多，更有机会得到注意，更能吸引解决方案的出现。但我们还经常看到另外一种情形，大事儿往往是顺便办成的。不一定是极力强攻、主动出击，而是机警敏锐地审时度势、伺机行事。也就是说，在更加广阔的空间，许多重大问题也可以通过原本是“疏漏”和“逃离”的决策方式解决。此时，“荒废”和“流拍”则恰好由“邂逅”和“巧遇”所代替。

坚决彻底与相对隐匿

我们“一定要如何”的说法，比如，我们一定要解放全人类，曾经非常时髦、激动人心，很有一些不达目的誓不罢休的劲头。然而，当人们如此心潮澎湃之际，他们大概很少会意识到，人世间的许多事情，其实往往是顺便办成的。也就是说，许多事情通常是在干别的事情的时候无意间捎带办成的，或者通过干别的事情的名义和手段，有意从暗中操纵和促成的。如果干什么事都目标明确、途径清晰，则办事完全靠的是蛮力，缺乏技术含量。比如，丛林战略中，我比你的劲儿大，我要夯翻你，我就拼命夯翻你。这是野蛮人的做法。

自从有了人类文明史，就有了所谓借刀杀人的伎俩。于是，一切人类活动，便都有了浓重的政治色彩，平添几分诡秘和狡诈，隐匿了些许率直与露骨。目标越明确，反对势力就会越警觉；途径越清晰，阻挠和反击就越容易奏效。生拉硬拽，强取豪夺，明目张胆，正面攻击，在很多情况下，尤其是在与对手势均力敌或者弱于对手的情况下，通常难以达到预期的效果。

小孩子最知道自己的利益

二十年前笔者还在美国的时候，某次在家里请朋友唱卡拉 OK，某友人三岁之子霸占着话筒自己瞎玩，不唱，也死活不撒手，谁要都要不回来。笔者急中生智，顺手从茶几上递过去一听雪碧。于是，一手接饮料，一手交话筒，不需任何言辞，立马成交，宾主尽欢。这是笔者记忆中少有的一次可以称为耍弄政治游戏的勾当。后来好长一段时间，笔者都为当时这一创意甚感愧疚却又自鸣得意。直到自己有了孩子，才知道如此拙劣之举对家长而言简直就是家常便饭。不是你糊弄孩子，而是孩子时刻对你进行人之本性的教育。其实，在关照自己利益的时候，孩子和大人的智力是对等的。孩子的反应出于本能，可能比已经被各种所谓教育缴了械的大人更敏感、直接、真实和鲜活。

利益与交易

虽然笔者从小学开始就当干部，但对政治游戏和手段基本上是不开窍，甚或反感、躲避，直到今日，也只沦落为一个纸上谈兵的下场。好在纸上谈兵的人虽然迂腐，但迂腐得真诚，大概也可能会多少领悟到一些道理。而真正在世事中眼观六路、耳听八方，将对手玩弄于股掌之间的高手，往往是不会自暴真经的。他们喜好大肆宣讲的基本上是“我们一定要如何如何”和“你们一定要怎样怎样”之类的豪言壮语。因此，笔者所言，不过是一个迂腐的管理学教授之痴人说梦。姑妄说之，姑妄听之。

上初中的时候，一次学校包场看电影。给全班同学分完电影票后，笔者发现有些人没来，于是就把剩下的票交给老师了。一个在小学时也当过干部的同学当场责问我，交上去也是浪费掉，为什么不把多余的电影票送给邻居朋友，下次找他借小人书不就方便了吗？或者送给校门口卖冰糕的，下次打完排球想吃冰糕不就可以不掏钱了吗？笔者当时实在哑口无言。笔者是一个按规矩执行任务的人，即所谓的“乖孩子”“好学生”。他是一个随时想着利用资源办事的人，并不一定是什么“好学生”。怪不得，现在他是一位老板，笔者则是一个教书匠。学校要能“教”出企业家才见鬼了呢！

真正接触到政治游戏的力量，是在大学期间。柯云路的小说《新星》在20世纪80年代是被大学生们当作政治学和社会学文献来读的。大家对改革新星县长李向南（尤其是冷面帅哥周里京的电视剧版形象）多是万般推崇，而对所谓保守派的县委书记则是厌恶至极。但对我触动最深的还是该书记小女儿的一段话：“如果我反感某个人，我才不会在我爸面前说他的坏话呢，我只需要说这个人经常和我爸反感的人在一起就行了。”这种政治基因，真是代代相传。当年，玄德公也没说“吕布真是坏透了，一定要将其千刀万剐”，只一句“你可知丁董之故尔？”便足以促使曹操结果了吕布的性命。读三国，是书上的故事。看同龄人，是一种现实的震撼。

激将法之旁敲侧击

千万别把这当成是中国特色。其实，哪儿都一样。饱经沧桑世故的“老游击队员”也未必不被蛊惑。当年看美国某电视剧，男主角想说服到他家过年的岳父与他一起搭架圣诞节的彩灯，而老头儿毫无兴趣，甚至反感那些花里胡哨的灯饰。男主角知道从海军退役的岳父历来看不起海军陆战队的人，认为他们不是真正的海军，海上功夫根本不灵。于是，男主角慢条斯理地对岳父说：“您看，街对面那家的灯饰是这条街最漂亮的，是他们家老爷子亲自操办的，人家海军陆战队的人动手能力就是强。”老头儿一听，二话没说，就冲出门外，开车直奔灯具店去买更好更大的灯了。话说到点子上，事情就被捎带着办了。

跨国交易中的诡异

国家层面的事情，何尝不是如此呢？明修栈道，暗度陈仓，假道伐虢，围魏救赵。古今中外，多少秘密的握手，就把多国间的事情摆平了，有些直截了当，更多的则是互相捎带、各自顺便。近代日本的国策，应是令人瞩目的例子。自明治维新以后，日本加速其工业化与军事化进程，成为亚洲较早发展起来的国家。囿于资源困扰，日本时刻觊觎周边国家的资源。第二次世界大战中日本与轴心国为伍，其称霸东南亚继而整个亚洲的野心昭然若揭。由于树敌过多，强攻珍珠港，激怒美国，招致原子弹袭击，最终不得不投降。

当日本以战败国的面貌出现在世人面前时，得到了美国人员的大肆同情与援助。然而，人们不应忘却，战争只是实现国家利益的一种手段，非常极端的手段，而国家利益的实现，可以通过政治、外交、经济等其他多种方式。日本企图称霸的最终目的，在于攫取和使用别人的资源。这一目的，通过军事行动没有实现。但是战后的几十年，通过商业行动，日本不仅照常使用着别国的自然资源，而且大量使用着东南亚诸国以及其他国家的人力资源，为日本企业的盈利做贡献。糖衣炮弹，胜于炮弹。

伺机录制超大交响曲

举世公认的马勒《第八交响曲》（“千人交响曲”）的最佳演绎，是霍伦斯坦指挥伦敦交响乐团于1959年的录音。其之所以能够得以演出并被录音主要在于当时英国广播公司（BBC）第三台财务预算末期出人意料地出现了一笔可观的剩余，必须在预算期满前花出去。而主管古典音乐节目选择和录制的经理恰好同情马勒的音乐并且知道霍伦斯坦一直想要录制该作品的愿望。于是，一个偶然的机会，为后世音乐爱好者留下了宝贵的惊喜。

如果在做预算的时候就申请这样一个动用1 000人左右的项目，肯定会因成本控制的考虑而被否决。即使该经理企图故意压缩其他开支从而造成节余，则也需要过多的能量耗费，承担更大的风险，从而遭受他人的批评，结果必是望而却步无疑。如果他没有这种潜在的梦想和冲动，这种选择恐怕也难以被想起。如果没有指挥和乐团的积极配合，更是难以促成此举。多方因素，恰好给力。

巧立名目：企业家的把戏

再看企业层面的情形。改革开放之初，你想开民办银行，政府不让。怎么办？顺便借道。就实质而言，你只要有资金吸纳，并且能够将资金留存一段时间，自由周转，或者不需要一次性将与资金等价的物品全部提供，你就是银行性质的经营。

当年，中原某市有一家读书社，实行会员制，多家站点遍布全市。会员一次性交纳年费若干，便可在全市任何站点免费借书还书。如果有足够的会员规模，就会有足够的现金吸纳。这在当时图书种类和数量匮乏、图书馆系统与公众基本隔绝、大家尚以读书为荣的年代，无疑给大家（尤其是学生和待业青年）提供了很大的方便。从政府到学校，再到家长，谁会反对读书呢？因此名正言顺，模范典型。读书社可以去废品店廉价购书，可以从图书馆和学校拿报废的书，可以收购一些民间的书，门面房在当时还算廉价，除去运营成本，吸纳的会费资金就可以投资实业，比如煤矿等。这种思路和实践远远早于甚至高明于“罐头换飞机”的易货贸易思路，应该说是改革开放后民间资本运作的先期亮点。

大事儿也是顺便被摊上的

当然，在人们顺便办成了一些事，甚至办成了一些大事，从而功成名就以后，他们很可能会忘却，其实这些事情都是顺便办成的，而反倒会坚信自己能够心想事成且屡试不爽。控制性臆想作祟，无端膨胀，难以自拔。于是，许多先锋与高手又捎带着开始铁窗生涯，或者黯然退场了。从安然，到泰科，再到世通，从三株，到科隆，再到三九，我们看到的是急速成事，而又急速倒台。昨天还令人啧啧赞叹的榜样标兵，倏忽间，在“一定要成为全世界最×××”的呼声中，轰然坍塌，一落千丈。这些资本运作的高手，看得我们眼花缭乱。世通虚报利润 110 亿美元，怎么办？兼并。搞个上千亿美元的兼并，百亿美元级别的亏空，不就显得小菜一碟了吗？把现有的棘手问题埋葬在一个可以被描述为“新的契机”和“美好未来”的大问题中，不就能“一俊遮百丑”了吗？

所以，就管理者的招数而言，最日常、最普通的做法是不断地用新问题顺便掩盖老问题，或者在试图解决新问题的时候，顺便解决老问题。不能太露骨，也不能前后丝毫没有任何关系。当然，任何做法都会出现问题。这种顺便解决问题的方法，也会出问题。也就是说，很多事情是顺便解决的，很多事情也是在顺便被解决的过程中败露的。并且，事情的败露本身也是顺便发生的，比如世通的败露，是因为内部“吹口哨”者偶然发现会计偏差，而并不是被“一定要把打假进行到底”的“王海”们发现的。这好比是一个人超速驾车，被警察拦下，由于言语支吾、形迹可疑，又被警察发现了车里藏的毒品。一个人的事情顺便败露，其实，就是另外一个人的事情顺便办成了。看问题的角度不同而已。

明枪易躲，暗箭难防。当你再次听到谁对你说“顺便说一下……”的时候，你应该知道，“顺便”的东西才是真正的东西。不管是好是坏，一定要竖起耳朵，睁大眼睛，看你是否顺便被裁掉、贬职或者打击。从积极的方面讲，掌握资源的人顺便的一句话，可能就是你实现目的之通途。与其潜心栽花，不如随意插柳。就企业而言，战略与计划，不过是为了增加歪打正着的机会和可能性，而顺便成事往往发生在有意的不经意间。如何有意的不经意呢？当然是“要想鞋湿透，最好河边走”啦！

第七章
决策底线：伦理道德的约束

就事实判断而言，无论是对个人还是组织，只要法律没有明令禁止的，就都可以去做。然而，在现实世界中，所谓的合法性，不仅意味着要合乎法律条款和行政规制，还意味着在人情世故、传统习俗、公众评判和社会预期等多方面要做到合乎情理。因此，在价值判断层面，尤其是在伦理道德方面，决策者应保持某种基本底线，从而保证其决策的社会合法性。忽视决策的社会合法性考量，即使决策在事实判断层面无懈可击，也会对决策的实施过程以及实际结果产生负面影响。如何保持某种特定的伦理道德底线，乃是管理决策者在日常工作中必须面临的重大挑战。本章着重探讨管理决策的伦理道德约束。首先，我们比较全面地介绍多种伦理分析框架及其背后的道德哲学。其次，我们聚焦于意识形态的考量，探讨管理者合法权威的来源、其行为的社会合法性，以及企业在社会责任方面的应对与担当。最后，我们考察决策过程中的公正性问题，并比较过程公正和结果公正等不同的决策准则及其在现实中的实践和应用。

管理决策的价值判断

源自哈佛商学院1965年正式推出的SWOT分析，如今已经成为一个广为人知的战略分析基本框架。其实SWOT分析只是哈佛战略分析框架的一个部分，也就是其事实判断层面，可以帮助管理决策者判定企业在其环境中可以做什么，以及其能力决定了它能够干什么。大家经常忽视的，则是该框架中的价值判断部分，涉及管理决策者想要干什么，以及公众、社会与政府认为企业应该干什么。事实判断，力求组织能力（优势与劣势）与外部条件（机会与威胁）的匹配与契合。价值判断，讲究管理决策者以及企业的价值偏好与社会预期的交集与合规。这里，我们首先简要描述事实判断与价值判断的关系，然后集中阐释伦理道德的标准，重点探讨价值判断与社会合法性的考量对管理权威与决策的影响。

事实判断与价值判断

大凡世事，皆可从事实判断与价值判断两个层次来探究。事实判断，依据某种观察方法和分析手段，对事物的实质与状态或者事物之间的相互关系与运行模式进行描述性的说明和阐释，讲究冷静、客观、准确、真实。事实判断所探询的问题通常是“是什么”“怎么样”“为什么”“可能不可能”。价值判断，遵循某种价值标准和偏好体系，对事物本身的存在与特点或者事物之间的关系属性进行评判性的陈述和褒贬，涉及是非、对错、好坏、爱憎。价值判断所探寻的问题通常是“对不对”“好不好”“该不该”“喜欢不喜欢”。

事实判断与价值判断之关系难解难分

当然，人们在进行事实判断时，往往会受到其价值判断的影响和约束，因为人们的爱憎好恶不仅会影响其冷静与客观程度，而且会影响其对观察与分析手段的选择，从而影响其判断的准确性与真实性。比如，不管在少数服从多数还是大家推崇一人专断的价值偏好情况下，一时流行的对事物规律的理解都可能会非常荒谬。同样，价值标准与偏好体系的形成与改变，以及价值判断的实践过程，多多少少也会考虑或者参照事实判断所得出的对事物的直观印象以及对事物背后规律的基本理解。比如，一般的社会道德准则崇尚尊老爱幼。这种道德规范，在很大程度上是基于“老幼的行为能力相对有限”这一基本事实判断。

在现实中，人们的事实判断与价值判断通常是难以完全分开的。仁智并见，各执一词。比如，我们经常听到“××当年曾经被错划成了‘右派’”的说法。言外之意，似乎还有人被“正确地划成了‘右派’”。其实，这句话说的本来应该是两个层面上的意思。第一，划“右派”这件事对不对？这是价值判断的问题，是原则问题。第二，这个人是不是按照“右派”的标准被划成了“右派”？这是事实判断的问题，是技术问题。我可以说划“右派”这件事本身是错误的，但如果我确实是按照“右派”的标准被划成了“右派”，那么我就不能说是被“错误地划成了‘右派’”，除非是开会选“右派”时我不在因而被偶然选成了“右派”。

价值判断对事实判断的混淆

可以说，事实判断讲究的是冷峻客观，而价值判断则通常比较随意任性，并且会影响价值判断的准确性，甚至颠倒是非、混淆视听。事实上，在我们的实际生活中，除了某些受过专业训练的职业人士，很少有人会刻意地去区分事实判断和价值判断。大家往往是将事实判断（客观道理）和价值判断（个人好恶）混淆在一起。这种偏见，其实是一种常态。某些人或机构还可能更进一步，大凡遇事，则千方百计地将大家的视线从事实本身引开，借机造势，或打悲情牌，或讲家国情怀，自占道德高地，从而在公众舆论领域获得大家的同情和支持。

比如，遇到地震等灾情，某企业家可能对自己的员工说，大家捐款救灾，无论多少，都应该量力而行。说的倒是实在话。但那些自诩高尚之辈，自己一分钱也不捐，还可能破口大骂该企业家“为富不仁”。当一个人与另外一个人进行辩论的时候，如果在事实判断层面理屈词穷，而又要照顾自己的脸面，不愿意认栽跌份儿，他就很可能会从道德伦理的层面抬高自己。比如：你嚷什么？你这是对待同事该有的态度吗？你以为你是处长就可以这么强词夺理吗？或者说，你就不能绅士一些吗？难道说，我们弱势群体就应该遭受这种待遇吗？

再比如，在任何一个国家，当一个本土企业在与外资企业的竞争中处于弱势或者受到威胁时，它很可能会高高举起爱国主义或者民族主义的旗帜，呼吁民众出于道义方面的责任来同情与支持自己。因此，无论是在个人层面还是在组织层面，无论其实际对错，伦理道德方面的说辞和操纵都不能轻易忽视，因为他们最容易在民众中迅速产生直接的共鸣。立场和观点每个人都有，而且可以随时随地针对任何事情倾情抛洒。而事实的真相本身，通常很难有足够的信息被立刻判定，而且大家可能根本就不在乎，无意知晓或追究。

不畏浮云遮望眼

然而，在有些领域内，在事实判断层面进行专业的剖析还是可能穿透价值判断的虚妄，冷静客观地看清事情本身更为关键的节点或要素。比如，基辛格等信奉“真实政治”（Realpolitik）的美国务实派的外交学者和外交家，一直强调美国外交政策不能被“意识形态的优越感”（Ideological Supremacy）所绑架，而是要冷静地分析美国的国家利益所在以及地缘政治等多种客观因素对美国全球外交和军事政策之制定与实施效果的影响。然而，纵观历史，美国政府的实际决策与结果，也许永远难以逃脱意识形态的优越感和浪漫主义的窠臼。在笔者的记忆里，倒是有一个事例，比较精彩地呈现了真实政治所推崇的客观分析所带来的独特见解。

三十年前，笔者在上大学期间曾经在图书馆看到过美国塔夫斯大学 Fletcher 外交研究所某位作者的研究报告。这份报告大概是在 20 世纪 70

年代中期发表的，它分析说，美国出于遏制共产主义在亚太地区扩张势力的理由，出兵越南，打击越共，进而深陷泥潭。这种外部压力的出现，也在某种程度上导致了中国和越南两国在社会主义阵营中更加紧密的合作。实际上，虽然中越两国具有相同的意识形态，但两个国家历史上就在种族和边界等多种领域存在持续的冲突。一旦来自美国的外在压力撤出，中越两国之间的内在矛盾就会凸显。这种矛盾可能导致的潜在争端是符合美国利益的。笔者当时看到这种“实事求是”的分析，着实感到一种震撼。果然，1979 年，中越开战。虽然开战的原因复杂众多，但上述报告之预测，至少命中了其中的一部分。

总之，面对世间事实判断与价值判断之相互纠缠、难分难解，管理决策者既不能忽视价值判断的蛮横与挥之不去，也不能丢缺了事实判断的严谨与精准，既要尽量保持分析的冷静客观，又要洞察和知晓不同的价值判断背后的门道与利益。下面，我们首先简单介绍与道德伦理相关的多重理论框架，然后探讨管理决策者的合法性权威究竟来自哪里。我们会通过一个典型的案例引发大家对于管理决策者如何保持某种特定道德底线的思考。

道德框架与伦理准则

伦理道德的探究方法与应用层次

每个社会或者群体，都会有其特定的道德框架与伦理准则。这些框架与准则帮助其成员判定正邪对错与好坏善恶。对于伦理道德，至少有三种方法可以用来探究：描述法、分析法和规范法。

描述法（Descriptive Approach）旨在客观地描述勾勒或者解释说明某个群体中奉行的道德准则，而并不对其进行任何评判性的裁量，也不涉及是否对其进行推介和宣扬。分析法（Analytical Approach）则重在理解特定伦理道德信条背后的道理和因由，探究它们为什么能够成立或者持续存在。规范法（Normative Approach）则注重强调和提倡某些特定的道德伦理信仰与标准。其主旨并不在于客观描述，也不在于道理分析，而在于倡导人们在日常的行为中以某种道德框架和伦理准则来约束自己。我们经常遇到的关于伦理道德的说教和评判，通常是在这个层次上的，要看我们的行为是否合规或者不出格。

在现实中，伦理道德的应用与裁定是分不同层次的。不同层次之间的伦理道德规范可能有共同、类似或者平行之处，也可能大相径庭甚至背道而驰。对于一个企业或者类似的组织而言，至少三个层次的伦理道德考量是相关的：个体、组织（企业）和系统（市场经济）。

伦理道德规范的相对性

无论采用什么方法进行考量或者在什么层次进行应用，管理决策者面临的一个核心问题是，如何判定一项决策是否符合伦理道德规范？首先，管理者可以说，一切取决于情景。不同的情景，有不同的标准。管理者需要依靠自己在特定情境下的直觉和灵感来判定。其次，管理者可能会认为自己的直觉与灵感是不可靠的，需要遵从大家拥有共识的某些规范，某些公认的规矩或常识。最后，管理决策者可能会认为上述两种方法——直觉与灵感、规矩与常识——都是不可靠的或者不够的。前者可能不够稳定一致，后者可能只不过是文化偏见积淀出来的习俗。因此，最好是有一系列的指导方针来帮助管理决策者。比如，如今几乎所有的跨国公司都有自己所谓的伦理规范手册（Ethical Code）。

事实上，像各类跨国公司等企业一样，某个国家、地区、民族、企业都会有自己信奉的一些“指导方针”。然而，它们背后的道理和实际的作用可能非常不同。首先，很难说有多少全球共识的伦理道德规范。其次，即使是相同的规范和名称，其实际的解读与应用也可能存在天壤之别。因此，从这一点来看，笔者倾向于认为，伦理道德的考量通常不是普世的（Universal），而是相对的。其实，仔细想想，即使是同一个国家和地区的不同阶层或者社群之间，在伦理道德规范方面也会有巨大的冲突。比如，对于养狗爱狗的群体而言，吃狗肉简直伤天害理、难以想象。而对于不养狗甚至反感狗的人士而言，让宠物狗吃牛肉、喝羊奶、穿得比人还奢侈，也是大逆不道，更不用说不负责任的养狗者可能给社区环境与秩序带来的不良影响了。

伦理道德框架纵览

到底什么样的决策和行为才是符合伦理道德的呢？伦理道德的规范应该遵从哪些准则或指导方针呢？曾经任教于哈佛商学院的伦理学专家肯尼斯·古德佩斯特（Kenneth Goodpaster）教授曾经系统地总结了伦理哲学史上比较典型的三大类别、九种具体类型的道德框架，并详细阐释了它们的主要思想观点及其背后的伦理哲学背景。参见图 7.1。

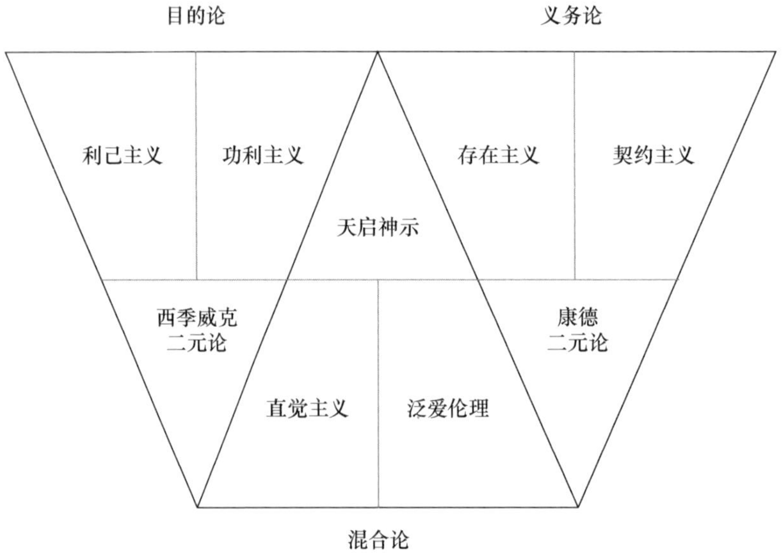

图 7.1　伦理哲学史上典型道德框架纵览

资料来源：Goodpaster, K. E.（1983）. *Ethical Frameworks for Management.* Harvard Business School Case Services. 本书作者翻译整理。本节关于伦理道德的内容主要取材于古德佩斯特教授此文。

目的论道德框架

我们首先探讨目的论门类下的道德框架。目的论（Teleological Frameworks）关注的是人之行为的实际结果究竟是有益处还是有损害的。以17世纪英国哲学家霍布斯为代表的利己主义学派（Ethical Egoism），可以远溯至柏拉图，强调每个人的终极道德规范是寻求自己利益的最大化。自身利益是判定好坏乃至一切伦理道德问题的试金石。此乃利己主义的基本原则和指导方针。极端而言，那些认为通过每个人之自利行为从而最终实现大家获益的人并非纯粹的利己主义者，比如信奉市场经济和“看不见的手”的人们。而那些只是为了实现自己利益才关心他人者才是真正的利己主义者。主要的区别在于动机和终极目的之不同。在现实中，无论个体是否信奉利己主义，都很难想象一个组织会去公然地倡导和推行这种原则和规范。

与利己主义相对的是所谓的*功利主义*或曰*效用主义*（Utilitarianism）。功利主义，主要基于边沁和穆勒等人的伦理哲学观，并被众多的经济学家采用。功利主义的基本原则认为，一个行为主体应该寻求受其行为影响的最大相关群体与社区中预期效用的最大化，亦即“为最大多数的人谋求最大的好处”。这种伦理道德规范的核心精神是*普惠与仁慈*（Benevolence）。怀疑和反对者则声称，由于效用涉及众多主体而不是单独个体，效用作为一个群体的复合指标，本身很难被清晰精准地界定。而且，那些旨在追求最大多数人效用最大化的行为可能实现不了其初衷，还可能以集体和社区的名义武断地侵害少数无辜者的利益，导致不公正的结果。

在一个巨大的谎言和一个小的谎言之间，民众更容易成为前者的牺牲品。

阿道夫·希特勒

作为两个比较纯粹和极端的框架，利己主义和功利主义其实是有一些相似之处的，那就是对一种普遍适用的单一决策准则的追寻，以及对行为之成本与收益的分析。只是受益的对象不同而已，一个是自己，一个是大多数。在现实中，一个人通常不可能只考虑自己或者考虑全世界所有的人。他能够关注的可能是一个范围比一个人大但比所有人小的具体社区、群体或者圈子。民族主义和爱国主义便是这样一种中间群体的具体产物。在某种特定的人群中，也会产生一些中间区域的伦理道德规范，比如大家常说的“艺术家们创造自己独特的道德世界”。

哲学家亨利·西季威克（Henry Sidgwick）试图用某种二元论来融合利己主义和效用主义。他认为任何合适可行的伦理道德规范注定要以效用主义为主导支撑，但同时也必须考虑利己主义的原则。二元论听起来很全面，也很均衡，但在实践中管理决策者如何达到均衡则是见仁见智的事情。其实，在市场经济体系中，企业经营本身就是二元论的某种特定实践。一方面，企业出于利己主义的目的去追求竞争优势和利润最大化，另一方面，企业也要信奉基于效用主义而存在的市场机制及其“看不见的手”。

义务论道德框架

与目的论的结果导向有所不同，义务论（Deontological Framework）强调的则是行为主体的义务与责任，或曰其行为本身的正当性。具体而言，两种有代表性的义务论伦理哲学企图构建某种单一的伦理道德规范，一个是存在主义，一个是契约主义。

存在主义（Existentialism），可上溯至古希腊哲学，主要由弗里德里希·尼采和让-保罗·萨特等哲学家倡导，讲究通过“本真”（Authenticity）至臻个人“德行”（Virtue）。无论具体说辞是本真、坦诚、自由还是人格完整，存在主义哲学对是非对错的最终评判准则，则是听从决策者的“自由意志”（Free Will），强调的是行为动机（Motives）本身的纯粹与干净。

自由是对人的一种宣判。因为自从被扔进这个世界的那一刻，每个人就必须为自己的所有事情负责。

让-保罗·萨特

在法律上，一个人如果侵犯了别人的权利，那么他有罪。在伦理上，如果一个人只是想去侵犯别人的权利，他就应该感到愧疚。

伊曼努尔·康德

存在主义者认为每个人自身才是有关对错准则的“立法者”，而不应是外在的某种权威或者情境。关键的问题是，对于对错的判断准则要来自每个人的“本真”与“自由意志”这一程序和事实，准则的具体内容则通常无关紧要。因此，同样都是讲求听从自己，存在主义哲学家则企图说明他们对自身的重视，主要在于判断准则产生的程序或者来源，这与利己主义者对自身利益这一具体目标本身的信奉大相径庭。但存在主义的批评者们则尖锐地指出，“只是真诚地听从内心深处真实的自己”等说教，基本上等于没说，不能外化成任何的具体规范和准则。

契约主义（Contractarianism）由洛克和卢梭等哲学家倡导，在20世纪由哈佛大学的教授约翰·罗尔斯（John Rawls）等发扬光大。如果说利己主义的核心在于自身利益，功利主义的核心在于最大效用，存在主义的核心在于内心本真，那么契约主义所强调的则是公正（Fairness）或正义。以卢梭的《社会契约论》为例，契约主义假想一个群体间会存在一种初始的状态，在这种状态下大家并不可能提前预知自己将来的位置状况和利益所在。因此，大家可以通过自由的约定，去相对公平正义地设计某种社会化和制度性的安排，并以之为规范来治理人们的行为和关系。

你忘却了：果实属于所有人，土地不属于任何人。

让-雅克·卢梭

与功利主义不同，罗尔斯教授认为一个社区不能为了社区中最大多数人利益的最大化去伤害另一部分人，即使在总量上某些人受到的伤害小于大多数人得到的利益。罗尔斯的契约主义并不完全反对人世间的不平等。给定政治权力与经济地位上的不平等，如果这种不平等的结果使得所有人能够得到补偿，尤其使得那些最弱势的成员得到补偿，那么这种不平等，仅仅在这种条件下，应该被认为是正义的（Just）。反对者则认为这种对不平等的补偿本身也是不公正的或者根本不够的。

其实，早在清末明初的中国，早于卢梭的《社会契约论》一百年之际，黄宗羲先生在《名夷待访录》中的“原君”一文中就阐发了类似的观点，谈及在“有生之初”的原始状态下人们对于社会治理和政治秩序的公共约定与制度安排。其学说，不仅以民为本为重，注重民权，而且更为独特和更重要的，是强调人作为独立个体所与生俱来的天然权利。观点犀利，辩理明晰，论据充分，有叙有议，洋洋大观，自成体系。问题是，黄梨洲或者卢梭假设的社会契约缔交之前的所谓自然人状态，好像根本没有真正存在过。我们一生下来就进入了一个没经我们同意就已经缔约过的社会空间。

也许，康德的伦理哲学思想可以在存在主义和契约主义之间构建某种内外兼顾的二元论。按照古德佩斯特教授的看法，在康德的哲学思想中，有两个核心的要点。一个是理性决策者的自由意志。一个是使该意志在某种社区内得以普遍化（Universalize）。前者为存在主义带来灵感，后者为契约主义提供佐证。康德的“至高原则”（Supreme Principle）中，有两点尤为突出。其一，你所尊崇的规范必须是你认为可以普遍适用的，而不是情境性的或随机性的。其二，不管是对人还是对己，应该永远把人当作目的，而不仅仅是当作工具。康德相信个人的本真与社区的公正之间有一种基本的和谐。

康德二元论的批评者怀疑对于普遍实用性的强调可能在某些情况下恰恰是不公正的。比如，在某些情况下为了保护一个善良无辜的人而撒谎。很多人可能会认为这种情境下的撒谎是可以被允许的。这就与“永远不要撒谎”的普遍性规范相违背。美国有一个非常有名的卡通系列片《辛普森家族》，通过一个典型的小城市中的市民生活来映射美国当今社会形形色色的现象。其中有一个场景是，一位戴着黑色墨镜的“大哥”问小学生巴特·辛普森，如果你有个小兄弟贫病交加、无衣无食、无钱无家、奄奄一息，这时你去偷一块面包救他一命，你觉得这样做合适吗？巴特想了想说：“我猜可以吧。”这位大哥马上又问：“如果我们有很多这样的小兄弟呢？！”

无论如何，义务论（尤其是契约主义）对公正性的强调，与目的论（尤其是功利主义）对市场经济的信奉不同，可能会支持政府在经济事务中的干预作用，从监管到收入再分配，等等。不同的道德框架支持的是不同的意识形态。读到这里，我们可能已经有些眼花缭乱。针对上述的六种道德框架，我们到底有没有足够的共识呢？按照哪一种框架和规范去做才算是符合伦理道德的呢？哲学家们莫衷一是，实践者们的想法可能就更是绚烂多姿了。且慢，还有更多的框架呢！

混合论道德框架

除了上述的六种伦理道德框架之外，还有一些其他的理论或者规范体系，值得我们思考和借鉴。首先，我们来看所谓的直觉主义（Intuitionism）。直觉主义区分“表面上的”（*Prima Facie*）或曰一般性的责任以及具体情境下实际应该承担的责任。表面上的责任，在某些情况下，可能难以承担。直觉主义罗列出了若干基本的“表面上的”伦理道德原则：信守各种明确的和隐含的承诺；对自己的错误进行赔偿；对他人的服务表示感激；物品分配要公正；竭尽所能帮助他人；在德行和智力方面提高自己；不要伤害别人。

显然，这些原则是上述六种框架的混合物，是基于某种直觉的总结，是一些表面上的和一般性的原则。批评者的主要不满在于，这些基于直觉的原则没有任何理论体系和逻辑关系，难以判断其全面性或代表性。而且，在表面的原则难以被执行时，直觉主义并没有给出如何去承担实际责任的答案。当这些准则之间发生冲突的时候，也没有既定的体系去帮助大家寻找答案。决策者可能依靠的只是自己的直觉和所谓的常识。

与直觉主义相关的一个变种，是所谓的泛爱伦理（Agapism）。它强调的是“像爱自己一样爱你的邻居”，要充满人道主义，要有人情味儿。与直觉主义对通过智力感悟去对待表面上的原则有所不同，泛爱伦理则是通过诉诸情感来界定人们的行为规范。

不管怎样，直觉主义与泛爱理论注重的还是人本身的智力或者情感。另外一种基于神学和宗教领域的独特的道德框架，则是要遵从上帝的旨意，倾听上天的召唤。此乃所谓的“天启神示”（Divine Command）学说，所有道德原则的合法性都来自上帝的旨意。到底是因为上帝宽厚、仁慈、公正，我们要听从上帝，还是因为上帝是上帝，我们才听从其旨意？即使是强烈的宗教信徒们，有时也会有这样的疑问。

正是：

> 伦理体系花样多，描述分析规范说；
> 利己之外求功利，存在主义对契约。
> 直觉责任与泛爱，天启神示精神国；
> 综合前贤多视角，行动之中见良拙。

管理决策者的道德底线到底在哪里

中国的人文传统，讲究诚意、正心、明德、格物、致知，从而修身、齐家、治国、平天下。然而，对于修、齐、治、平等各类行为之间的关系，并没有什么统一一致的说法。到底是顺序渐进、阶梯递升，还是选择取舍、伺机而行？各种互相矛盾的解读，似乎同时存在。比如，不先修身、齐家，何以治国、平天下？退（穷）则独善其身，进（达）则兼济天下。家国难以兼顾，忠孝不能两全。如此等等。

当代社会，虽然这种传统与期许日益寡淡，但人们在社会中需要扮演的各类角色及其潜在的冲突并没有发生多大改变。比如，前线记者在面对伤势严重的同胞战士时，是去救人还是抢先发布新闻报道？人民警察在地震灾区，是坚守岗位，还是先去照看自己的家人？有人会说，你连自己的家都管不好，怎么能管好一个组织？也有人会说，你一天到晚就是忙工作，干脆别回家了。

无论是国内还是国外，面对个人、家庭、组织以及国家多个层面的问题，如何摆平关系、从容应对，不仅是技术操作层面的运作，更是道德伦理层面的挑战。对于那些现代企业中的管理决策者们而言尤其如此，因为他们掌控众多社会资源，其言行作为对国计民生影响深远。究竟怎么做才是合乎伦理的？面对多重道德约束和期许，我们最终应该如何立身行事？请看如下案例。

案例 7.1

FBI 线人：一个“吹口哨者”的案例警示

1997 年，号称“全世界的超市”的 ADM 公司，由于与对手合谋操纵赖氨酸等食品原料的价格，被美国政府一次性判罚一亿美元，该数额为当年美国商业史上此类反托拉斯法案件的最高罚款。而帮助政府取证并成功地指控 ADM 的“吹口哨者”，正是该公司当年前途无量的明星高管人员马克·惠特克（Mark Whitacre）。这位本来可以在公众中成为国家英雄的人物，却惨遭厄运，锒铛入狱八年有半。

惠特克，康乃尔大学化工博士，曾先后任职于几家《财富》500 强企业。进入 ADM 后，任生化产品部总裁，并曾被预示将是 ADM 下任 CEO 的主力人选。其时，ADM 与日本的两家公司正在联手操纵世界市场上赖氨酸的价格。公司里暗中流传的说法是“我们的竞争对手是我们的朋友；我们的顾客是我们共同的敌人”。

面对这种情形，惠特克当时面临至少三种选择：

第一，接受事实并参与价格操纵，力争成为下一任 CEO。

第二，不声不响，悄然离去。

第三，成为告密者，将公司的违法行为公之于众。

面对这种道德困境，其妻子的行为无疑也对惠特克后来的选择产生了很大影响。如果他不去告密，她妻子扬言自己立刻就会去联邦调查局（FBI）揭发。最后，惠特克决定成为FBI的线人，并秘密录下ADM高层的谈话，最终帮助政府将ADM告上法庭。

在与FBI合作的岁月里，惠特克照常在ADM上班，而且仍然希望接任其CEO一职。惠特克继续采用原来接受各种灰色收入的做法，比如自己签字向其境外的账户（虚设公司）汇款，累计共达900万美元。

正是这笔据称是通过“ADM内部奖励高管常用做法”而得到的所谓“奖金”“回扣”收入，成为ADM公司在得知其向FBI告密后将其开除的原因：从公司偷钱。惠特克本人也因为这笔钱被以洗钱、偷税等罪名判处入狱十年半。

某些人士猜测ADM董事长（几十年间曾向美国两党的总统竞选捐款数百万美元）试图利用其政治影响将公众关注的焦点从其公司转移到惠特克个人身上。无论如何，实际的结局是，在所有直接参与违法操纵价格的ADM高管中，被判刑期最长的也只有三年。

惠特克在狱中总共度过了八年多的时间。虽然他早期也曾企图自杀，但他最终接受了现实，并成为狱中模范，自己坚持学习，并辅导帮助别人。2006年，他提前获释，出任加州某生化公司的首席运营官（COO）。以他的故事为蓝本的电影《告密者》（*The Informant*）于2009年9月问世。

大概谁也无法真正知道惠特克当时的心路历程。

也许，他后悔让妻子知道过多公司的内幕。

也许，他天真地希望既把公司的秘密告发给FBI，又可以保持自己在公司的一切待遇与利益，并能够成为下一任CEO。

也许，他会抱怨政府没有因为他在反托拉斯案件中的卓越贡献而对其有所宽恕。

也许，他会认为当初应该非常果断地离开，这样也就不会有后来的牢狱之灾了。

也许，最令惠特克感到欣慰的，是其青梅竹马（高中同学）的妻子所表现出的言行一致的道德实践。他在狱中的每个周末，其妻子都会带着三个孩子（两个是他们领养的）前去探监。

思考题：

1. 如果你是惠特克，当时你会怎样做决策？

2. 在复杂、不确定的环境下，在各方利益互相冲突的时候，一个人、一个管理者，最终应该保持一种什么样的道德底线？究竟应该忠于哪一方？

3. 中国的人文传统，讲究修身、齐家、治国、平天下。修、齐、治、平，到底是顺序渐进、阶梯递升，还是选择取舍、伺机而行？

资料来源：本案例的故事取材于《财富》周刊的相关报道（My life as a corporate mole for FBI. *Fortune*，1995，September 4）以及2010年左右的后续媒体报道。本书作者翻译整理。

作为一个存在于复杂社会关系中的个体，每个人通常都要扮演多种社会角色，面临不同的社会情境以及与之相关的伦理道德约束。这些约束之间往往是有冲突的。所谓的道德底线，其实并不是单一维度的。这使得人们的选择更加艰难。在多方利益诉求与纠纷的情境下，你到底应忠于谁？这是最为基本的问题。此案例中，惠特克已经将自己的组织给“出卖”了，却还想继续从该组织拿灰色收入，并希望接任下一任掌门人，还希望以爱国者和国民英雄等伸张正义的角色呈现于世人。也许，他想得到的太多了。

决策者的合法权威与企业的社会责任

在组织的管理决策中，一个主要的伦理道德方面的考量是决策以及决策者的合法性问题。我们究竟依据什么标准来判定决策的合法性呢？管理决策者的合法权威到底来自哪里呢？在现实中，伦理道德的实质内涵，则是体现于各种具体的意识形态之中。我们可以根据不同的意识形态来判定管理决策者的权威及其决策本身的合法性。

意识形态

意识形态（Ideology）乃是意识或曰观点（Idea）的总合，是一个群体或社区中主导的观点或者最为基本的元观点。意识形态是深层价值观与真实世界之间的桥梁，人们通过意识形态将价值观转换为实际行动。作为特定的社会安排，意识形态是连接个人、小组、社区以及其他社会关系的纽带。乔治·洛基（George Lodge）教授将意识形态解构为五个主要部分：个人与小组的关系以及人们与社区的关系；对个体权利与人们之间关系的界定准则与制度保障；对个人权利之使用的控制与限定；政府的作用；对现实与自然进行感知与应对的主导方式。

随着时间的推移和环境的变化，意识形态也会产生相应的变化。当传统的意识形态与目前实际的做法存在较大差距的时候，尤其是在所谓的社会转型期，就会有所谓的合法性缺口，导致大家在行动中的混淆。面对这种挑战，要么严格地以旧的意识形态限定人们的行为，要么改变传统的意识形态去适应新的现实情况，使得新的行为方式得以被合法化地承认或者容忍。长期而言，意识形态倾向于赶上并认可人们实际行为的步伐。比如，30 年前大家对婚外情的道德判断现在看来可能恍若隔世。再比如，美国公民信奉的自由持枪的个人权利，由于当今大规模枪击行凶事件接连不断的发生，其合法性也在不断地受到质疑。

如果你一直都认为每个人都必须遵守同样的规则并被用同样的标准去评判，60 年前，这会使你被认为是一个激进主义者，30 年前，这会使你被认为是一个左派（Liberal），如今，这会使你被认为是一个种族主义者。

托马斯·索维尔

个人主义与集体主义

当我们在介绍不同的伦理道德框架的时候，也许大家早就意识到了一个重要的区别，那就是所谓个人主义和集体主义的区别。比如利己主义和存在主义主要是个人主义意识形态的哲学基石，而功利主义和契约主义则主要为集体主义提供支持。按照洛基教授的意识形态五部分理论（如表7.1所示），我们可以比较二者的异同及其对管理决策合法性的情境影响与约束。

表7.1　意识形态：个人主义和集体主义

价值观念：生存　正义　经济　成就　自尊	
个人主义意识形态	**集体主义意识形态**
机会平等；强调合约	结果平等；依靠共识
私人产权	成员权利与责任
市场竞争	社区需求
有限政府：小即是美	活跃于计划与管理的政府
科学分工	相互依赖
真实世界：地理　人口　经济　技术　科学	

资料来源：Lodge, G. C. (1984). *The American Disease.* Alfred a Knopf Inc. 本书作者翻译并改编整理。本小节的内容主要取材于洛基教授的论著。

个人主义（Individualism）认为，首先，人的自我实现（成就）和自尊主要靠自己孤身奋斗，适者生存。重要的前提是每个人机会均等，独立的个体之间通过合约来维系其关系。其次，产权是个人主义的根本保证，包括对自己身体和财产的权利。再次，对于产权使用的控制与限定最好留给市场机制这一“看不见的手”。这样，每个规模都相对较小的个体之间平等交易，反对大型企业的垄断。再其次，政府是必要的邪恶存在，越小越好。其主要职能在于保护私人产权以及监管合约的执行。最后，各类知识的获得，来自科学分工和专业研习。

除了保护产权，政府没有其他目的。

约翰·洛克

共产党人可以把自己的理论概括为一句话：消除私有制。

卡尔·马克思

集体主义（Collectivism）或曰社区主义（Communitarianism）认为，首先，作为一个有机体，集体或社区大于“原子”型个体成员的简单叠加，有其自身独特的需求。个体成员的自我实现主要来自对集体的认同、参与和贡献。社区主义更加在乎成员间结果的平等，强调大家的共识和一致。其次，集体主义强调个体作为集体成员的责任，以及整个集体对于弱势群体的责任。再次，社区的需求（清洁水源与空气、安全、就业保障等）至少与个体成员的欲求一样重要甚至更为重要。再其次，政府可以根据自己对社区需求的裁定去积极地干预市场，统筹社会发展。最后，集体主义强调的是整体性和全局观（Holism），讲究事物之间的相互依赖性。

不要问你的国家能为你做些什么；问问你能为你的国家做些什么。

约翰·菲茨杰拉德·肯尼迪

如果你让美国联邦政府去掌管撒哈拉大沙漠，不出五年就会出现沙子稀缺。

米尔顿·弗里德曼

可以想象，在个人主义主导的意识形态下，基于集体主义的管理决策便会被认为是不公正的，可能侵犯个人权利，为平均主义而牺牲效率。相反，在集体主义意识形态主导的环境中，过分强调个人主义精神，也会被认为不合时宜，个人主义者可能会见利忘义，为了个人欲望的满足，牺牲整个社区及其所有成员的利益。然而，在现实中，事情通常不是非黑即白。除了极端的情形，大部分企业或组织中的意识形态都是个人主义和集体主义的某种混合体。管理决策者权威与行为的合法性与正当性取决于具体的意识形态之限定与支撑。

管理决策者的合法权威

出于决策合法性的考虑，管理决策者必须考虑自己与企业员工的关系，而且还要清醒地审视企业与其社区的关系。前者影响管理决策者权威的合法性，后者涉及管理决策者行为的社会合法性。管理决策者的合法权威可以来自四个方面。首先，管理者的合法权威可以来自拥有企业产权的企业所有者的任命，代表其利益。这种形式广泛见诸美国企业。其次，管理者的合法权威来自主要债权人的任命。比如，在日本企业中，代表银行利益的管理者。再次，管理决策者的合法管理权威可以是出于下属的信任、拥戴和推举。大家自愿受其管理。在民选领袖的企业或者同仁组织中，这种情形相对比较常见。最后，管理者的合法权威来自代表社区利益与福祉的政府之任命。比如，国有企业的领导者。

显然，前两种权威主要符合个人主义意识形态的精神，后两种权威比较强调管理权威对于社区与其成员的责任和义务。无论如何，我们可以预想，作为其代理者和代言人，管理者的行为倾向将会主要向其授权者的意图和期许靠拢。这也正是管理决策者之职业道德的体现。对于那些坚守职业操守的管理决策者而言，如果过分地期望他们主要向其授权者之外的人、机构或者事物负责，则无论期望者自认为有多么道德高尚和伦理必需的理由，也许都是不切实际的臆想与强加。

相关社区与管理决策的社会合法性

给定管理决策者的合法权威，对于管理决策的社会合法性而言，一个重大的挑战就是如何去界定所谓的相关社区。我们的社区是我们企业经营所在地的区域，还是更广泛的空间？是自己的国家还是所谓的整个地球村？是社区的经济生活还是所有领域？在社区内，到底谁来决定社区需求和成员共同的利益？是通过企业与市场解决，还是由政府以及其他非政府组织决定？是政府特许某些企业经办特定事务（比如过去官方钦定的盐商），还是政府与企业在某些领域合作共建（比如，当下的混合所有制企业）？

若干年前，竞争力较强的河南双汇集团，在进入某外省市场时，其冷鲜肉的市场零售价格低于当地肉联厂的出厂价。这种跨省竞争为打通全国肉食市场做出了贡献。但对于外省当地的社区而言，外部的竞争“扰乱”了本地社区既有的秩序，因此丧失了足够的社会合法性，引发了当地肉食企业的反抗和有关部门的审查。同样，十几年前，温州鞋商上亿欧元的库存在西班牙被当地人烧毁，也是因为温州鞋商的出现与作为，在社会合法性方面与当地社区产生了剧烈冲突。总之，不同的社区概念和需求的界定与满足方式，都会对管理决策的社会合法性产生重要影响。管理决策者必须时常审视这些社区需求的变化对自己企业的影响，而且也要同时关注自己管理权威之合法性来源本身的变化及其可能带来的影响。

企业社会责任：应对与担当

时下，每个企业都在大谈社会责任，这是全球化的浪潮。浪潮兴起之际，也许我们要冷静地思考一下，这种浪潮是因为企业和商家突然良心发现、道德高涨，还是恰恰因为在社会责任方面暴露了很多棘手的问题甚至出现了重大的社会合法性危机？如果一个企业连自己分内的事情都没做好，比如产品质量有问题，那么奢谈社会责任又有什么意义呢？如果一个企业的产品能够精准有效地满足消费者需求，即使它不极力标榜自己的社会责任，它也是实实在在地为社会做贡献，为民生福祉尽力。

当然，如果一个企业既做好本职工作，又在社会责任方面有突出的贡献，那将是非常值得大家尊重的。问题是，我们不能以道德模范的标准去要求所有的企业。否则，社会责任的期许，便很可能会成为一种社会化的要挟。无力承担此额外责任的企业，则注定要弄虚作假，来应对这种要挟，甚至用某些貌似担当社会责任的虚假言辞去故意迎合不正当的期许，甚至欺骗大家的情感。比如，前些年就有不良企业将大米染成绿色，推销其“健康环保”的绿色有机食品。

显然，依据不同的意识形态与对相关社区的界定，管理决策者对于企业的社会责任究竟是什么会有不同的解答、应对与担当。而且，对社会责任的解读，在很大程度上取决于大家对市场机制的信任。在多大程度上相信“看不见的手”可以使每一个企业的分内工作符合社会要求，从而通过自己的日常工作来实际地践行社会责任。也许，大家对社会责任方面更加苛刻的要求可能会导致企业社会责任实践的提升。如此幸甚。在具体而有力的研究证据出现之前，笔者既不热情洋溢，亦不悲观叹气，而是倾向于采用“道德中性”或者“良心中性”的视角，更加看中企业在其本职分内工作上的质量和承诺。道德中性，需要的其实是更大的勇气。

留给那些在重大道德冲突之际保持中立者的是地狱里最热之地。

但丁

企业的首要责任是盈利

企业首先是经济实体，如果没有盈利，长期而言，一切关于社会责任的鼓噪卖乖皆为空谈。社会责任，或者说“额外的社会责任”，必定是在做好本职工作之外的锦上添花，而无锦花将不存，何况雪中送炭则注定是政府的责任。企业不是政府，也不是非营利性机构，企业就是企业。作为经济实体，盈利是企业的天职，否则就是滥用社会资源，不管动机如何高尚，借口如何堂皇。

20 世纪自由主义经济学巨擘米尔顿 · 弗里德曼教授，曾在 1970 年的一篇文章中声称盈利是企业唯一的社会责任。这应当是文献中对企业作为经济实体的社会责任的最为直截了当的表述了。无独有偶，在管理实践中，原迪士尼老板迈克尔·埃斯纳在主政派拉蒙影业公司（Paramount Pictures）的时候，更是赤裸裸地强调盈利的重要性。

> 企业只有一种社会责任，仅此一种，那就是，利用资源，增加盈利，只要是在游戏规则之内，也就是说，通过公开和自由竞争而不是蒙骗与欺诈。
>
> **米尔顿·弗里德曼**
>
> 我们没有责任制造历史。我们没有责任制造艺术。我们没有责任制造宣言。挣钱是我们唯一的责任。
>
> **迈克尔·埃斯纳**

商家逐利，天经地义。可以说，在一定的法律与道德底限上通过经营活动从而盈利是企业作为社会一分子的首要责任。除了直接为企业实现盈利之外的任何活动都是企业的“课外活动”。如果说有道德底线的话，那就是通过正常的经营活动盈利。盈利本身就是社会认可的。然而，有些时候，法律和道德底线并非板上钉钉、确确凿凿。请看一起药品恶性涨价案给我们带来的一些启示和思考。

案例7.2

一起药品恶性涨价案的启示

2015年9月17日，美国某医疗专业网媒Healio曝光了一封美国传染病协会与HIV医疗协会发给Turing医药公司的信函，质疑该公司为什么将一个自1953年起就存在的药品Daraprim从每片13.5美元骤然涨价至

750 美元，涨价近 55 倍。霎时间，抱怨之声铺天盖地。肇事者 Martin Shkreli——Turing 公司的 CEO，立刻成为全美国“最受人憎恨者”。事发整整 3 个月后，12 月 17 日，Shkreli 被捕（后以 500 万美元得以保释）。但被捕的罪名则是 FBI 有关他自 2009 年以来从事证券欺诈的指控。

现年 32 岁的 Shkreli，于 2009 年创办自己的对冲基金 MSMB。他的主要财路在于做空那些产品在 FDA 审批过程中即将失败的生化企业的股票。2011 年，他又创立医药公司 Retrophin，致力于开发治疗一些罕见病症的药物。2014 年 Shkreli 被 Retrophin 解除 CEO 职务后离职。2015 年 2 月，Shkreli 成立 Turing 医药公司。他的战略主旨在于获取那些已经不受专利保护的药品的专卖权，重新定价，以期获得巨额利润。那些虽然专利失效却并没有仿制药出现的药物通常是针对比较罕见病症的细分市场，仿制药本身的费用可能很高，而且市场容量又不大，所以没人愿意进入。如果能够控制这种药品的分销渠道，提价将是可行的方案，因为没有替代竞争。

基于此项战略定位，Turing 在 2015 年 8 月 15 日以 5 500 万美元从 Impax Lab 手中获得 Daraprim 的所有权，并逐步收缩控制该药品的分销渠道。该药品可以用于帮助艾滋病和癌症等疾病患者治疗弓形虫病。这便是后来该药在一夜之间暴涨 55 倍的原委。

在接受彭博社的采访中，Shkreli 比喻道，“如果一家企业正在用自行车的价钱出售阿斯顿·马丁豪华车，我们把那家企业买下来，然后用丰田车的价格卖出去，那么我不认为这有任何罪恶”。他还声称 Turing 拓展了自己的免费供药项目，他们的许多药片接近 1 美元 1 片。即使是涨价的 Daraprim，患者自己掏腰包的钱也不会很多。

但媒体报道说，事实上多数保险公司要求患者自付 20% 的药款，也就是 150 美元一片。诸多评论者据此推断，这种巨额涨价遭到势力强大的艾滋病患者群体以及保险公司的强烈抵制，同时也为新近推出的“奥巴马医保计划”抹黑，因为它大肆增加了该医保计划的成本支出，给纳税人造成了额外负担。

无论什么罪名，对于 Shkreli 的被捕，网民评论可谓大快人心，认为恶有恶报，这个贪婪的混蛋实在是罪有应得。然而，Shkreli 和 Turing 的故事并非一个孤立的事件，其背后的法律、伦理、经济和政治因素错综复杂，应当值得管理决策者们思考和借鉴。

资料来源："Pharma Bro" Martin Shkreli arrested for securities fraud. *The Washington Post*, December 17, 2015. 本书作者根据该文和相关英文报道翻译整理。

如何看待 Turing 公司药品涨价案？

从竞争战略和商业逻辑来看，Shkreli 的这种做法可谓精妙。其手段在于收购那些产品价值被低估的企业，其主要目的则是为了自身的经济利益。在对冲基金领域，这种通过炒作某些不起眼的股票而获利的做法，乃是常规战略。有些人认为，对冲基金的这种行为导致了无谓的市场波动。有些人则认为，正是有赖于对冲基金的此种行为才导致了股票交易市场的效率和有效性，使得任何一种资产都尽可能地接近其真实的市场价值。

Shkreli 只不过是把他在对冲基金上的投机手段应用到制药行业。长期而言，这种做法也许会帮助促使不同药品的定价回归到接近其真正市场价值的水准。这大概是能够为这种做法进行辩护的唯一的正面理由。但从价值创新来看，这种做法似乎并未激发任何原创价值或者价值增量的出现。除了自己盈利，对整个社会和消费者剩余并没有直接贡献。

从法律上看，如果政府没有法规明令禁止药品涨价，那么这种做法本身并不违法。Shkreli 最终因其在 Retrophin 和 MSMB 对冲基金上类似"庞氏骗局"的罪状被捕，这又留给人们足够的想象空间。有媒体宣称，Shkreli 只不过是在玩华尔街上所有人都在玩的游戏，只是这次他玩得太大了！

显然，Shkreli 事件的合法性缺失，主要体现于伦理道德方面。可以说美国上下，从相关患者到医疗社区，从朝野到民众，对于在病人身上大发横财的做法可谓恨之入骨、义愤填膺。截至 2015 年 12 月，来自美国 30 多个州的 160 多个组织呼吁 Turing 将价格恢复到 9 月份之前的水平。

Turing 表示可以给医院患者提供最多 50% 的折扣，但拒绝在零售市场降价。

同仇敌忾之余，也许大家需要想一想，如果一种救人性命的药品只卖出一顿麦当劳巨无霸午餐的价钱，是否真正合理？如此的话，谁还去拼命创新呢？最近，美国一种治疗丙型肝炎的新药已经卖到 1 000 美元一天的剂量。不难推断，今后新药的初始定价将会更高，否则，将来再想涨价，就很难再找到理由，结果可能更是挨骂受罚。

社会责任也可以带来经济价值

必须承认，某些企业在职业合法性与社会合法性两个方面都表现得尤为突出，既在本职分内工作中竞争优势凸显，又在社会责任方面当仁不让。它们的行为与成就，给大家带来保持希望的理由。

同时，也需要指出，一个企业如果在社会责任方面表现优异，也会受到公众的赏识、消费者的青睐以及政府的认可。这些非市场性的有利因素，会反馈到企业的本职工作领域内，为其带来竞争优势，并最终帮助它增进其经营绩效。从这个角度而言，社会责任其实是有经济价值的。

管理决策中的公正性

决策过程的公正性

决策过程公正性之重要意义

大家通常认为决策就是要解决问题，关键是看结果。其实，真相并非完全如此。在很多情况下，人们不光关注结果，而且也关注实现结果的过程、特点以及具体采取的方式和手段。在有些极端的情况下，人们对于过程的看重和较真可能超过了对结果本身的期望和在乎。比如，《秋菊打官司》，要的是一个说法。如此，决策过程的公正与否，乃是管理决策者必须认真考虑的一个重要问题。管理的真谛在于让人们心悦诚服地去为组织效力。

再比如，一个业务单元的一把手直接亲自审定每个员工的年终奖金，即使奖金的总量很大而且每个人实际拿到的份额也很大，还是可能导致大家的不满。由于暗箱操作，大家可能认为或者猜测自己拿的比别人少。如果该一把手与各个部门或者小组的主管协商每个小组和部门应得的总量，再由各个小组或部门内部自己商定每个人的实际奖金数额，则大家可能会由于自己的参与感而减少一些对奖金分配公正性的质疑。

过程公正性的解读要看具体情境

当然，大家是否认为组织中的决策是公正的，自然会受到其主导意识形态的影响。在一个强调个人业绩至上的组织里，比如某些投资银行和咨询公司，按照个人贡献的大小分发奖金则是最为公正的，末位淘汰也是理所当然的。在一个强调人人平等、平均主义至上的组织里，不同人员之间薪酬和奖金的巨大差距则会被认为是不公正的或者不和谐的。

因此，过程公正与否也是相对的，是有具体参照系的。比如，以服务品质著称的著名餐饮企业海底捞火锅店的一线员工，相对于同行业其他企业的同类员工，通常具有更多的参与感以及在服务中的决策权。这种参与感以及对员工决策的信任感，有益于员工在公正性方面的体验。在可比范围内的对手之间，一个强调公正性的企业会在员工积极性方面具有竞争优势。

过程公正的影响要素

影响过程公正的三要素

21 世纪初以蓝海战略理论著称的 W. 钱·金和勒妮·莫博涅两位学者，在 20 世纪 90 年代中期曾经致力于管理决策过程公正性（Procedural Justice）的研究。他们详细阐述了过程公正在知识经济时代的重要性以及影响过程公正性的若干主要因素。

他们的一个主要观点和发现是，如果决策制定和实施的过程不够公正，即使人们获得想要的结果也会抱怨和不满；如果决策和实施的过程本身是公正的，即使人们对某些决策持有反对态度，也会照章执行。人们希望自己被当作具有健全人格和尊严的人来看，而不只是一种资源或生产要素。具体而言，他们阐述了知识经济时代过程公正的三个基本原则：参与、解释、预期。

参与（Engagement），意味着让那些可能受到某项决策之影响的相关群体参与到决策过程中来，提出他们的意见和建议，质疑他人的想法和假设。这种参与体现了管理决策者对大家的尊重。大家的建议与互相质疑也可能有助于更加清楚地认识问题，并且增进对最终决策的认同以及在其实施中的支持。

解释（Explanation），意味着管理决策者要向受到决策影响的所有人清楚地解释最终决策背后的道理，使大家意识到管理决策者认真听取并考虑了自己的意见和建议。如果大家认为决策者的解释是真诚的和全面的，即使他们自己的意见没有被采纳，他们也会认可决策者的努力和过程的可信。

预期明确（Expectation Clarity），意味着一旦最终决策出台，管理者需要再次向大家进行解释，告诉他们新的游戏规则，向他们解释在新的游戏规则下组织对他们的行为与结果的预期，以及相应的奖赏和惩罚措施。问题的关键是提前告知大家，而不是事后裁断。

过程公正并非讲求共识或者依赖民主

金与莫博涅两位学者进一步指出，过程公正，并不是通过共识来做决策，也不是由一人一票的民主讨论来做决策。虽然过程公正力求给每个人机会去参与和表达，但最终是他们意见的质量决定了其是否被采纳，而不是每个人的想法和利益都要被照顾到。过程公正，主要不是为了构建和谐或者依靠妥协来获取大家的支持，而是为了通过鼓励参与、解释原委和预期明确来保证决策的质量和实施的顺畅。

显然，过程公正不可能保证大家都同意、认可和支持一项决策。任何决策都可能有反对者或者不受欢迎。只是说，与过程不公正相比，比如暗箱操作或者流程混乱随意，过程公正更容易增进大家对管理决策者的信任，更容易促使大家自愿地与他人合作。至少你参与了决策过程，在实施和执行决策时，就很难再用不知情或者不曾被咨询而故意懈怠或者支吾搪塞。

实现过程公正的障碍是什么

信息即是权力。管理决策者可能出于保持自身权力的考虑拒绝分享相关信息，拒绝公开决策过程，拒绝与他人进行双向的沟通和交流，只是单向地发号施令。他们可能故意地将游戏规则和奖惩措施制定得模糊，交代得不清，从而保证自己的随机裁量权和控制权，拒绝别人对自己权威的挑战与威胁。

另外，潜意识里，大家总会觉得每个人都是只为自己的利益着想，如果鼓励大家积极参与决策的讨论，过分的畅所欲言可能于事无补。其实，研究表明，在大家认为决策过程是公正的前提下，他们会意识到牺牲暂时的利益从而促进组织长久的发展乃是必需的。即使决策结果对他们不利，他们也仍然会在组织中继续发挥自己的作用，前提是过程公正，大家认为过程是公正的。

过程公正与结果公正

与过程公正相关而又截然不同的是所谓的结果公正或者分配上的公正(Distributive Justice)。严格而言，结果公正并不是平均主义或者人人利益均等，而是每个人获得的结果与其贡献相匹配。参见表 7.2 中对于过程公正和结果公正准则与相关因素的对比。

表 7.2 两个影响组织绩效的互补路径

	结果公正	过程公正
管理手段	资源分配 经济刺激 组织结构	参与决策 解释原委 预期明确
态度	结果满意 “我得到了我应得的”	信任与承诺 “我觉得我的意见是有作用的”
行为	强制的合作 “我会尽力做好我被要求做的”	自愿合作 “我将超越常规地尽责”
绩效	达到预期	超出预期

资料来源：Kim, W., & Mauborgne, R. (1997). Fair process. *Harvard Business Review*, 69, January, 65—75. 本书作者翻译整理。本小节的内容主要取材于该文和相关的文献。

正是：

决策过程与结果，公正与否是非多；
参与解释明期望，过程公正三原则。
权责分明求合作，资源奖赏酬应得；
程序公正人心畅，马不扬鞭自前跃。

第八章
决策总览：多视角综合应用

横看成岭侧成峰。不同的视角产生不同的焦点和结论。在同一个决策问题上，对多种决策理论和观察视角的通晓与应用，不仅可以帮助管理决策者相对全面精准地把握问题的实质，从而更加符合自己意愿地解决问题，而且可以使其增进对不同的决策理论独特魅力的认识和欣赏。坚持单一视角和立场，机械线性地去看待和应对问题，可能会事与愿违，实现不了决策的目标和初衷。心平气和地从多种角度看问题，包括对手的角度，甚或自己丝毫不屑者的角度，是对管理决策者相对较高的要求。本章探讨多种决策理论综合应用的实例和前景。首先，我们比较总体决策、部门决策和个体决策三个不同层面的理论分析视角。其次，我们探讨决策中对“度”与“平衡”的拿捏与把握。最后，我们从多个维度和层面探讨一个组织决策中的经典话题：为什么聪明人在组织中故意办傻事？

决策的多视角与多层面考量

我们对待理论的态度

理论的效用与局限

人类世界纷乱多变、错综复杂，不以任何漂亮优雅的理论为依据去主动为自己划线圈框。任何理论，无论如何精准和有效，都是在某个层次或者某个视角上对现实世界之复杂乱象所进行的零星捕捉与粗略概括。一个理论注定是基于某种假设而对现实所进行的一种简化，从而易于人们的理解和认知。任何一种理论都是构建在一定的假设和前提条件之上的，并且有其特定的适用范围。依据有限理性的推断，由于我们缺乏足够的相关信息以及全面系统、及时精准地处理信息的能力，我们对世界的感知注定是不完善的，我们的各种理论亦是如此。

因此，至少在三个方面，我们的理论应用可能难以达到我们的预期。首先，理论的前提假设本身就可能是谬误，或者是不全面的。其次，理论对现实的简化也会忽略所要解释之现实问题中至关重要的领域和维度。最后，理论所适用的范围边界难以被清晰地界定，从而导致人们超出其适用范围的不当应用。无论如何，当理论与现实发生冲突的时候，最终倒霉和失败的往往是理论。理论需要不断更新，去更好地捕捉和概括现实，更加趋近真理，但也许永远无法达到真理的境界。

没有什么比一个好的理论更实用的了。

库尔特·勒温

> 科学不过是真理的形象而已。
>
> 弗朗西斯·培根

多种理论的综合考量与应用

在我们的社会实践中，面对各种重大问题的决策，我们无疑需要理论的指导，但也必须意识到理论的局限性。不同的理论，解释的只是问题的某一部分。只是依据某种单一的理论视角或方法去应对问题，可能以偏概全、于事无补。采用多种理论视角和方法去应对问题，可能会增进对问题的了解和把握。但随之而来的困惑是，不同的理论之间可能产生冲突和混淆。过多的理论并存，也给决策者在认知方面带来困惑和焦虑。因此，采用哪种理论为主导视角和方法，如何处理不同理论视角与方法之间的关系，乃是管理决策者必须考量的，既要避免单一视角的狭隘闭塞，也要避免理论过分多元导致的涣散与纷扰。

正像疾病患者既需要吃药治疗，也需要注意各种药物的副作用、对其他器官的损伤、不同药物之间的交互作用以及对整个身体状况的影响。一个有经验的医生，通常也会考虑自己领域的治疗对病人其他领域的潜在干预。不同科室医务人员的会诊，其实就是不同理论视角与方法应用的典型案例。一个企业中的高层决策，更是各个部门所代表和反映的不同理论视角与方法的碰撞及其背后所彰显的不同利益之间的交锋。对于不同理论视角与方法的洞悉与通晓，将会帮助管理决策者更加全面精准地理解问题的不同侧面以及相关部门和人士的观点和立场。

有些人可能会认为，纸上谈兵的学者喜好把简单的东西说得尽量复杂，管理者和其他实践工作者要做的是如何把复杂的东西变得简单。貌似有些道理。然而，复杂背后有简单，简单之中有复杂。其实，学者中出色的研究大家和实干家中老练的决策者，都会力求在复杂之中抽取足够的简单，而在简单之中想象足够的复杂，从而在简单与复杂之间保持某种微妙的平衡。

在实践中，针对任何一项决策，能够把相关的主要理论视角与方法进行比较和应用，可能会帮助管理决策者认识问题的复杂性，也会增进决策者对不同理论视角与方法及其带来的独特见解的把控。

任何时候当你认为某个理论是唯一可用的时，就把这当成一个信号，要么你没弄懂该理论，要么你没搞清楚要解决的问题。

卡尔·波普

多视角与多层面的决策分析

古巴导弹危机

在政治学的文献中，有这样一个经典的多视角、多层面决策分析的范本，那就是哈佛大学肯尼迪政府学院的格雷厄姆·艾利森（Graham Allison）教授对美国政府在1962年应对古巴导弹危机的决策过程的分析。这一分析涵盖了国家、政府部门和政客这三个不同层面的要素，囊括了理性分析、组织常规和官僚政治等多种理论视角与方法，展现了多重理论应用的可能性和重要性。

案例8.1

古巴导弹危机事件回顾

第二次世界大战之后，美、苏两个超级大国争夺世界霸权，分别统领北约组织和华约组织两大军事同盟，将世界引入“冷战时期”。双方对峙的一个主要焦点在于核武器的全球布局和抗衡。

1962 年 10 月，华盛顿的美国情报机构通过分析 U-2 间谍机所拍摄的照片，发现苏联正在古巴部署中程弹道导弹。于是，一次可能导致美、苏双方和相关国家数亿人死亡的大规模核灾难的军事与外交危机开始上演，自 10 月 16 日至 10 月 28 日共持续了 13 天。其间，美、苏双方互相博弈，进行了一系列的谈判磋商。

面临危机，美国总统肯尼迪迅速成立了国家安全委员会的 15 人执委会，并命令该委员会“放下所有其他工作来迅速缜密地考量所有的危险和所有可以采用的应对措施”。至少六个备选方案曾被慎重考虑。

第一，不做任何反应。

第二，通过外交手段向苏联施加压力。

第三，秘密联络古巴领导人卡斯特罗。

第四，入侵古巴。

第五，对古巴导弹设施进行“外科手术式”攻击。

第六，对古巴进行军事封锁。

最终，美国政府采取了第六个方案，封锁进入古巴的任何武器运载。其后，经过与以赫鲁晓夫为领袖的苏联政府的多轮谈判，双方达成协议。苏联同意撤出在古巴布置的导弹，并由联合国派团见证。美国公开宣称在没有受到直接挑衅的情况下永远不入侵古巴。私下里，美国还同意拆除那些尚未被公开报道的部署于土耳其和意大利的美制中程弹道导弹。

11 月 20 日，当所有从苏联运入的导弹和伊尔-28 轰炸机全部从古巴撤回苏联后，美国解除了对古巴的军事封锁。古巴导弹危机就此告终。

资料来源：https：//en. wikipedia. org/wiki/Cuban_ Missile_ Crisis；Allison，G. T.（1969）. Conceptual models and the Cuban missile crisis. *American Political Science Review*, 63（3），689—718. 本书作者翻译整理。

三种理论视角的多层面分析

艾利森教授从国家、政府部门和政客这三个层面入手，从三种不同的理论视角剖析了美国政府应对古巴导弹危机的决策过程。艾利森将三种视角具体化为三种概念性模型（Conceptual Models）。参见表 8.1 中对三种模型的主要观点、基本分析单元、主要概念、主导推断模式、一般性命题和具体命题所做的总结和对比。

表 8.1　古巴导弹危机的理论视角对比

	模型一：理性政策	模型二：组织过程	模型三：官僚政治
主要观点	国家或政府的行为可以被理解为一个理性的统一决策者在权力高度集中、信息充分完全、力求国家利益最大化的前提下所采取的行动。	政府由分别各负其责的众多组织部门构成。每个部门都有其常规固定的标准操作流程。政府决策是这些组织流程的产出之间交互作用的结果。	政府中各个部门的领导者并不是一个统一的群体。每个人都是官僚政治游戏中的选手。政府政策是这些选手间按照既定程序讨价还价得出的结果。
基本分析单元	政策乃是国家的理性选择。 政府为国家选择那些能够最大限度或最优化地实现其战略目标的行动。	政策乃是特定组织过程的产出。 由于组织常规对问题给予的结构性限定，决策者必须在狭窄的空间内进行选择。	政策乃是领导者之间政治谈判的结果。 行动选择乃是目标、利益与见识各异的政客间不断竞争、结盟、谈判、妥协的结果。
主要概念	A. 国家行动者：国家（政府）是一个具有明确目标的理性的统一决策者。 B. 问题：国际环境中的机会与威胁乃是国家必须面临和解决的问题。	A. 组织行动者：实际的行动者是政府中不同组织部门之间的松散联盟。 B. 问题的分解与权力的分散：问题被分解成不同的要素并被不同的部门所监控和应对。	A. 个人行动者：实际的行动者是一群在政府中占据不同位置的政客。 B. 政客们面对的不是国家问题的全部，而是要在“最后期限”前按照自己的流程做出相关决策。

（续表）

	模型一：理性政策	模型二：组织过程	模型三：官僚政治
主要概念	C. 静态选择：政府的选择是多种备选方案中一个相对稳定的选择。 D. 行动：是遵循国家利益和战略目标在各种备选方案中按照利益最大化的准则而进行的理性选择的结果。	C. 本地化的优先排序、感知和问题界定：受到组织的地方主义和狭隘性的影响。 D. 行动：是各个组织部门按照自己的标准操作流程和优先排序所产出的结果。各个部门的职责和行动由最高领导者协调管控。	C. 本地化的优先排序、感知和问题界定：受到政客的位置及其个人“包袱”的影响。 D. 行动：政治游戏是根据既定渠道和规范进行的。游戏的结果与政客对国家利益的理解以及自身与同盟的利益互相影响。
主导推断模式	如果一个国家采取了某种特定的行动，那么这个国家肯定是因为有某种战略目标能够通过这种特定的行动而得以最优（大）化地实现。	如果一个国家采取了某种特定的行动，那么其政府的各个组织部门的标准操作流程先前一定已经采取了与此行动差别不是太大的行动。	如果一个国家采取了某种特定的行动，那么这种行动乃是政府中具有不同的位置、感知、利益和问题侧重的人或小组之间相互讨价还价的结果。
一般性命题	A. 一个行动的成本增加，或预期效果的概率降低，会导致其被选择的可能性下降。 B. 一个行动的成本降低，或预期效果的概率提高，会导致其被选择的可能性提高。	A. 组织行动主要是基于标准操作流程，并不随着与特定问题相关的远见和需要而转移。 B. 由于组织常规（比如预算）的稳定性，组织行动的灵活性有限，变化通常是边际性的。 C. 任何政府决策都必须考虑由各个部门之行政执行能力所决定的可行性。	A. 行动不需要以任何特定意图为前提。 B. 位置决定立场。屁股决定脑袋。 C. 首长和幕僚的角色与游戏规则不同。首长要在不确定性被化解之前留有选择的余地。官员要争取同级同事的同盟支持。下级和幕僚要让首长对必做之事抱有信心。

（续表）

	模型一：理性政策	模型二：组织过程	模型三：官僚政治
具体命题	A. 威慑：稳定的核势力均衡降低了核攻击的可能性。	A. 威慑：核攻击的概率并不主要与双方核势力的均衡与否相关，而是与行动实施中的若干组织要素相关。	A. 威慑：核攻击的概率主要取决于潜在攻击方的政府中政治游戏会导致核攻击行动的可能性。
	B. 稳定的核势力均衡增强了局部争端的可能性。 C. 苏联的军力姿态（武器军备及其部署）：其军力姿态之选择在于构建先发制人的能力，从而最大限度地实现其国家战略目标。	B. 苏联的军力姿态：苏联的军力姿态是由相关的军事机构和政府部门按照其各自既定的组织流程与目标偏好在现有预算和其他约束条件下产出的结果。	1. 什么选手通过什么游戏最终决定行动与否乃是问题的关键。 2. 某些情况下，游戏的选手可能会失去理性并基于错判与困惑盲目行动，或者不小心"擦枪走火"。

资料来源：Allison，G. T.（1969）. Conceptual models and the Cuban missile crisis. *American Political Science Review*, 63（3），689—718. 本书作者翻译整理。本小节的内容主要取材于 Allison，G. T.（1971）. *Essence of Decision*：*Explaining the Cuban Missile Crisis.* Little Brown 及艾利森教授的其他相关论著。

模型一：理性政策

理性政策模型以国家为分析单元。理性政策模型认为，代表国家利益的政府是一个理性的和统一的（或曰单一的、一元的）决策者，它以国家利益和战略目标为根本导向，试图寻求实现目标的最优解决方案。

这是教科书中常见的理论视角。以博弈论为分析手段的许多经典的分析，比如认为美、苏双方可以保证互相摧毁若干次的"恐怖均衡"理论，便是这种视角的典范应用。由于任何一方都不能一次性地全面毁灭对方的反击能力，将其清除出局，对方的报复性反击也会造成首先攻击一方致命性的损失。双方都把刀架在对方的脖子上，任何的轻举妄动都可能导致双方同归于尽。因此，出于生存的理性考虑，双方都不会真正地“死磕”。

模型二：组织过程

组织过程模型以政府内组织部门的运作过程为分析单元。组织过程模型认为，实际的决策并不是由铁板一块的统一的政府来完成的，而是由不同的政府部门的产出（Output）之间的交互作用而形成的。

作为相对独立存在的组织，每个政府部门都有自己既定的任务和对事情的独特优先排序准则。最为重要的是，组织是根据自己常规的标准操作流程而运作的。这些常规流程的设计与应用主要是为了保证组织日常活动的稳定性和可靠性，有其自身的目标逻辑和节奏顺序。通常情况下，以规避不确定性著称的组织常规，不会因为特定问题的出现而随意改变。说得极端一点，组织的合法行径是按照其标准操作流程制造预期的产出，而这些产出可能根本无法解决国家和政府面临的战略问题或者干脆于事无补。

大家可以想象一下，一个急病患者被送进急诊室。对于患者一方来讲，这可能是危机甚至灾难；对于急诊室而言，处理急诊病人则只是它们的常规工作而已。所有的诊治和处理都需要依照该急诊室的标准操作流程来按部就班地进行。如果再进一步细分，急诊手术室有它们的流程，麻醉师有他们的条例，重症监护室有自己的规矩，药房也有自己的运作准则。各个功能领域都有自己的理由和偏好。它们之间的合作是否顺畅更是至关重要。因此，对病人的诊治实际上是急诊室各个领域活动之产出的综合结果。对于某些重要病人的诊治，即使院长亲自督战，他也只可能提振所有部门的注意力和警戒性，而基本不可能影响或改变各个专业领域的准则和流程。

回到古巴导弹危机，从问题的发现到应对都可以被看作政府部门产出的结果。首先，苏联在古巴部署导弹之所以被美国发现，是由美国情报部门的日常工作中产出的情报信息和分析促成的。其次，无论采用哪种方式回应，都要有相应的部门去具体承担。它们各自的预算、实力、常规流程、现有的状态等组织特定要素决定了各种备选方案的可行性。比如，由于空军的能力限制，“外科手术式”的轰炸可能无法完全、精准、彻底地实现。

因此，一个总的结论是，一个政府的行动决策不可能与其各个部门的常规程序和当下实力偏离太远。通过考察与问题相关的政府主要部门的标准操作流程，可以大概预测其政策的大致走向和相应变化的振幅区间。

模型三：官僚政治

官僚政治模型以政客之间的政治游戏为分析单元。官僚政治模型认为，政府决策乃是身处各种具体职位并肩负自己特定的“包袱”（比如，特定的抱负与激励以及关系的拖累与期许等）的各类政客之间不断进行讨价还价的谈判交易的结果。

这里强调的既不是国家，也不是组织，而是作为个体或者小组的政客。官僚政治游戏，通常是在既定的渠道之内进行的。每个政客的位置决定了他对待不同问题的立场，可以参加哪些游戏，能够做出哪些贡献，可能获得什么样的资源和奖赏回报。正像组织部门要根据其标准流程制造产出一样，政客们也要在关键的节点（比如某些任务或决策的“最后期限”）做出某种选择。

位置决定行为。在官僚政治游戏中，首长和下属与幕僚的角色及游戏规则是非常不同的。居于各类组织之上的首长或者最高决策者，通常不会亲自提议做出决策，而是在各个组织的产出和政客们的决定之间做出某种选择。在不确定性尚未被化解之前，他们通常喜欢为自己保留较大的选择空间。居于各类组织部门内部的官员们，则会尽力地争取同级别的其他部门同事的结盟和支持。下级官员和幕僚人员，通常要通过自己在游戏中的行为和贡献，让上级官员或首长对他们必做之事抱有更大的信心。

总之，各种政治游戏的结果，会影响政客们对国家利益的理解，并影响其自身的利益及其同盟的利益；反之亦然。尤其值得注意的是，越往个人层面走，不理性和盲目决策的可能性越大。尽管我们往往更愿意相信政府决策是理性的，组织过程是相对稳定的并且其产出是渐变的，但如果个体决策者（尤其是最高决策者）的权力大到可以抗衡国家利益或者废弃组织流程，此时的政府决策的理性程度将可能会大大降低，其不可预测性也会随之提高。

政治是不流血的战争，战争是流血的政治。

毛泽东

三种模型和视角的综合应用

需要指出的是，我们这里无意详细重述古巴导弹危机事件本身以及学者对其的理论解读。有兴趣的读者可以查阅艾利森教授的相关论著。我们意在强调的是，三种不同的理论视角帮助我们考察了同一个决策过程的不同层面，带给我们更加全面的了解和领悟。尽管视角不同，但三个层面的分析又最终聚合在了决策最终的均衡选择之上，亦即对古巴进行军事封锁。

无论是国家层面的军事外交决策，还是企业层面的经营决策，其实，理性政策、组织过程和官僚政治这三种理论视角都会为我们对决策的分析理解和参与应对提供较为全面的概念框架和生动鲜活的灵感刺激。

正是：

苏置导弹古巴地，美国对策遇难题；
三个层面多视角，决策过程堪审析。
政府单一理性人，组织过程政客戏；
同床异梦皆利益，殊途同归三合一。

决策中“度”的把握与方法的应用

在大多数情况下，组织中决策的成败与否在于对“度”或者平衡状态的拿捏。比如，如何平衡个人目标与组织目标，如何激励一个知足常乐的人，如何抑制某个超级自恋但能力超强的人在组织中的过度膨胀，等等。另外，虽然所有人都困囿于有限理性，但遇事养成尽量全面分析和把握情况的习惯，积极主动地去思考事情和现象的多种潜在的可替代的解释，则能帮助我们相对全面精准地理解问题和应对问题。一个最为基本的方法，就是简单的矩阵分析法，不需要任何数学基础和技术准备。

“度”的把握：中庸之道与曲线效应

中庸之道的普遍性

都说中国人喜欢中庸之道，其实未必如此。在不少境况下，我们还是极为喜好从极端到极端、非此即彼的。稍微远一点儿说，当年大家不是革命就是反革命，不是改革就是保守，不是好人就是坏人，不是“官倒”就是反“官倒”，泾渭分明，不可能容忍中间地带。近一点儿说，当今社会，经济学家们不是社会的良心，就是资本家的走狗，人们不是精英就是大众，不是穷人就是富翁，在“谁敢说中国不好，我跟谁急”的极端民族主义愤青们和“言必称希腊”的极端崇洋媚外者之间，便很少有不卑不亢、心平气和之众。这时，所谓“矫枉必须过正”“非极端而无以引人瞩目”“坚决把××进行到底”等说法可能更加显得是硬道理，虽然国人在很多方面确实是比较信奉中庸的。

同样，外国人也不一定不懂得或者不乐于实践中庸之道。最简单的，从饮葡萄酒来说，不管是有科学根据，抑或完全是商家炒作，每日适度饮用红葡萄酒据称对健康有益，具有促进血液循环、改善心脏功能等功效。

不喝没有效果，喝多了也不行。即使在正式的学术文献中，对“度”的把握，或者对“适度”的推崇也是不鲜一见。比如，在西方战略管理文献中，比较主流的理论和实证研究结果都表明企业的多元化经营战略要适度，多元业务间最好有某些相关性（从而可以共享资源，发挥协同效应），这样既可以避免单一产业经营所面临的系统风险，也可以避免过分多元化带来的实力分散和缺乏核心竞争力的弊端。这就是多元化战略与经营绩效间的所谓倒U形曲线效应。

中庸、适度与优化

其实，无论古今中外，诸多领域都有对中庸、适度和优化的推崇。这种处事经验和态度，散见于文献典籍、成语故事，以及生活中的各个角落，有的被毋庸置疑地奉为行动指南、传世真经，有的被置若罔闻地列为老生常谈，无用稀松。比如，古之圣贤云：“人心惟危，道心惟微，惟精惟一，允执厥中。”思辨韵味甚浓。而当今的顺口溜则非常浅显易懂：“走在前面挨闷棍，走在后面全没份”“跑得快了撵上穷，跑得慢了穷撵上”。再比如，永远在各类报纸上以豆腐块形式出现的各类健康指南、生活小常识，没有证据，没有出处，更没有对前提假设和适用范围的解释和告诫。有人一笑置之，有人则认为凡是印成铅字的皆为真理，深信不疑。例如，不要过分激烈运动，不宜暴饮暴食，秋冬季节应该适量进补，等等。

究竟是中庸之道的态度和信仰导致了强调重视“适度”和“优化”的理论之产生，还是推崇“适度”“优化”的理论与说法的盛行导致了人们对中庸之道的信奉和曲线效应的验证？这种鸡、蛋互生的关系没有可知的初始点，难以掰扯清楚。但是，我们有理由猜测，在不同的生活领域里和研究学科内制造出或曰发现各类曲线效应的人，对中庸之道大抵应该是不反感的。而一个信奉挑战自我、改变世界的人是不会自囿于各类曲线效应之心理羁绊的。他们的理论肯定是强调创新、突破、攀登和挑战极限。

搞清楚了基本道理，生活中和工作中的很多问题就可以举一反三，很容易理解。无论是曲线效应（比如适当多元化），还是简单的线性理论（比如“一分耕耘，一分收获”），都不是什么万世真理、至高境界，而是不可避免地反映了制造和传播这些理论者自身的偏见和束缚，社会科学的理论尤其如此。有鉴于此，我们很有必要反思一下我们对待各类貌似至理名言的理论和说法的不假思索的认同，甚至迷信与盲从。

中庸之道与知足常乐

萧伯纳说：人生有两大痛苦，一是欲望得不到满足，二是欲望得到了满足。同样，国人常说，差不多就行了，知足常乐。人不能什么欲望都没有，人也不能有太多不可能满足的欲望。有些小欲望，大概能满足，就行了。你觉着满足适度，比较快乐，就是知足常乐了。自己偷着乐，不用跟别人商量。对于信奉中庸之道的人来说，这种知足常乐的所谓“理论”闪烁着实践理性的光辉，既能自圆其说，又能指导行动，在实践中还能被证明。信则践之，践之则果，果即灵验，于是更信。笔者有位印度朋友，当年在基层主管世界银行为印度农民提供优质稻种的服务项目。令他啼笑皆非的是很多印度农民根本不愿意用他们免费提供的优质稻种。理由很简单：我们种的稻子足够吃了，没必要更高产，何况高产还得费事儿收割呢！这些农民很快乐。

极端主义与中庸之道的冲突

对于生性激进、永远求变的人来说，这种知足常乐的“理论”，无疑是自欺欺人、不堪一击，到处散发着颓废和懒散的污秽。轰轰烈烈、勇往直前，是这类人的境界和快乐。惊天动地，其乐无穷。微软的人和英特尔的人每天玩儿命地干，互相攀比，软硬兼施，更新换代，不断升级，逼得其他对手和用户们忙于应对，气喘吁吁。将创新进行到底。微软和英特尔的人好像也很快乐欢喜。在所谓全球超级竞争阶段，在“只有惶惶不可终日者才能生存”的年月，似乎你不吃人家，人家就会吃你，于是大家所追捧的好像都是微软和英特尔这样“不知足但快乐着”的企业：要打，要斗，要竞争，要拼搏，要构筑竞争优势，要从优秀到卓越。谁要是告诫这些企业，“差不多就行了”“悠着点儿”“知足常乐”，就似乎显得不太合时宜。

而事实是，并不是到处都是超级竞争，并不是每个人都必须、愿意和可能成为“惶惶不可终日者”。另外一个极端则是所谓的蓝海战略，通过价值创新，独辟蹊径，不战而胜，实现自我。问题是，下蓝海的毕竟是少数人，大多数人也只能在拥挤的红海里待着。平庸者还是比极端者多。然而，如今的年月，谁也不愿自甘平庸，实践中庸之道。大家都想脱颖而出，一夜暴富。于是，最令人振奋和感兴趣的必然是那些自称能使平庸者成为拔尖者的理论和传说，没有太多的人愿意去钻研、兜售或者信奉那些帮助人们平庸并快乐着的秘诀。比如，大家经常看到的书都是《每个人都能当老板》之类的，而没人鼓吹“上班，过日子，能凑合就凑合”。不仅企业和职场如此，教育领域也一样。很明显，很多高考考生要落榜。但是，即使是学习最差的学生的家长，也更愿意给孩子买《哈佛入学攻略》之类的书。如果我写一本书叫做《如何成为一个自食其力和快乐的高考落榜生》，估计不大会畅销。人们总是有甚为极端的“梦想”或曰“臆想”。

中庸与平庸

卡特当选美国总统时，美国许多媒体机构都以“平庸”一词来形容这位新当选的总统。有意思的是，内布拉斯加州的一位参议员挺身而出，为卡特护驾开脱：“谢天谢地，美国人民中，平庸之辈远远多于精英一族；平庸的美国人民应该有自己真正的代表。”事实证明，卡特总统是第二次世界大战之后所有美国总统中民意支持率最低的一位。

在商界，也有自甘平庸、愿居人下的企业。比如，美国著名的 AVIS 汽车租赁公司的口号是：“我们更加努力！”（We Try Harder！）意思是，我们不是第一（现在还不是第一，也不一定想当第一），因此，我们更勤勉，更上赶着伺候您。其实，企业招人也是一样。有些企业坚持要招一流的人才，虽然这些一流的人才在人满为患的地方由于没有机会施展才华，很快就被消磨成二流人才。另外一些企业可能坚持要招一批中不流的平平之辈，他们没有一流人才常有的狷狂桀骜，也没有愚笨之才常有的呆傻之气。平和之中，反倒可能得心应手，企业与员工双方皆大欢喜。

无论如何，中庸之道也好，极端激进也好，经久一致地信奉和实践某种理论和说法本身可能就是一种快乐。不快乐通常来自无所信奉，或信奉的东西太多。对于管理决策者而言，挑战在于如何同时应对信奉中庸之道者和极端主义者，如何解决中庸之道与绩效平庸之间的矛盾。

决策方法的拿捏

文人的偏见与夸张

“幸福的家庭都是一样的，不幸的家庭则各有各的不幸。”托尔斯泰的这句名言流传甚广。仔细想想，毫无道理。有不一样的幸福，也有惊人相似或者完全一样的不幸。为什么把四种可能性中的两种单拎出来放大呢？“朱门酒肉臭，路有冻死骨。”形象迥异，对比鲜明。朱门酒肉臭，未见得就有冻死骨。朱门酒肉不臭，仍然可能有冻死骨。文人们喜好耸人听闻，这是众所周知的。把极端事例戏剧化地过度夸张、情绪化地大肆渲染，为的是集中有效地传输某种信息和观点。他们所夸张的事例也未见得是具有代表性或者典型意义的。选择性感知、形象化推测等认知偏差，正是这些文人博取眼球、掌声抑或泪水的把戏。

简单的 2 × 2 矩阵：在散乱中力求系统性

如果稍微进行全面一点儿的分析，有些渲染和夸张是靠不住的。本书行文至此，没有涉及任何的数量分析，哪怕是技术难度最低的决策方法和框架，更不要说多目标决策、线性规划、决策树、贝叶斯模型或者马尔科夫过程了。我们这里只做一个最低的要求，就是遇事尽量能够画一个最为简单的 2 × 2 矩阵。这不是什么新鲜东西，也不是什么高深的学问，更用不着什么生硬的理工科思维。偏见不那么严重的文人们也会深谙其中的滋味与奥妙。

比如，宋代司马光就使用过 2×2 矩阵来描述不同的人。他选用的两个指标维度是德与才。大概的判断标准是：德才兼备，乃为圣人；有德无才，可称君子；有才无德，是为小人；德才皆无，则为愚人。想必司马先生当年在编《资治通鉴》的时候，是没功夫管什么数学和矩阵的。

换个角度说人才。有些人能说但不能干（夸夸其谈）；有些人能干但不能说（默默耕耘）；还有些人不但能干而且能说（文武双全）；也有些人既不能说也不能干（老蔫笨蛋）。这种四分法，从平面图形的展示而言，就是我们经常用的所谓 2×2 矩阵：两个维度（横轴和纵轴），每个维度再分成两段（比如能否、是非、高低、多少、大小、快慢，等等），便构成了四个不同的象限。难道世界上就只有这四种人吗？应当说，当你把注意力聚焦于说和干的时候，上述四分法就很简明形象地概括了不同类型人的特点。毫无疑问，对人的分类结果取决于我们所采用的分类方法和视角及其背后所体现的意图和焦点。

矩阵的变换

如果我们在每个轴的高和低之间再加个“中”，上述的 2×2 矩阵便成了 3×3 矩阵，分出 9 种不同类型的人。比如，有的人非常能干，也相对能说；有的人比较能干，但一点儿也不能说，等等。如果把每个维度都从 1 到 10 去细分，那么我们得出的就是 100 种类型的人。如果我们在 2×2 矩阵的基础上再加一个维度——是否能吃，我们就有了一个三维的 2×2×2 矩阵，分出 8 种类型的人。比如，有的人能吃能干，但不能说；有的人能吃能说，但不能干；有的人既不能吃又不能干，也不会说，等等。

很显然，如果超过三维，我们就很难从几何图形的概念上去描述和体会我们所想象的分类空间。所以，我们经常看到的多维分析也不过是三维的 2×2×2 矩阵而已。比起更复杂的 3×3 或者 10×10 矩阵而言，2×2 显得简明而基本。分类越细致，每个类型的样本空间就会越小，每个类型的代表性就会越差。因此，我们看到的多是 2×2 矩阵的应用，四分法最为流行，如果我们再给每个类型贴上引人注目的标签，比如上述四种人的分类描述，那么 2×2 矩阵就更具有感染力了。

2×2 矩阵的特点

2×2 矩阵最大的特点就是简单实用、通俗易懂。说它简单，是因为它只有二维、二分法，不可能再简化，从辩证法的角度来说，这是最基本的分类。说它实用，是因为它可以把在二分法下所有的类型组合充分展示出来，防止一叶障目，走极端，以偏概全。比如，当“为富不仁”的说法甚嚣尘上的时候，其实，人们关注的和过分强调的只是四种类型之一，而忽略了“既富亦仁”和“赤贫刁民”的可能性，或者片面夸大了“为富不仁”和“虽贫犹仁”（或曰“唯贫方仁”）的普遍性和代表性。

说它通俗易懂，是因为它很直观，只要你想清楚了两个要考察的维度，你自然就会感悟和揣摩出四种不同的组合，根本不需要什么理论基础或者数学功底。

朴素庸俗但简单实用

在人们还没有把分类法的实质搞清楚之前，这种四种类型的总结可能会给人一种豁然开朗的感觉，仿佛很透彻，而一旦搞清楚了 2×2 矩阵的基本原理后，一切神秘感就会荡然无存。关键是要把握好要考察的指标维度，比如，胆与识、红与专、竞争与垄断、短期效益和长期表现。而四象限的细分和描述不过是顺藤摸瓜、水到渠成而已。如此，2×2 矩阵的构建，实际上是一种最朴素、最原始和最基本的系统思考和分类的方法。

这种方法所产生出的具体分类模型，从严格意义上讲，不能称为理论。只有当通过更加严谨和细致的工作而描述出不同象限的发展轨迹、适用范围、它们之间的关系、可能的转化模式，以及对某种事项的不同影响等之时，2×2 矩阵所产生的分类模型才具有一定的理论意义。然而，纵观管理学领域，2×2 矩阵的应用，虽然产生了许多富有见地的研究成果，但已经到了令人不仅“审美疲劳”而且近乎厌烦的庸俗地步。

无数的2×2矩阵画来画去，诸多半生不熟的简单分类法大言不惭地以理论自居。在西方甚至有两位作者在2004年专门出了一本英文书叫做《2×2矩阵的力量》，收集了56个有关商业和管理的所谓2×2理论框架，从安索夫的产品和市场矩阵（企业增长向量和发展模式）到波士顿矩阵（“野猫”“瘦狗”云云），被某些人奉为“处理各种管理问题所需工具的金矿”。如果有好事者将该书翻译成中文（我想这是早晚的事），很可能又会掀起一阵学习2×2矩阵的新高潮，丝毫不亚于六西格玛什么的。

世界可以被简化成若干种2×2矩阵，但各种2×2矩阵并不是真实的世界。那又怎样呢？至少这是有限理性制约下的相对理性，虽仍十分有限，但毕竟有些理性。

如何看待聪明人在组织中故意办傻事

二十多年前，我在得克萨斯大学读书时，遇到过一位非常有派头的教授，后来他是我博士论文指导委员会的成员之一。他就是研究组织管理与政策分析的鲁宾·麦克丹尼尔博士（Reuben McDaniel，Jr.）。他曾经给我讲过这样一个故事。有一次，某个宗教信仰极为强烈的学生跑到他的办公室找他面谈，诚恳地对他说：“麦克丹尼尔博士，从今天起我不能再去上你的课了。你在课上总是讲要提高个人和组织效率，尽快把工作做完，从而能够有更多的时间去喝啤酒。我认为这种行为是不道德的！人生在世，就是要尽最大的努力去做事，而不是贪图享受！”在这里，伦理道德已经不再是我们前面讨论的决策底线，而是至高无上的主要行为指导方针。

说实话，直到现在，我也没想明白，这个学生和鲁宾教授之间到底谁的认知更有“偏差”，谁的见解更存“偏见”。我宁可认为鲁宾教授的观点是“真正的偏见”。原因有三：其一，我欣赏鲁宾教授其人其言其行。

其二，我喜欢偏见，尤其是有技术含量的偏见。其三，我现在是教授，就算站队也得站在饭碗一边儿呀！你说这算是偏见呢还是常理呢？亚里士多德曾经卖乖说：我爱我师（柏拉图），我更爱真理。然而，最终，谁来评判什么是真理呢？是柏拉图！评判真理的，只能是柏拉图们，而不是你，不是大众，也不是真理本身。说得更邪乎一点儿，你扬言爱真理，等于说爱自己所认为的真理，也就有你是爱你自己的嫌疑。依照我的偏见和误区来解释，大多数情况下，这世道就是这样设计的。

鲁宾教授最令我折服的，主要有两点。第一，他的教授范儿。美国学术界有这么一种说法：拿到终身教职的教授只对上帝答话。你不杀人放火什么的，谁也不能解雇你！这种制度的设计初衷是保证学术独立、言论自由。第二，鲁宾教授最精辟的一句话是："整个管理学研究的要点，归根结底就是一件事儿，为什么聪明人在组织中故意办傻事？"真是一语中的、妙不可言。

一帮傻人，怎么管，怎么决策，基本上都不会有大的起色。就像满屋子都是烂家具，你怎么摆置，如何"兼容并包"，都无济于事。如何管理聪明人，才是大学问。其实，说得更极端一点，真正的聪明人、极聪明的人，也没谁能管得了。

倒是在一个比较正规的组织中，大多数人都或多或少地属于聪明人，所谓受过教育的人、有文化的人、明世理的人、训练有素的职业人士。如何让这帮人心情舒畅地用正确的办法去做正确的事并达到组织的目标，才是管理学的要点。反过来说，我们要探究为什么在组织中人们心情不舒畅，不做正确的事，不用正确的方法做事，不把组织的目标当回事儿。这些问题，都是管理决策（从决策制定到有效实施）必须仔细考量的。否则，别说是办傻事，或者傻傻地把事办了，可能是啥事也办不成。复杂组织中的现象，自然难以简单地用任何单一的维度、视角或者理论来回答。我们不妨尽量从多种角度来测度和揣摩。

为什么聪明人在组织中故意办傻事

为什么聪明人办傻事？可能还不够聪明。

为什么聪明人故意办傻事？大概办聪明事（或者聪明地办事）几乎不可能。

为什么聪明人在组织中故意办傻事？也许这会使人显得比较聪明。

为什么聪明人在组织中屡屡故意办傻事？很可能这样做其实是真正的聪明。

总而言之，聪明人办傻事，不是什么新鲜事。或者囿于有限理性、认知偏差，也许由于时间压力、成本约束，也可能迫于社会压力、政治隐情。应该说，傻人办同样的事，基本上是更傻。问题的关键在于，能否让聪明人办事时变得更加聪明。可以说，迄今为止，答案并不怎么肯定。

然而，换个角度来看，办傻事，用看似很傻的办法办事，其实也可能是智慧的象征，有其内在的逻辑和实际的功能。如此说来，所谓“不正之风”，其实也许并非不正，因为理想中的“正”实际上并不可能。现在,就让我们循着有限理性与认知偏差、时间压力与成本约束，以及社会压力和政治隐情等主要方面来剖析“聪明人办傻事”背后的一些“合理性”。

不够聪明：有限理性

有限理性的满意解与局域性搜索

回到我们开篇所强调的“有限理性”之说，人获取和处理信息的能力是有限的。因此，尽管人企图去理性地决策，但不可能做到完全理性。人对实现自己利益的途径和方法不可能完全地理解，甚至通常对自己的利益本身也无法完全清楚地认识和界定。因此，决策的准则不可能是“优化”而应该是“满意”。与满意准则相关联的是对问题解决方案进行的局域性搜索，差不多就行。在决策时具体的表现是林布隆、奎因和明茨伯格等说的“头痛医头，脚痛医脚”的枝节法，摇摇摆摆地摸着石头过河，跌跌撞撞地尝试纠错，践行逻辑渐进主义，允许自生战略的形成。一句话，只要现在比过去更令人满意就行。

有限理性不是病态

面对真实世界的复杂性和不确定性，人们大概永远不会像经济学家（尤其是博弈论专家）和认知心理学家想象和要求得那样聪明、有理性。组织中的决策者通常也不可能在事发之前就明察秋毫，成竹在胸，全面规划，理性系统，指挥若定，顺利施行，大智大勇，潇洒神明。而实际上是走着看着想着说着，在黑暗中摸索，经常灰头土脸，甚至狼狈不堪，在错误中学习和调整，看上去傻得不行。

从这一点来看，大而言之，办傻事，是命中注定的。其实，这也许是常态，而不是病态。因为人不够聪明。聪明人也只是相对聪明，最终难逃有限理性。

现代社会中所有麻烦的原因在于傻瓜们过分自信而有才智者充满怀疑。

伯特兰·罗素

老年人相信一切。中年人怀疑一切。年轻人知道一切。

奥斯卡·王尔德

自觉聪明：认知偏差

我们没有想象得聪明

基于有限理性的基本论断，认知心理学的研究发现，人们并没有自己想象得那么聪明。很多认知偏差使人们对自我的判断充满了盲目的信心。比如，人们通常认为报纸上经常报道的现象（每年交通事故死亡人数）就比不报道的现象（每年癌症死亡人数）要常见得多。自己熟悉的和常见的东西（比如以 ing 形式结尾的英文单词）比自己不熟悉或没有习惯印象的东西（比如以 n 形式结尾的英文单词）出现的概率要大。类似的认知偏差，比如“不适当锚点”“选择性感知”“幻觉中的控制”，等等，都会影响人们对信息的获取和处理以及对世界的感知和判断。

过度自信下的有勇无谋或者多勇少谋，而不自知自量，自然会使人在决策和行动中显得很傻，而且通常傻得非常自豪、无比坚定。当然，心理学家对各种认知偏差的形容，跟恨铁不成钢的经济学家们痛恨决策者不够聪明一样，也是负面到毫不留情，用的字眼多是“谬误”和“陷阱”等，而“偏差”和“悖论”等并不怎么悦耳的说法就已经很温和中性了，好像这些“死角”和“误区”都是某种生理缺陷、心理顽疾，或者是某种不可饶恕的过失甚至罪恶，至少是病态的，要被时刻提防和及时纠正。

我们是正常的傻瓜

其实，心理学家和经济学家也有犯傻的时候和地方，只是和平常人犯傻的时候和地方不一样而已。如果认知偏差是一种普遍存在的“自然现象”，那么，聪明人办傻事，正如前面所说，并非一定是病态的。正像芝加哥大学的奚恺元教授说的，我们都是“正常的傻瓜”（Normal Fool）。

使某个领域的聪明人办某个领域的事情，可能会减少聪明人（广义的）办傻事的现象，但并不会杜绝聪明人（广义的）办傻事的现象，因为在某些领域，由于新兴、复杂、不确定，不可能有专家。另外，即使是非常聪明的人、某个领域的专家，也会有认知偏差，有盲区（Blindspot）。再聪明的人，也得在犯傻中去学习。如果知其不足，而不过分自信地夸耀理性，在决策中就必然要摒弃“人们可以理性地分析和理解一切”的臆想，从而心甘情愿地诉诸逻辑渐进主义、摸着石头过河等颇具实践理性但又看似“治标不治本”的办傻事的举动。

只要新的复杂性和不确定性存在，人的各类认知偏差就会产生作用，办傻事的现象就会层出不穷。

我知道我是睿智的，因为我知道我什么也不知道。

苏格拉底

如果我们在 80 岁的时候出生，然后逐渐地接近 18 岁，生活将会无限地更为幸福。

马克·吐温

聪明不得：时间压力

时间压力等不及

人和组织在实际生活中都面临时间压力，各种“最后期限”（Deadlines），不可能没完没了地只干一件事情。迫于时间压力，人们来不及刨根问底或进行全面系统的详细调查与分析。这时，区域性搜索的倾向性就会增强，遇到问题往往不得不就事论事，微调改善，循症处理，从而达到在时间压力下的次优选择。比如说，一个人的博士论文可能做一辈子仍然有漏洞。微软的产品如果等所有的漏洞（Bugs）都消除了再上市，Windows 95 可能现在还在实验阶段。世界在不完善中改进，等完全聪明后再去办事，可能已经失去了办事的意义。再说我们也根本等不及。

就像我们在第四章中谈及的，NASA 多次成功地将载人航天飞机送入太空并顺利返回地面。赞扬之声，不绝于口：理性，科学，准确，精密。NASA 显得很是威风神气。而在其第 25 次发射时，挑战者号升空不久，旋即解体陨落，不禁令人扼腕叹息。一时间，指摘之声，此伏彼起：骄傲，自满，草率，大意。于是，NASA 显得愚蠢滑稽。人们不禁会问：NASA 为什么事前不好好检查，仔细分析，全面妥善地解决每一个哪怕是最细小的问题呢？

办傻事和办聪明事是一回事儿

其实，第 25 次发射的程序和准备工作同前 24 次并没有根本不同，而且在很多方面还做了改进。前 24 次发射时，也都有技术人员会认为技术可靠性还不够完善从而建议推迟或取消发射。但如果每次都等所有的问题都解决得万无一失，而不是在某种可以承受的信心程度上达到满意，那么可能 NASA 至今还没把航天飞机送到太空中去。问题的症结，不在于 NASA 不理性、办傻事，而是大家（当然也包括 NASA 自己）天真地以为航天飞机会上天是天经地义的，而不再是一种奇迹。办傻事和办聪明事用的方法和程序是一回事儿。上坡路和下坡路是一条路。我们应该认识到，失败是常态，成功才是偶然。人从根本上是没那么聪明的。

以此观之，在强大的时间压力下，人们的行为看起来会很傻，因为他们来不及按照全面理性的准则去分析、识别和处理可能导致负面后果的每一个潜在问题。

聪明不起：成本约束

成本与资源约束

真实世界的决策者，必须考虑做事的成本和保证决策实施的资源可行性。有些事情，在大家或公众看来，非常应该做（比如说政府应该去做的某些事情），但就是没人做。大家通常没有意识到的是，政府无论收税再多，给定某种程度的贪污和浪费，总是要对不同项目进行某种优先排序，根据问题的严重程度和紧迫程度，以及民众的愤怒程度，来分配资源、处理问题。政府对某些问题并不是视而不见，而是无能为力。于是，当政府在某些方面表现得很聪明的时候，在别的方面可能就会显得很傻。比如，中国政府当年选择重点发展（一次性耗材的）“两弹一星”项目而错过了发展（对材料和工艺的可靠性要求都很高的）汽车工业。应该说，政府并不是不懂得汽车工业作为一个综合工业对整个国民经济的带动，而是不得不面临成本和资源的约束。

成本约束也同样存在于组织或企业的决策里。组织决策者也会采用一些貌似不够“科学”“公允”或“聪明”的办法或窍门去节省人力物力，比较经济地解决问题。比如，有些企业以人才的实用性和适用性为准绳，只招二流员工，不招一流员工。这在号称“唯人才是举”的今天就显得很不时髦。相反，可能还有这样的组织，总是从排名前五名的MBA项目中来招新的营销经理。这种做法很可能漏掉一些其他学校的优秀候选人，但由于成本和时间的限制，这个组织不可能面试所有学校的MBA毕业生，只能适可而止。将来某个时候，这个组织也可能会因为被它当初曾经拒绝招收的某个人及其现在所在的团队打败而遭人讥笑，但这种情形应该是不具有代表意义的小概率事件。

制度设计缺陷导致成本上升

当然，有些时候，由于制度安排不当、组织设计缺失或者程序规章混乱，个体决策者面临类似囚徒困境般的情境，必定集体犯傻。不犯傻的代价是拿别人的错误惩罚自己。比如，过去在机场还要顾客支付机场建设费的时候，6个窗口能排出13个队。个个西装革履，人人面目狰狞。你挤我抢，乱成一团。如果大家都排队，效率肯定更高；如果大家都不排队，你永远被别人加塞。人注定聪明地犯傻。同样在北京开车，如果每天完全遵守交通规则和行车应有的礼节，你很可能无法按时上班、到家。

在成本和资源约束下，无论个人、组织还是政府，都可能会近乎本能地诉诸某种捷径和对自己而言经济性比较强的窍门，从而导致某种集体的无奈和疯狂。

显得聪明：社会压力

畸形的社会压力与被迫的形象管理

有些政客喜欢慷慨激昂地宣称要不惜任何代价去保护纳税人的每一分钱。这种在选民面前卖乖的口号，看似神圣，其实愚蠢。但迫于保持自己亲民形象的有关社会和政治压力，政客们无不深谙此道，且乐此不疲。这时“不惜任何代价”，倒不谈什么成本约束了。别说任何代价了，请问，花 100 元钱去保护 1 分钱，值吗？为了保护环境，某环保局长在某一天少开一天车，走路上班。少开一天，就能解决问题吗？谁都不傻，眼下社会作秀是必需。笔者曾经在某个城市看到如下标语牌：“车让人，人让车，车让车。”看后顿时心生温暖，和谐和睦，其乐融融。仔细一想，全然不是。到底谁让谁？还走不走了？

作为社会人，决策者要考虑自己的形象，要尽量表现得理性，为自己的行为及其结果不断地进行辩护。理性的一大特点就是前后一致，能够自圆其说，显得有条理。比如上述的只招排名前几名的学校的 MBA 毕业生的做法，实际上也能在社会压力下自我辩解：我们招的是最优秀的人才。最好的学校在招生的时候就已经为我们把关筛选过一次了。从社会学的角度而言，早先加入这个组织的这些学校的校友们也会出于自身利益的考虑，去提携新人，帮助其成功，不希望他们失败。

自我辩解与脱责

再比如，我们在第四章探讨的“承诺升级”的说法。在一系列的决策中，决策者在前期资源投入不可逆转的情况下向某个方向或项目进行逐步承诺，当决策者发现所承诺的方向和项目越来越被证明是错误的时候，由于要对自己的前期决策进行辩护，可能会更进一步增加投入、升级承诺，从而希望能够力挽狂澜、转败为胜，以英雄的面目出现在大家面前。很难说承诺升级就一定导致失败，过早地割舍沉没成本而中途放弃，也许会失去最终翻本的可能性。但缺乏应有的监督和防范机制，决策者迫于社会压力，为了显示自己的聪明和理性，就很可能将承诺升级错误地进行下去。

没有事实，只有解释。

弗里德里希·尼采

强求理性决策的另外一大特点，就是对信息的崇拜甚至滥用。信息是决策的基础。尊重信息，系统地收集和使用信息，通常是理性决策的重要表现。各类文牍卷宗泛滥成灾，便是人们冒傻气一样地要表现聪明的明证。著名决策学者詹姆斯·马奇和他的同事曾经撰文指出，组织中的决策者源源不断地收集各类信息，收集远远多于组织需要的信息，收集与决策没有丝毫关联的信息，却又经常抱怨没有足够的信息。信息收集成了某种象征和符号，那就是对理性决策的名义上的尊崇。据称，60%左右的信息都是在决策以后用来为决策辩护的，而不是在决策前为决策者提供判断依据的。

制度设计的教条主义和不切实际

开车的朋友都知道，你的车上如果没有灭火器，就不可能上牌照或通过年检。谁都知道车里随时带着灭火器好像有道理，是明智之举。可是如果真的遇上着火的情况，它能管多大用？有多少人能想到去用它并且真正会用？没人在乎或理会这些。公路上汽车烧着了的报道倒是听过见过，而小小灭火器救了烧着的车的报道还几乎没有什么耳闻。但无论如何您得备着。因为没有灭火器，就不能过年检。这是“上级规定”。

曾经有个彼得定律，大致说的是每个人或早或晚最终都将被“升任”到自己不胜任的岗位。比如，你刚成熟练工，就被提升当班长；刚熟悉班长岗位，又被提升到车间副主任；刚熟悉车间副主任的工作，又被升为副厂长，等等。你总是在离开你实际真正擅长和实际上能够表现得比较聪明的地方，而奔向你并不擅长和尚未真正显得聪明的地方。

这样一来，外人看见和记起的只是你过去的聪明，却会误以为你在新的岗位上也照样聪明。比如我们曾经批判外行领导内行的“不科学”现象，提倡职业化管理，于是医生们被提拔当上了院长。一个优秀的医生，不一定会管理，不一定是好院长。但由于要满足内行领导内行的“社会偏好”或者政府规定，很多优秀的医生都在不情愿也不自在地当着院长，很怕丢了自己的专业，而在管理方面又自叹弗如、分身无术。于是偶尔清醒，偶尔糊涂。

由于社会的压力和传统的影响，组织中的决策者会非常不理性地力求向理性的形象来打扮自己，从而增进其合法性，并为其决策提供辩护和支持。

傻即聪明：政治隐情

组织中的决策往往是互动的结果

组织中的事情大都不可能由一个人独自完成，而是需要不同的人和部门共同协作。而跟人打交道，就自然要碰到错综复杂的组织政治和人际关系问题。在部门利益和个体利益盘根错节的政治游戏中，像教科书中臆想的那样企图通过全面彻底的讨论，达到完全共识，然后理性设计一揽子计划，再按部就班地照章实施的决策程序，无异于空中楼阁。实际的决策，通常是多个部门、多个角色之间互动交错、谈判往返的结果。这也意味着某些决策比大家或某些人想象和预期的时间要长，不可能一蹴而就。

政治游戏掣肘决策

精通政治游戏的决策者，通常清楚地知道做事必须把握时机，并争取在“公海”或“无雷区”（不直接威胁组织中任何一个派系或团体的区间）中游走，从而最大限度地减少来自各方的潜在阻力。话不能说得太满，目标不能定得太具体，路径不能编排得太细，在重大问题面前第一把手通常不在第一时间表态，要保持某种“模糊性”或开放性。这样做，一是因为认知能力的限制使决策者很难在决策早期就对一切相关因素（包括政治阻力）了如指掌，二是因为必须保持今后运作的足够空间和灵活性，从而增进自己和大家对问题和现状的理解，激发下属的承诺和想象力，消除潜在的障碍和壁垒，争取统一战线的支持，在渐进中逐步化解危机。这种开放性的渐进做法，不如大刀阔斧的做法大快人心，但可慢工细活、春风化雨。

在政治中，愚蠢并非残障。

拿破仑·波拿巴

由于政治隐情，某些决策者看似无所作为，实则韬光养晦。关于组织目标（以及对不同目标相对应的不同价值偏好的排序）的无休止的争论，往往会增加内耗和矛盾，使组织偏离其存在的根本原因，导致组织领导层合法性的削弱和丧失。相比于教科书中一再教诲的“一定要目标明确”而言，这些深谙游戏规则的决策者往往言辞模糊，或者没有特别清楚的立场和是非，显得比较愚钝。他们务实的姿态和风格，使他们倾向于“不争论”，并专注于将组织引入某种具体的政策方向。这样，决策者避免了对目标的寻根问底和激烈争论，而会像林布隆所倡导的那样，在选择具体政策时，也同时选择了实施手段以及隐含的实际目标。知道什么可以做，什么不可以做，可以怎样做，不可以怎样做，这是政治智慧的具体表现。

从决策者在真实世界中必须面对的政治环境来看，过于聪明或者表面聪明的决策者很容易被无情地吞噬和倾轧。善断隐情，大智若愚。从容不迫，游刃有余。

综上所述，聪明人办傻事的现象，并不一定是病态，背后有很多的道理。问题的关键不在于如何想当然地教人办聪明事，而是要了解为什么聪明人故意经常地办傻事，要承认甚至认可这种常态，并在此基础上改进自己的决策过程和结果。当然，本书探讨的所有话题，都是在某种法律和道德的底线之上为实现自己或者组织的目标而做出决策和采取行动。如果滑落到这种底线之下，那就需要另说了。那就不是聪明人办傻事，而是聪明人办坏事了，虽然傻事和坏事未必就一定能分得清。

结　　语

管理的核心是决策。决策的基础是信息。即使是在所谓的大数据时代，通常情况下，与决策相关的信息也不可能被完全收集或者及时获取。而且，无论借助于何等先进的信息技术或者高级的手段和工具，人和机构处理信息的能力都是有限的。囿于有限理性的约束，面对高度的复杂性和不确定性，真实世界的决策者需要保持足够的冷静和客观，在承认现实的基础上去立身行事、应对问题。与有限理性相关的决策行为和准则，一般而言，是通过局域性的搜索去寻求相对满意的解答。有限理性乃是常态。尽管我们希望并力求更加理性从而更加精准和有针对性地解决问题，但我们不能把日常的决策准则和参照系放在不切实际的理想假设之上。

决策的实质在于判断。管理决策者的判断能力和决策质量，有赖于其经验的丰富与深厚以及认知的全面和精准。为了提高其决策质量，管理决策者需要关注真实世界中人的行为及其所面临的事物原本是什么样的，而不是纠缠于我们认为他们应该是什么样的。从权力和政治到伦理与道德，从一般和常规到危机与灾难，从决策准则的选择到日常决策的实践，管理决策者不仅要在事实判断层面尽量接近现实，而且要在价值判断层面关注决策的合法性，增强组织决策被内外各方所接受和容忍的程度。

管理决策中一个重要的矛盾焦点是如何处理决策者与组织制度之间的关系。没有适当的组织常规和流程，决策的随意性将会造成组织中的困惑和低效，损害组织生存与发展所必需的稳定性和连续性。然而，任何制度化的组织常规与决策流程，又都会在某种程度上妨碍组织应变的灵活性和主动性。因此，管理决策者在关键时刻的临机处置、即兴发挥和果敢决断亦是决策成败的关键。无论是制度、程序还是个人“拍脑袋”，最为关键的是对问题的判断。也许，制度安排和流程设计的最大挑战和最根本的任务是最大限度地促成最为靠谱的决策者掌握最终决策权。说来简单，行之甚难。

组织中的决策源源不断。任何决策方法都不完善。往往是旧的问题尚未解决，新的问题就已出现。现有问题的解决或者未决，都会带来新的问题。新的决策方法的使用，也会带来相应的问题。无论是个人还是组织，通常都是资源有限、时间有限、注意力有限。而外部环境的变化又会影响我们对不同问题的认识和排序。因此，任何问题的解决通常都是暂时的和局部的。管理决策者必须意识到，通常情况下，决策不过是不同问题间的替代、补充、整合与分拆。用一个新问题去替代一个老问题，用一个老问题来修饰或者歪曲新问题，用名义上更为重大的问题去掩饰或者躲避新的实质性问题，这些行径皆属自然。

在复杂组织中，管理决策者需要承认决策者的有限理性，洞悉组织决策的过程特点，把握决策所处的具体情境。既要睿智果敢，又要有足够的耐心。审时度势，伺机而动，大局着眼，细处用功，韬光养晦，量力而行，顺藤摸瓜，水到渠成。作为管理的核心活动，决策既是科学，也是艺术，更是手艺。需要学习与感悟，需要历练与修行。

奇妙之处，尽在不言中。

你的决策还好吗？

参考文献

Allison, G. T. (1969). Conceptual models and the Cuban missile crisis. *American Political Science Review*, 63 (3), 689—718.

Allison, G. T. (1971). *Essence of Decision: Explaining the Cuban Missile Crisis.* Little Brown.

Allison, G. T. & Zelikow, P. (1999). *Essence of Decision: Explaining the Cuban Missile Crisis*, 2ed. Longman.

Amason, A. C. (1996). Distinguishing the effects of functional and dysfunctional conflict on strategic decision making: Resolving a paradox for top management teams. *Academy of Management Journal*, 39 (1), 123—148.

Anderson, P. A. (1983). Decision making by objection and the Cuban missile crisis. *Administrative Science Quarterly*, 28 (2), 201—222.

Argyris, C. (1976). Single-loop and double-loop models in research on decision making. *Administrative Science Quarterly*, 21 (3), 363—375.

Arrow, K. J., & Raynaud, H. (1986). *Social Choice and Multicriterion Decision-making.* MIT Press.

Axelrod, R. (Ed.). (1976/2015). *Structure of Decision: The Cognitive Maps of Political Elites.* Princeton University Press.

Banaji, M. R., Bazerman, M. H. and Chugh, D. (2003). How (un) ethical are you? *Havard Business Review*, 75, December, 2—9.

Bower, J. E. (1970/1986). *Managing the Resource Allocation Process.* Harvard Business School Publishing.

Braybrooke, D., & Lindblom, C. E. (1963). *Strategy of Decision: Policy Evaluation as a Social Process*, New York: Free Press.

Bazerman, M. H., Giuliano, T., & Appelman, A. (1984). Escalation of commitment in individual and group decision making. *Organizational Behavior and Human Performance*, 33 (2), 141—152.

Bazerman, M. H., & Moore, D. A. (2012). *Judgment in Managerial Decision Making.* 8th ed. Wiley & Sons.

Bazerman, M. H., & Tenbrunsel, A. E. (2011). Ethical breakdowns. *Harvard Business Review*, 73, April: 2—9.

Bell, D. E., Raiffa, H., & Tversky, A. (1988). *Decision Making: Descriptive, Normative, and Prescriptive Interactions.* Cambridge University Press.

Brown, S. L., & Eisenhardt, K. M. (1997). The art of continuous change: Linking complexity theory and time-paced evolution in relentlessly shifting organizations. *Administrative science quarterly*, 42 (1), 1—34.

Burke, L. A., & Miller, M. K. (1999). Taking the mystery out of intuitive decision making. *The Academy of Management Executive*, 13 (4), 91—99.

Busenitz, L. W., & Barney, J. B. (1997). Differences between entrepreneurs and managers in large organizations: Biases and heuristics in strategic decision-making. *Journal of Business Venturing*, 12 (1), 9—30.

Camillus, J. C. (1982). Reconciling logical incrementalism and synoptic formalism: An integrated approach to designing strategic planning processes. *Strategic Management Journal*, 3 (3), 277—283.

Carroll, A. B. (1979). A three-dimensional conceptual model of corporate performance. *Academy of Management Review*, 4 (4), 497—505.

Carroll, A. B. (1987). In search of the moral manager. *Business Horizon*, 30 (2), 7—15.

Cobb, R., Ross, J. K., & Ross, M. H. (1976). Agenda building as a comparative political process. *American Political Science Review*, 70 (1), 126—138.

Cohen, M. D., March, J. G., & Olsen, J. P. (1972). A garbage can model of organizational choice. *Administrative Science Quarterly*, 17 (17), 1—25.

Cyert, R. M., & March, J. G. (1963). *A Behavioral Theory of the Firm.* Prentice Hall.

Daft, R. L., & Weick, K. E. (1984). Toward a model of organizations as interpretation systems. *Academy of Management Review*, 9 (2), 284—295.

Dane, E., & Pratt, M. G. (2007). Exploring intuition and its role in managerial decision making. *Academy of Management Review*, 32 (1), 33—54.

Das, T. K., & Teng, B. S. (1999). Cognitive biases and strategic decision processes: An integrative perspective. *Journal of Management Studies*, 36 (6), 757—778.

Dean, J. W., & Sharfman, M. P. (1996). Does decision process matter? A study of strategic decision-making effectiveness. *Academy of Management Journal*, 39 (2), 368—392.

Dearborn, D. C., & Simon, H. A. (1958). Selective perception: A note on the departmental identifications of executives. *Sociometry*, 21 (2), 140—144.

Dutton, J. E., & Jackson, S. E. (1987). Categorizing strategic issues: Links to organizational action. *Academy of Management Review*, 12 (1), 76—90.

Eisenhardt, K. M. (1989). Making fast strategic decisions in high-velocity environments. *Academy of Management Journal*, 32 (3), 543—576.

Eisenhardt, K. M. (1990). Speed and strategic choice: How managers accelerate decision making. *California Management Review*, 32 (3), 39—54.

Eisenhardt, K. M., & Bourgeois, L. J. (1988). Politics of strategic decision making in high-velocity environments: Toward a midrange theory. *Academy of Management Journal*, 31 (4), 737—770.

Eisenhardt, K. M., & Tabrizi, B. N. (1995). Accelerating adaptive processes: Product innovation in the global computer industry. *Administrative Science Quarterly*, 40 (2), 84—110.

Eisenhardt, K. M., & Brown, S. L. (1997). Time pacing: Competing in markets that won't stand still. *Harvard Business Review*, 76 (2), 59—69.

Eisenhardt, K. M., & Sull, D. N. (2001). Strategy as simple rules. *Harvard Business Review*, 79 (1), 106—119.

Feldman, M. S., & March, J. G. (1981). Information in organizations as signal and symbol. *Administrative Science Quarterly*, 26 (2), 171—186.

Fleming, P. & Spicer, A. (2014). Power in management and organization science. *Academy of Management Annals*, 8 (1), 237—298.

Frederick, S. (2005). Cognitive reflection and decision making. *Journal of Economic Perspectives*, 19 (4), 25—42.

Forbes, D. P., & Milliken, F. J. (1999). Cognition and corporate governance: Understanding boards of directors as strategic decision-making groups. *Academy of Management Review*, 24 (3), 489—505.

Ford, C. M., & Gioia, D. A. (2000). Factors influencing creativity in the domain of managerial decision making. *Journal of Management*, 26 (4), 705—732.

Gersick, C. J. (1988). Time and transition in work teams: Toward a new model of group development. *Academy of Management Journal*, 31 (1), 9—41.

Gersick, C. J. (1991). Revolutionary change theories: A multilevel exploration of the punctuated equilibrium paradigm. *Academy of Management Review*, 16 (1), 10—36.

Gigerenzer, G., & Selten, R. (2002). *Bounded Rationality: The Adaptive Toolbox.* MIT Press.

Goodpaster, K. E. (1983). *Ethical Frameworks for Management.* Harvard Business School Case Services.

Hammond, J. S., Keeney, R. L., & Raiffa, H. (1998). The hidden traps in decision making. *Harvard Business Review*, 76 (5), 47—58.

Hammond, J. S., Keeney, R. L., & Raiffa, H. (2015). *Smart Choices: A Practical Guide to Making Better Decisions.* Harvard Business Review Press.

Janis, I. L. (1972). *Victims of Groupthink: A psychological Study of Foreign-policy Decisions and Fiascoes.* Houghton Mifflin.

Janis, I. L. (1982). *Groupthink: Psychological Studies of Policy Decisions and Fiascoes*, 2nd ed. Houghton Mifflin.

Janis, I. L., & Mann, L. (1977). *Decision Making: A Psychological Analysis of Conflict, Choice, and Commitment.* Free Press.

Johnson, G. (1988). Rethinking incrementalism. *Strategic Management Journal*, 9 (1), 75—91.

Jones, T. M. (1991). Ethical decision making by individuals in organizations: An issue-contingent model. *Academy of management review*, 16 (2), 366—395.

Kahneman, D. (2003). Maps of bounded rationality: Psychology for behavioral economics. *American Economic Review*, 93 (5), 1449—1475.

Kahneman, D. (2003). A perspective on judgment and choice: Mapping bounded rationality. *American Psychologist*, 58 (9), 697—720.

Kahneman, D. (2011). *Thinking, Fast and Slow.* Macmillan.

Kahneman, D., & Tversky, A. (1979). Prospect theory: An analysis of decision under risk. *Econometrica: Journal of the Econometric Society*, 47 (2), 263—291.

Kahneman, D., Knetsch, J. L., & Thaler, R. H. (1991). Anomalies: The endowment effect, loss aversion, and status quo bias. *The Journal of Economic Perspectives*, 5 (1), 193—206.

Kiesler, S., & Sproull, L. (1992). Group decision making and communication technology. *Organizational Behavior and Human Decision Processes*, 52 (1), 96—123.

Kelley, G. (1976). Seducing the elites: The politics of decision making and innovation in organizational network. *Academy of Management Review*, 1 (3), 66—74.

Kim. W. C., & Mauborgne, R. (1998). Procedural justice, strategic decision making, and the knowledge economy. *Strategic Management Journal*, 19 (4), 323.

Kim, W. C., & Mauborgne, R. A. (1993). Procedural justice, attitudes, and subsidiary top management compliance with multinationals' corporate strategic decisions. *Academy of Management Journal*, 36 (3), 502—526.

Kim, W., & Mauborgne, R. (1997). Fair process. *Harvard Business Review*, 69, January, 65—75.

Korsgaard, M. A., Schweiger, D. M., & Sapienza, H. J. (1995). Building commitment, attachment, and trust in strategic decision-making teams: The role of procedural justice. *Academy of Management Journal*, 38 (1), 60—84.

Levitt, B., & Nass, C. (1989). The lid on the garbage can: Institutional constraints on decision making in the technical core of college-text publishers. *Administrative Science Quarterly*, 34 (2), 190—207.

Lind, E. A., & Tyler, T. R. (1988). *The Social Psychology of Procedural Justice.* Springer Science & Business Media.

Lindblom, C. E. (1959). The science of "muddling through". *Public Administration Review*, 19 (2), 79—88.

Lindblom, C. E. (1965). *The Intelligence of Democracy: Decision Making Through Mutual Adjustment.* Free Press.

Lindblom, C. E. (1979). Still muddling, not yet through. *Public Administration Review*, 9 (2), 517—526.

Locke, E. A., & Schweiger, D. M. (1979). Participation in decision-making: One more look. *Research in Organizational Behavior*, 1 (10), 265—339.

Loewenstein, G., & Lerner, J. S. (2003). The role of affect in decision making. In Davidson R., Goldsmith, H., & Scherer, K. (Eds.) *Handbook of Affective Science*, 619—642.

Lodge, G. C. (1984). *The American Disease.* Alfred a Knopf Inc.

Lodge, G. C., & Wilson, C. (2006). *A Corporate Solution to Global Poverty: How Multinationals Can Help The Poor and Invigorate Their Own Legitimacy.* Princeton University Press.

Lomi, A., & Harrison, J. R. (2012). The garbage can model of organizational choice: Looking forward at forty. *Research in the Sociology of Organizations*, 36, 3—17.

Lowy, A. & Hood, P. (2004). *The Power of 2 × 2 Matrix.* Jossey-Bass Business and Management.

March, J. G. (1978). Bounded rationality, ambiguity, and the engineering of choice. *The Bell Journal of Economics*, 9 (2), 587—608.

March, J. G. (1994). *Primer on Decision Making: How Decisions Happen.* Simon and Schuster.

March, J. G., & Simon, H. A. (1958). *Organizations.* Wiley and Sons.

Mintzberg, H., Raisinghani, D., & Theoret, A. (1976). The structure of "unstructured" decision processes. *Administrative Science Quarterly*, 21 (2), 246—275.

Mintzberg, H. (1994). *Rise and Fall of Strategic Planning.* Simon and Schuster.

Mintzberg, H., & Waters, J. A. (1985). Of strategies, deliberate, and emergent. *Strategic Managemert Journal*, 6 (3), 257—272.

Mintzberg, H. 1983. *Power in and around Organizations.* Prentice Hall.

Mintzberg, H. (1985). The organization as political arena. *Journal of Management Studies*, 22 (2), 133—154.

Nystrom, P. C., & Starbuck, W. H. (1984). To avoid organizational crises, unlearn. *Organizational Dynamics*, 12 (4), 53—65.

Padgett, J. F. (1980). Managing garbage can hierarchies. *Administrative Science*

Quarterly, 25 (4), 583—604.

Pettigrew, A. M. (1973). *The Politics of Organizational Decision-making.* Tavistock.

Pettigrew, A. M. (2014). *The Politics of Organizational Decision-making.* Routledge.

Pfeffer, J., & Salancik, G. R. (1974). Organizational decision making as a political process: The case of a university budget. *Administrative Science Quarterly*, 19 (4), 135—151.

Pfeffer, J. (1981). *Power in Organizations.* Marshfield, MA: Pitman.

Pfeffer, J. (1992). *Managing with Power: Politics and Influence in Organizations.* Harvard Business Press.

Pfeffer, J. (2010). *Power: Why Some People Have It and Others Don't.* New York: Harper Business.

Pfeffer, J. (2015). *The Leadership BS.* Harper Business.

Plous, S. (1993). *The Psychology of Judgment and Decision Making.* Mcgraw-Hill Book Company.

Quinn, J. B. (1977). Strategic goals: Process and politics. *Sloan Management Review*, 19 (1), 21—37.

Quinn, J. B. (1978). Strategic change: "Logical incrementalism." *Sloan Management Review*, 20 (1), 7—19.

Quinn, J. B. (1980). *Strategies for Change: Logical Incrementalism.* Irwin Professional Publishing.

Rawls, J. (1971). *A Theory of Justice.* Cambridge, MA: Harvard University Press.

Romanelli, E., & Tushman, M. L. (1994). Organizational transformation as punctuated equilibrium: An empirical test. *Academy of Management Journal*, 37 (5), 1141—1166.

Rubinstein, A. (1998). *Modeling Bounded Rationality* (Vol. 1). MIT Press.

Russo, J. E., Schoemaker, P. J., & Russo, E. J. (1989). *Decision Traps: Ten Barriers to Brilliant Decision-making and How to Overcome Them.* New York: Doubleday.

Salancik, G. R., & Pfeffer, J. (1974). The bases and use of power in organizational decision making: The case of a university. *Administrative Science Quarterly*, 19 (4), 453—473.

Salancik, G. R., & Pfeffer, J. (1978). Who gets power—and how they hold on to it: A strategic-contingency model of power. *Organizational Dynamics*, 5 (3), 3—21.

Samuelson, W., & Zeckhauser, R. (1988). Status quo bias in decision making. *Journal of Risk and Uncertainty*, 1 (1), 7—59.

Schukla, R. K. (2007). Influence of power bases in organizational decision making: A contingency model. *Decision Science*, 13 (3), 450—470.

Simon, H. A. (1947). *Administrative Behavior: A Study of Decision-making Processes in Administrative Organization.* New York: Macmillan.

Simon, H. A. (1965). *Administrative Behavior.* New York: Free Press.

Simon, H. A. (1979). Rational decision making in business organizations. *The American Economic Review*, 69 (4), 493—513.

Simon, H. A. (1987). Making management decisions: The role of intuition and emotion. *The Academy of Management Executive*, 1 (1), 57—64.

Simon, H. A. (1991). Bounded rationality and organizational learning. *Organization Science*, 2 (1), 125—134.

Simon, H. A. (1991). Organizations and markets. *The Journal of Economic Perspectives*, 5 (2), 25—44.

Schweiger, D. M., Sandberg, W. R., & Ragan, J. W. (1986). Group approaches for improving strategic decision making: A comparative analysis of dialectical inquiry, devil's advocacy, and consensus. *Academy of management Journal*, 29 (1), 51—71.

Schwenk, C. R. (1984). Cognitive simplification processes in strategic decision-making. *Strategic Management Journal*, 5 (2), 111—128.

Schwenk, C. R. (1988). The cognitive perspective on strategic decision making. *Journal of Management Studies*, 25 (1), 41—55.

Starbuck, W. H. & Milliken, F. J. (1988). Challenger: Fine-tuning the odds until something breaks. *Journal of Management Studies*, 25 (4), 319—340.

Staw, B. M. (1976). Knee-deep in the big muddy: A study of escalating commitment to a chosen course of action. *Organizational Behavior and Human Performance*, 16 (1), 27—44.

Staw, B. M. (1981). The escalation of commitment to a course of action. *Academy of Management Review*, 6 (4), 577—587.

Staw, B. M., Sandelands, L. E., & Dutton, J. E. (1981). Threat rigidity effects in organizational behavior: A multilevel analysis. *Administrative Science Quarterly*, 26 (4),

501—524.

Sull, D., & Eisenhardt, K. M. (2012). Simple rule for a complex world. *Harvard Business Review*, 9, 69—74.

Sull, D., & Eisenhardt, K. M. (2015). *Simple Rules: How to Thrive in a Complex World.* Houghton Mifflin Harcourt.

Thibaut, J. W., & Walker, L. (1975). *Procedural Justice: A Psychological Analysis.* L. Erlbaum Associates.

Trevino, L. K. (1986). Ethical decision making in organizations: A person-situation interactionist model. *Academy of Management Review*, 11 (3), 601—617.

Trevino, L. K., & Youngblood, S. A. (1990). Bad apples in bad barrels: A causal analysis of ethical decision-making behavior. *Journal of Applied psychology*, 75 (4), 378—385.

Tversky, A., & Kahneman, D. (1974). Judgment under uncertainty: Heuristics and biases. *Science*, 185 (4157), 1124—1131.

Tversky, A., & Kahneman, D. (1981). The framing of decisions and the psychology of choice. *Science*, 211 (4481), 453—458.

Tyler, T. R. (1990). *Why People Obey the Law.* Yale University Press.

Vaughan, D. (1997). *The Challenger Launch Decision: Risky Technology, Culture, and Deviance at NASA.* University of Chicago Press.

Waller, M. J., Huber, G. P., & Glick, W. H. (1995). Functional background as a determinant of executives' selective perception. *Academy of Management Journal*, 38 (4), 943—974.

Walsh, J. P. (1988). Selectivity and selective perception: An investigation of managers' belief structures and information processing. *Academy of Management Journal*, 31 (4), 873—896.

Weick, K. E. (1995). *Sensemaking in Organizations.* Sage Publications.

Weick, K. E. (1976). Educational organizations as loosely coupled systems. *Administrative Science Quarterly*, 21 (1), 1—19.

Weick, K. E. (1979). *The Social Psychology of Organizing* (Topics in social psychology series). Reading, MA: Addison-Wesley.

Weick, K. E. (1983). Managerial thought in the context of action. In Srivastava (Ed.), *The Executive Mind.* San Francisco: Jossey-Bass.

Weick, K. E. (1984). Small wins: Redefining the scale of social problems. *American Psychologist*, 39 (1), 40—49.

Weick, K. E. (1993). The collapse of sensemaking in organizations: The Mann Gulch disaster. *Administrative Science Quarterly*, 38 (4), 628—652.

Weick, K. E. (1996). Drop your tools: An allegory for organizational studies. *Administrative Science Quarterly*, 41 (2), 301—313.

Weick, K. E. (1998). Introductory essay—Improvisation as a mindset for organizational analysis. *Organization Science*, 9 (5), 543—555.

Weick, K. E., & Roberts, K. H. (1993). Collective mind in organizations: Heedful interrelating on flight decks. *Administrative Science Quarterly*, 38 (3), 357—381.

Weick, K. E., Sutcliffe, K. M., & Obstfeld, D. (2005). Organizing and the process of sensemaking. *Organization Science*, 16 (4), 409—421.

Weiss, J. A. (1989). The powers of problem definition: The case of government paperwork. *Policy Sciences*, 22 (2), 97—121.

Whyte, G. (1989). Groupthink reconsidered. *Academy of Management Review*, 14 (1), 40—56.

Whyte, G. (1998). Recasting Janis's groupthink model: The key role of collective efficacy in decision fiascoes. *Organizational Behavior and Human Decision Processes*, 73 (2), 185—209.

Wrapp, H. E. (1967). Good managers don't make policy decisions. *Harvard Business Review*, 45 (5), 91—99.

后　记

我对有限理性的说法是非常认同的。从很小的年岁起，似乎自己的所作所为就比较符合对有限理性的描述，只是那时还不知道这个说法而已。可见，俺们也是正常的傻瓜。跌跌撞撞，悠悠晃晃；如切如磋，如琢如磨。低头拉车，抬头看路；海外游学，归国服务。一路走来，自己的经历更是印证了理性是有限的，世界是复杂而不确定的，决策优化通常是不可能的。于是心存敬畏与感激，随遇而安，知足常乐。如今，年方半百，心态总体趋于平和。偶尔躁动，跃跃欲试，仍需坦然应对，以便顺藤摸瓜，或可水到渠成。也未可知，且行且看。

1983年，高中毕业考大学，别人大谈什么电算、建筑、生化、医学等理想专业，我则根本不知道想学什么，今后的目标是什么，丝毫没有任何概念和感觉，只是相信肯定可以考上一所重点大学。一不小心，进入北京工业学院（现北京理工大学）管理工程系，就因为招生的老师说："这个专业很新，很多北京工业学院老师的子弟都选择这个专业，你又是学生干部，干脆就学管理吧。"于是，稀里糊涂就学管理了。探寻追索，求学研磨，传道授业，著书立说，辛勤耕耘，折腾劳作，尔来三十有三年矣。再回首，往事如梦。路漫漫，岁月如歌。

初入大学，立马困惑。发现原来自己并不喜欢理工科。当时，管理工程专业的课程，前三年基本上是按照机械制造专业走的，最后一年对付点儿会计、统计、财务、营销和生产管理之类的课程就齐活了。"管理和科技将是未来社会发展的两大车轮。”我们一进校门就被系领导如此教导点拨。到底是培养粗通管理的技术人员还是略识技术的管理人员？这是当时工科院校管理专业使命愿景的模糊与困惑。实际的结果，可能是既不技术又不管理，无一精专，两相蹉跎。面对第一学期不尽如人意的各科考试结果，到底是努力去优化自己的成绩，还是重新审视自己的定位和未来？

其实，当时并没有机会和能力去系统地反思自己或者改变环境。比如，转专业，想都别想，完全不允许。仿佛一切都是给定的，就只能微调。某日进入图书馆社科阅览室，文史哲，政经社，新闻、心理、文艺、小说，突然结结实实地感觉到，这才是每天应该看的东西。偶尔看到英文版的《中国日报》（*China Daily*），打眼一瞧，发现居然能够看懂一些文章，于是在大一的下半年就狠心咬牙地自己订了半年，每天阅读。后来发现图书馆有百十本英文原版的美国管理学教材和专著，简直如同发现金矿，一本一本地借阅，如饥似渴。作为数十本原版书的第一位读者，把自己的名字骄傲地签到书内封底上粘贴的崭新的借阅登记卡上，自我感觉相当良好。这一切，没有任何规划，皆是偶然。

毕竟是管理工程系，讲究的是管理科学。运筹学、线性规划、排队论，听起来头头是道，严丝合缝。讲运筹学的老师形象生动地将某条线和一个圆“恰恰”相切描绘得如此“恰恰”精准。而我算出来，则愣是不相切。我下铺的老兄在机械制图课上画出的转轮和传送带也永远不相切。也许，我等乃是工科的败类。但仔细想一想，如果你不过分较真儿的话，理工科思维还是非常有用的，可能会帮助你变得些微自律和严谨。所以现在我对人力资源部门的建议通常是，招人尽量招理工科里面文笔比较好的人，或者是文科生中比较有理工科思维和潜质的人。

真正让我与管理科学分道扬镳的，倒不是我认为科学的东西没道理，而是它通常用不上，需要满足的假设条件太多。你如果有足够的时间和金钱专门只做一件事儿，优化大概是可能的。比如你一辈子只专注于减肥，啥也不干，而且减肥是你人生的唯一目标，那你实现此目标基本没问题。怎奈，人的目标往往是多方面的，时间精力和资源能力总是有限的，而外部环境总是多变难测的。

不要说更为复杂的事情，就说当年想在午饭时在五食堂吃上一顿排骨，就难以优化。那时食堂没有固定菜谱，你不可能提前预知哪天中午有没有排骨。去晚了，即使今天有排骨，也卖完了，轮不到你。哪天你快要排到了，突然来了个恶霸加塞儿，你敢怒不敢言，空手而归，白排了半天。你可能刻意示好接触某个大师傅从而获得内部信息。于是，你逃了上午的最后一节课专门去吃排骨。结果，你沮丧地发现自行车车胎被人扎了，得去修车。好恼！或者，你正兴高采烈地奔向食堂，路上碰巧遇见你的班主任，于是，你必须立刻开始表演，要么假装去校医院，要么编造别的什么借口，三招架两耽误，你的排骨又黄了。你必须安慰自己，能吃上韭菜饺子或者甜口的红烧鲅鱼也不错。优化只是个传说。差不多就得了。

四年大学下来，我真正地喜欢上了管理学——国际主流的管理学。这不是得益于管理系，而是得益于北京工业学院图书馆的原版书。我的大学后两年基本上是在两站地以外的中国人民大学度过的。蹭各类课，尤其是听各种讲座，那是我大学时代最快乐的时光。我在人大谁也不认识，但我觉得我非常“人大”。大学的最后一年，又偶尔再多跑两站地到北大，听厉以宁教授讲中国改革的前后二十八点、股份制改革、社会主义市场经济运行机制什么的。后来没考上厉老师的研究生，主要是数学没及格，就去了中美合办的全英文授课的黄河大学读经济管理研究生班。后来辗转腾挪地考了托福、GRE 就去了美国。

现在的人也许难以想象当年的不易。1988 年还没有新东方和各种留学中介。我没见过也不认识任何出国的人，所有的事儿都是自己摸索折腾。在武汉考完托福后，被告知 GMAT 考试整个中南考区就两个人报名因而被取消。负责考试的人建议我改考 GRE。当场看了 GRE 官方的小册子，就立刻报了名，当时还不知道 GRE 到底是什么东西。回到郑州，到河南省图书馆借了本 Barron's 备考教材看了两个月，二度到武汉，参加 GRE 考试。结果还不错。在查资料的过程中，发现美国某些不错的州立大学招的人多，给奖学金的名额也多，于是专门申请这类学校。申请了 8 所，得克萨斯大学奥斯汀校区是唯一接受我的学校，提供全奖。

说来也很偶然，得克萨斯大学商学院管理系明确要求，申请材料一份寄到学校，一份直接寄到系里的博士招生委员会。是寄到系里的材料帮助了我。当年博士生录取委员会的主任正是后来我的导师大卫·杰米森教授，他那时刚从斯坦福大学转到得克萨斯大学。他后来告诉我，我的申请陈述非常靠谱。后来我也告诉他，我本科的时候就读过他在西雅图华盛顿大学的博士生导师查尔斯·E. 萨默（Charles E. Summer）写的专著。管理系录取我之后，把材料送到研究生院，请求校方和外办发放正式的录取通知书。这时大家才发现，我还没有给学校交报名费！75 美元不是小数目。当年没几个中国学生交得起。

那时我才意识到，其他几所学校没有录取我是有道理的，可能我的录取材料根本就没被转到商学院，因而就没机会被人家审查褒贬。我也没收到他们的回复。我唯一交了报名费的学校是加州大学洛杉矶分校，但他们没有要我。另外一个收到回信的是天普大学，也没要我。世事难料。就像我大二的时候写了篇给管理学正名的文章，同时寄给了钱学森先生和《光明日报》。《光明日报》杳无音信。钱学森先生很快亲笔回信。由于他老人家正热衷于交叉科学的实践，对我的说法并不完全认同。否则，我想钱老会替我给某主流媒体交“报名费”的。

1994 年我博士毕业，拿到两份聘书。最终决定去美国东部的一所独立商学院——布莱恩特大学（Bryant University）。自己也说不清楚为什么去那里。人的感觉难以理性地界定。我在比较两所学校的条件时，跟我导师说：“您看那所学校还报销 3 本学术杂志订阅呢！”我导师劈头盖脸地说：“你傻呀，3 本杂志加起来也超不过 200 美金！”您瞧，我都是在关注什么虚头巴脑的东西！总之，影响决策的因素很多，有些是情感方面的，极端不理性。去布莱恩特大学面试的那天，晚上同事们请我到城里吃饭。天下着大雪，就跟黑帮题材的电影里演的一样，警察把车随意地停在马路当间儿，大摇大摆地踱入邓肯甜面圈店，去弄杯咖啡出来喝喝。有感觉，有情调，跟得克萨斯完全不同。再说，陈佐湟正在罗德岛爱乐乐团当音乐总监，小泽征尔就在北面一个小时车程以外的波士顿交响乐团坐镇，开车三个小时就能到纽约林肯中心的大都会歌剧院或者卡内基音乐厅。这对小有艺术情结的我来说，颇具吸引力。

把我招到布莱恩特大学的老兄 Thomas C. Powell 是我共事过的人中，比较令我叹服的，就像笔者叹服周其仁的才识一样。在劝说我接受他们聘书的时候，他对我说，“不要再跟院长在年薪上多要几个点，你就说从学生向教授转换和过渡的过程中需要资助，请求 6 月入职而不是正常的 9 月入职。这样，多出来的 3 个月的工资就把你想多要的那点钱 3 年的总和都找补回来了。院长在这种一次性的决策上通常是有机动权的，不像年薪，还要考虑公平问题。更何况，3 年后，你也不一定还在这儿呢。”说得真好。这位老兄总是率性而为，他是纽约大学的博士，在麦吉尔大学任教后跑到布莱恩特大学，然后转战澳大利亚管理学研究生院，现在成为牛津大学赛义德商学院的战略头牌，研究的领域也是五花八门，从行为战略到脑科学与战略。他在读管理学博士之前，曾经在达拉斯神学院读过一个神学硕士。

在罗德岛一待就是 10 年，觉得该回国了。革命大军已经成功地占领北京，再在延安老区待着就显得不合时宜了。海归开始上岸。再说，陈佐湟走了，小泽征尔走了，很多人都走了。2004 年，我也回归。回国之后，我年幼的闺女老是上呼吸道感染，经常半夜游窜于儿童医院与和睦家医院一带。不得已，2005 年，又全家回到美国，在伊利诺伊大学春田校区任职。一晃又是 5 年。后来，两个孩子都大到足以抵抗北京的沙尘暴了，就又回来了。2011 年，又到日本名古屋商科大学任职。去了之后，发现日本大学教授还要坐班，上下班都要打卡。于是，勉强撑了不到 1 年就撤了。我要喜欢打卡，就直接去富士康了。

前前后后，在美国晃荡了 20 年左右。如今全职扎根在大学时代就曾经游走出没的海淀区。何以安身北大，其实也是机缘巧合。2001—2002 年，我在香港科技大学进行一年的学术休假，顺便访问国内的一些大学的管理学院或商学院。听说北大内部还有一个全是海归的中国经济研究中心，他们有一个全英文的国际 MBA 项目（BiMBA），于是跟时任院长胡大源教授联系。当时 BiMBA 的创业课“恰恰”缺一个老师救场，于是我就鬼使神差地来了。一拍即合。在美国 8 年的 MBA 教学经验在国内很好地派上了用场！这也是原先意想不到的。

来了就待下来了。为什么？还是说不清楚。朗润园，这个院子太迷人了。皇家园林，现代气派。洗手间有坐便，有手纸。也许，这就是与国际接轨吧。细节，有时是很重要的，它左右人的情感和判断。就像报销学术期刊订阅费、免费咖啡，或者偶尔能占用院长专用停车位什么的。

当初出国留学，说得好听点儿，是为了追求进步，学习知识，闯荡世界，建功立业。说得庸俗一点，还是贪图自由，不愿意每日上班，受到各种羁绊。也许，导致我当年出国的最直接的原因，是我们家楼下那堆永远存在的垃圾。我曾经几次试图去清理，但挡不住大家习惯性地乱倒。惹不起，躲得起。三十六计走为上。有时，急切地要行动，也许不在于要去哪里，而是无论如何不再想待在这里。当然，当初还是年轻，有心劲儿。现在钝了，雾霾啥的都不在乎了。

时光成群结队地大块儿消失。有时也会反思怀想，我是谁，从哪儿来，到哪儿去。每次匆匆回到故乡，一如过客造访。日日身在他乡，暂讨生计，却没有主人翁的自豪和惬意。半夜偶然醒来，恍惚中，不知身在何处，孤旅何向，家途难辨，舟岸迷离。正欲潸然泪下，忽又倒头睡去。这年头，不失眠，也是极好的。

前路茫茫。
风景几许。
从容不迫。
知行合一。

2016 年 3 月 19 日